土地管理
与房地产前沿丛书

国土综合
整治研究

严金明　夏方舟　等◎著

中国人民大学出版社
·北京·

序

近年来，国土综合整治已上升为国家层面的战略部署，是统筹城乡发展、推进国家生态文明建设的重要抓手。当前中国改革也已进入攻坚期和深水区，乡村振兴和新型城镇化建设作为中国当今经济社会发展的重要任务和核心工程，面临着更多的问题、风险和挑战。在此形势下，自然资源部国土整治中心（原国土资源部土地整治中心）委托笔者组成课题组开展了"新时期国土综合整治内涵"研究。课题立足于国家战略发展的宏观背景，对比国土综合整治自身发展演变的历史及过程，探究国土综合整治的内涵、模式及区域统筹，深入剖析国家新时期的宏观政策对于国土综合整治的宏观诉求。在课题研究的基础上，经过进一步深化研究，编撰了《国土综合整治研究》一书。

本书重点聚焦对国土综合整治内涵模式和区域统筹的研究，尝试在明晰背景意义、界定基础概念的基础上，寻求理论支撑，依照中国城市化地区的综合整治、农村地区的综合整治、重点生态功能区的综合整治、矿产资源开发集中区的综合整治以及海岸带和海岛的综合整治分类，借鉴国外国土综合整治经验，探索国土综合整治的内涵理念、类型模式及制度基础，剖析不同区域国土综合整治当前及未来发展面临的主要问题，总结不同区域国土综合整治的政策实施路径与突围方式，评价各个区域国土综合整治潜力，建立基于"四区一带"的国土综合整治拓展格局，构架"点＋线＋面"三个层次的国土综合整治全域统筹框架，整合设计国土综合整治的实施路径和政策保障措施。

在国土综合整治内涵理念方面，本书梳理了近 40 年来中国国土综合整治的文献研究，分析了各个时期的国土综合整治的阶段演进与发展变化，总结出新时期国土综合整治的核心内涵。国土综合整治相关研究自20世纪80年代起历经起始、发展、综合演变和内涵延拓四个阶段，在内涵理念上经历了重规划、重协调、重工程与重统筹四个过程，国土综合整治已然成为以服务国家顶层战略为导向，统筹推进现代化建设、生态文明建设、乡村振兴和城乡融合的综合平台和重要抓手。因此，新时期国土综合整治是指以提高国土利用效率和效益、保障国土资源永续利用、改善生态景观环境为主要目的，以全区域、全要素和全周期为特征，利用整理、开发、修复、治理和保护等一系列手段，通过"山水林田湖草路村城"综合整治改善人类生活和生产条件、保育生态空间，最终促进人与自然可持续统筹发展的活动。

在国土综合整治区域统筹方面，本书进行了全面的、不同尺度的、可操作化的设计。在宏观尺度下，从空间上明确国土综合整治重点区域和重大工程，将宏观实施机制分解为"点＋线＋面"三个层次进行统筹。"点"层次统筹是指在国土综合整治统筹中具有中心辐射、抓手带动作用的区域进行的统筹，"线"层次统筹是指在重点项目、重点区域之上更加广泛的区域统筹，"面"层次统筹是指依据主体功能区理念，将国土综合整治区域划分为粮食主产区、快速城镇化地区、重要生态功能区、矿产资源开发集中区以及海岛区等五大区域进行统筹整治。在中观尺度下，开展土地生态综合评价、城镇建设用地集约利用评价和潜力测算等各类现状评价和潜力测算工作，深入分析研究区域自然禀赋、土地利用和适宜整治潜力等情况，实现"定位＋潜力＋分区"中观尺度国土综合整治区域统筹。在微观尺度下，对省域之下的市县级研究区域开展功能定位分析，对市县级研究区域进行不同层次的区块划分，并划定国土整治功能微观单元，从而完成细部设计，实现"微观单元＋"引领的微观尺度统筹。

全书共分为12章：第一章为导论，阐述了本书的主要研究内容和思路；第二章介绍了国外国土综合整治的经验与启示；第三章介绍了中国国土综合整治的实践发展历程及其内涵的理论发展；第四章到第六章先后对中国国土综合整治的内涵理念、目标任务与类型模式进行了系统阐述；第七章对不同尺度下的国土综合整治区域统筹模式进行了论述分析；第八章在前文研究的基础上进行了国土区域统筹的实施路径探索；第九章到第十一章分别阐释了中国国土综合整治的制度基础、保障措施与区域统筹的实施机制；第十二章为结论与政策建议。在严金明教授的主持下，参加课题研究和书稿编写的有夏方舟、杨雨濛、张东昇、张雨榴、迪力、陈昊、陈一唱、李琳奕、张舵等，全书最后由严金明、夏方舟和杨雨濛统撰成稿。

在课题研究和本书成稿过程中，有幸得到了自然资源部国土整治中心范树印主任、郧文聚副主任、罗明副主任、贾文涛总工、陶晓龙处长、刘新卫副处长等的大力支持；北京大学蔡运龙教授、李双成教授，中国科学院地理科学与资源研究所陈百明教授，清华大学张红教授，中国农业大学张凤荣教授、朱道林教授，北京师范大学赵烨教授、张文新教授，中国地质大学（北京）吴克宁教授，首都经济贸易大学王德起教授、王文教授，中国人民大学张正峰教授等也提出了很好的建议，特此致谢！

作为近年来本人和团队从事国土综合整治研究的阶段性成果，本书仅仅是一个起点，仍然还有诸多需要完善推敲之处，恳切期望能得到同行和读者们的批评和指正。为此，期望更多的同人和学者关注国土综合整治的新动向、研究其中的新问题，也希望社会各界支持国土综合整治事业的更大发展。

严金明
2019 年夏日于中国人民大学明德楼

目 录

第一章　导论 …………………………………………………………… 1
　　一、国家宏观背景 …………………………………………………… 2
　　二、中国国土综合整治面临的总体问题 …………………………… 5
　　三、新时期国土综合整治的发展诉求 ……………………………… 9
　　四、研究目标和研究内容 …………………………………………… 17
　　五、研究方法和技术路线 …………………………………………… 19
第二章　国外国土综合整治的经验与启示 …………………………… 21
　　一、国外国土综合整治的发展经验 ………………………………… 21
　　二、国外国土整治的特点分析 ……………………………………… 39
　　三、国外经验对中国的启示 ………………………………………… 41
第三章　中国国土综合整治的经验 …………………………………… 44
　　一、中国国土综合整治的实践发展历程 …………………………… 44
　　二、中国国土综合整治内涵的理论发展 …………………………… 51
第四章　国土综合整治的内涵理念 …………………………………… 59
　　一、国土综合整治的近似术语与辨析 ……………………………… 59
　　二、国土综合整治的功能定位 ……………………………………… 70
第五章　中国国土综合整治的目标任务 ……………………………… 75
　　一、中国国土综合整治的总体目标与主要任务 …………………… 75
　　二、基于"全生命周期"的国土综合整治目标任务 ……………… 78
　　三、基于"全空间延拓"的国土综合整治目标任务 ……………… 83
第六章　国土综合整治的类型模式 …………………………………… 91
　　一、国土综合整治基本类型 ………………………………………… 91
　　二、国土综合整治的延拓类型 ……………………………………… 95

第七章　不同尺度下的国土综合整治区域统筹分析 …… 102
  一、国土综合整治区域统筹的宏观尺度分析：国家层面 …… 102
  二、国土综合整治区域统筹的中观尺度分析：以河北
    与海南为例 …… 106
  三、国土综合整治区域统筹的微观尺度分析：以北京市
    海淀区为例 …… 142

第八章　基于"四区一带"的国土综合整治区域统筹实施路径
    探索 …… 151
  一、城市化地区的国土综合整治统筹路径 …… 151
  二、农村地区的国土综合整治统筹路径 …… 155
  三、重点生态功能区的国土综合整治统筹路径 …… 164
  四、矿产资源开发集中区的国土综合整治统筹路径 …… 169
  五、海岸带和海岛的国土综合整治统筹路径 …… 173

第九章　中国国土综合整治的制度基础 …… 189
  一、空间规划制度 …… 189
  二、资源环境承载力评价制度 …… 197
  三、自然资源产权制度 …… 210
  四、国土空间管制制度 …… 215

第十章　中国国土综合整治的保障措施 …… 221
  一、"三线"划定与国土综合整治 …… 221
  二、"增减挂钩"与国土综合整治 …… 224
  三、集体经营性建设用地流转与国土综合整治 …… 227
  四、宅基地管理制度改革与国土综合整治 …… 233
  五、城镇低效用地开发与国土综合整治 …… 236
  六、生态补偿与国土综合整治 …… 240

第十一章　中国国土综合整治区域统筹的实施机制 …… 244
  一、宏中微观区域统筹机制设计 …… 244
  二、"四区一带"国土综合整治区域统筹机制矩阵设计 …… 247

第十二章　结论与政策建议 …… 257
  一、结论 …… 257
  二、政策建议 …… 261

参考文献 …… 266

第一章
导论

从 1978 年建立农村家庭联产承包责任制到 1984 年社会主义市场经济体制的正式建立，从 1997 年非公有制经济的确认、2001 年加入 WTO 到 2005 年农业税的废除，再到当前中国蓬勃发展的新农村建设、生态文明建设和新型城镇化建设，中国 40 余年的改革开放就是一个不断创新、不断改革突破的进程。近年来，随着国内外宏观经济形势发生重大变化，支撑中国高速发展的强大外需萎缩疲弱，传统人口红利的比较优势逐步减弱，资源环境限制影响不断提升，这表明中国经济正在向形态更高级、分工更复杂、结构更合理的阶段演化，经济发展进入"新常态"：在速度上从高速转为中高速增长，在结构上不断优化产业升级、城乡统筹，在动力上从要素驱动、投资驱动转向创新驱动，在管理上简政放权、进一步释放市场活力。

"新常态"也伴随着新问题、新矛盾，当前中国改革已经进入攻坚期和深水区，新农村建设、生态文明建设和新型城镇化建设作为中国当今经济社会发展的重要任务和核心工程，面临着更多的问题、风险和挑战，亟须加大全面深化改革力度。近年来，中国社会经济形势发生了重大变化，正处于增长速度换挡期、结构调整阵痛期、前期政策消化期和新的政策探索期"四期叠加"阶段，面临诸多矛盾叠加、风险隐患增多的严峻挑战，但仍处于可以大有作为的重要战略机遇期。在此形势下，我们探究国土整治的内涵，亟须立足于国家战略发展的宏观背景，对比国土综合整治自身发展演变的历史及过程，进而深入剖析国家新时期宏观政策对于国土综合整治的宏观诉求。

一、国家宏观背景

(一) 经济新常态

近年来，随着国内外宏观经济形势发生重大变化，支撑中国高速发展的强大外需萎缩疲弱，传统人口红利的比较优势逐步减弱，资源环境限制影响不断提升，这表明中国经济正在向形态更高级、分工更复杂、结构更合理的阶段演化，中国的GDP告别过去30多年平均10%左右的高速增长，从2012年起开始回落，2013年、2014年、2015年增速分别为7.7%、7.3%、6.9%，面临经济增长动力与经济下行压力并存的局面，意味着经济发展进入"新常态"：在速度上从高速转为中高速，在结构上不断优化产业升级[1]，在动力上从要素驱动、投资驱动转向创新驱动，在管理上简政放权、进一步释放市场活力[2]。

(二) 生态文明建设新要求

当前，中国资源环境承载力已经达到或接近上限，环境污染、水土流失、土壤退化、景观破坏等问题日益突出：全国202个地级及以上城市45.4%的地下水污染较严重、16.1%污染极其严重，现有土壤侵蚀总面积294.91万平方千米，耕地土壤点位超标率为19.4%[3]，中度以上生态脆弱区域占全国陆地国土空间的55%[4]，约60%的村庄乡村景观风光一般或差，约80%的村庄街道和田间道路绿化不足、沟路林渠破损严重，人文景观和自然景观构成类型单一、格局混乱、覆被稀松，缺乏特色和空间层次感，人居舒适感下降。2015年9月，中共中央、国务院印发了《生态文明体制改革总体方案》，要求进一步树立"绿水青山就是金山银山"、"空间均衡"和"山水林田湖"生命共同体等理念，构建起由自然资源资产产权制度、国土空间开发保护制度、空间规划体系、资源总量

---

[1] 习近平总书记在河南考察 [N]. 人民日报，2014-05-12 (1).
[2] 中共中央就当前经济形势和下半年经济工作召开党外人士座谈会 [N]. 人民日报，2014-07-30 (1).
[3] 环境保护部. 2014中国环境状况公报 [R]. 2015.
[4] 国务院关于印发全国主体功能区规划的通知（国发 [2010] 46号）[R]. 2015.

管理和全面节约制度、资源有偿使用和生态补偿制度、环境治理体系、环境治理和生态保护市场体系、生态文明绩效评价考核和责任追究制度等八项制度构成的生态文明制度体系，推进生态文明领域国家治理体系和治理能力现代化，努力走向社会主义生态文明新时代。党的十九大报告明确指出，中国要建设的现代化是人与自然和谐共生的现代化，既要创造更多物质财富和精神财富以满足人民日益增长的美好生活需要，也要提供更多优质生态产品以满足人民日益增长的优美生态环境需要①。党的十九大报告为未来中国的生态文明建设和绿色发展指明了方向、规划了路线：第一，加强环境治理；第二，加快环境控制长效机制建设；第三，全面深化绿色发展的制度创新②。

(三) 新型城镇化建设

自改革开放以来，中国的城镇化水平从1978年的17.92%剧增到2014年的54.77%，在中国庞大的人口基数下依然实现了平均每年递增1.02%的高速发展。然而随着城镇化率的迅速提高，农民工人数也在逐年激增，伪城镇化问题突出。同时中国城镇化发展过程中资源利用方式较为粗放，单位GDP能耗和地耗远高于发达国家，水资源产出率仅为世界平均水平的60%左右，处于低效利用状态的城镇工矿建设用地约5000平方公里，占全国城市建成区的11%，土地城镇化速度高于人口城镇化速度。亟须进一步以人为核心，以解决"三个一亿人问题"为着力点，促进一亿农业转移人口和其他常住人口在城镇有序稳妥落户，改造一亿人居住的城镇棚户区和城中村，引导一亿人在中西部地区就近城镇化，稳步提升城镇化水平和质量，优化城镇化布局，转向精细化高质量的新型城镇化发展模式，真正破除城乡二元结构，实现城乡一体化健康发展。

(四) 乡村振兴战略

党的十九大报告赋予"乡村振兴战略"十分重要的意义，并将它列为决胜全面建成小康社会、开启全面建设社会主义现代化国家新征程所

---

① 决胜全面建成小康社会 夺取新时代中国特色社会主义伟大胜利[N].人民日报，2017-10-19(1).

② 李强,宋晴晴.农业绿色生产的保险选择：农业保险优于农业环责险[J].征信，2018(12)：79-83.

必须坚定实施的战略。党的十八大以来，中国全面建成小康社会不断向纵深推进，但由于发展条件和能力的不同，城乡间仍然存在着不协调、不平衡问题。农村仍然是全面建成小康社会的短板。决胜全面建成小康社会，关键是农村这块短板要补齐。广大农村居民能否同步实现小康，直接关系到全面建成小康社会的全局。实施乡村振兴战略，促进农村全面发展和繁荣，是决胜全面建成小康社会的重中之重。乡村振兴战略是社会主义新农村建设的重要升级。党的十六届五中全会提出了建设社会主义新农村，强调要按照生产发展、生活富裕、乡风文明、村容整洁、管理民主的要求，扎实稳步地加以推进。党的十九大提出的乡村振兴战略，强调要坚持农业农村优先发展，按照产业兴旺、生态宜居、乡风文明、治理有效、生活富裕的总要求，建立健全城乡融合发展体制机制和政策体系，加快推进农业农村现代化。乡村振兴具有十分丰富的内涵，是一个全面振兴的综合概念，既包括经济振兴、社会振兴和文化振兴，又包含治理体系创新和生态文明进步。乡村振兴的重点和关键是产业振兴，只有振兴农村产业，才能创造出更多的就业机会和岗位，开辟出农民增收、农村富裕的持续稳定的渠道。加快振兴农村产业，需要做到以下两点：第一，要在国家粮食安全的基础上，加快推进农业供给侧结构性改革，健全农业社会化服务体系，发展多种经营形式、适度经营规模，促进小农户和现代农业产业有机对接，构建现代农业产业体系、生产体系、经营体系，全面推进农业现代化进程。第二，要充分挖掘和拓展农业的多重功能，促进农业产业链条延伸。要大力发展农产品加工业，促进农业与第二产业的融合；要大力发展农村新兴服务业尤其是文化旅游产业，促进农业与第三产业深度融合；要让农业产业链成为农村产业的坚实支撑，促进农民收入持续稳定增长①。

（五）全面建成小康社会新目标

从党的十九大到二十大，是"两个一百年"奋斗目标的历史交汇期，中国既要全面建成小康社会、实现第一个百年奋斗目标，又要乘势而上开启全面建设社会主义现代化国家新征程，向第二个百年奋斗目标进军。从2020年到2035年，在全面建成小康社会的基础上，再奋斗15年，基本实现社会主义现代化。中国经济实力、科技实力将大幅跃升，跻身创

---

① 魏后凯. 坚定不移地实施乡村振兴战略［N］. 经济日报，2017-11-03（11）.

新型国家前列；人民平等参与、平等发展权利得到充分保障，法治国家、法治政府、法治社会基本建成，各方面制度更加完善，国家治理体系和治理能力现代化基本实现；社会文明程度达到新的高度，国家文化软实力显著增强，中华文化影响更加广泛深入；人民生活更为宽裕，中等收入群体比例明显提高，城乡区域发展差距和居民生活水平差距显著缩小，基本公共服务均等化基本实现，全体人民共同富裕迈出坚实步伐；现代社会治理格局基本形成，社会充满活力又和谐有序；生态环境根本好转，美丽中国目标基本实现。下一阶段，从2035年到本世纪中叶，在基本实现现代化的基础上，再奋斗15年，把中国建成富强民主文明和谐美丽的社会主义现代化强国。中国物质文明、政治文明、精神文明、社会文明、生态文明将全面提升，实现国家治理体系和治理能力现代化，成为综合国力和国际影响力领先的国家[①]。

二、中国国土综合整治面临的总体问题

（一）国土综合整治内涵不明晰

尽管国土综合整治已上升为国家战略之一，但当前学界对于国土综合整治这一概念的认知，仍然存在很大程度上的混淆、曲解和混用，土地整治、土地综合整治、国土综合整治或是更为狭隘或宽泛的名词在文献中多有交叉出现，远未达成内涵层面上的共识。中国于20世纪80年代初明确提出"国土整治"这一概念，作为社会经济发展中一项长期、重大的战略任务，在这一阶段，专家并未对国土综合整治和国土整治进行区分，认为二者均为对国土资源的开发利用与治理保护[②]，强调综合性、战略性和地域性[③]，建立协调的区域规划结构是该阶段国土整治工作的研究要点，国土整治的内涵同国土规划、区域规划有相当程度混淆。随着资源的进一步消耗和局部地区生态环境继续恶化，经济持续、稳定、协调发展的前景令人十分担忧，故中国20世纪90年代的一项重要任务

[①] 决胜全面建成小康社会 夺取新时代中国特色社会主义伟大胜利[N]. 人民日报，2017-10-19 (1).
[②] 程潞. 关于国土整治的若干问题[J]. 经济地理，1982 (4)：247-251；包浩生，彭补拙，倪绍祥. 国土整治与自然资源研究[J]. 地理学报，1987，54 (1)：62-68.
[③] 杨树珍. 国土整治与经济区划[J]. 地理学报，1983，38 (2)：195-112.

是要重视正确处理人地关系，促进整个区域经济、社会、环境的持续稳定发展，通过协调经济、社会和环境的关系，取代以往的单纯扩大资源开发规模[①]。在此背景下，国土综合整治内涵在原来坚持对国土资源进行开发、利用、治理、保护工作的基础上加入对人地关系协调发展的强调[②]。进入 21 世纪后，新时期的科学发展观要求统筹城乡发展、统筹区域发展及统筹人与自然，国土综合整治开始强调一体化统筹管理，其核心含义是基于统一的平台进行统一的规划和管理[③]，此时国土综合整治内涵相较国土整治概念更加注重系统性、战略性与综合性[④]；同时，此阶段的国土综合整治，很大程度上落实为"土地整治"工作，土地整治工作的蓬勃发展为"各出一盘菜，共办一桌席"的国土综合整治提供了基础平台。2010 年至今，学者多将国土综合整治作为一项影响全局、事关长远的系统工程进行研究，将自然资源空间管制和国土综合整治作为国土空间规划的实施抓手，提出构建"1＋X"的规划体系[⑤]；根据区域实际和整治任务构建国土综合整治长效机制，在一定区域范围内实施开展国土综合整治重大工程，探索形成适用于不同地区的整治模式[⑥]，也有学者通过区域实践案例进行了国土综合整治分区整治对策分析[⑦]与土地利用评价研究[⑧]。总体来看，国土综合整治的概念有所细化，开始贯彻一体化统筹管理，但目前国土综合整治相关研究大部分仍集中在土地资源上，并没有对全部国土资源禀赋进行完整全面的研究诠释。

---

① 吴传钧. 国土整治和区域开发 [J]. 地理学与国土研究，1994，10（3）：1-12.

② 方磊. 协调好经济发展与人口、资源、环境的关系是国土开发整治工作的一项根本任务 [J]. 中国人口·资源与环境，1991（1）：13-16；宛晋沃. 坚持国土整治，发展生态农业 [J]. 农业经济问题，1998（10）：37-41.

③ 郑财贵，邱道持，叶公强，等. 论一体化管理的国土整治规划思想 [J]. 中国农学通报，2009，25（24）：434-438.

④ 封志明，潘明麒，张晶. 中国国土综合整治区域规划 [J]. 自然资源学报，2006，21（1）：45-54；申玉铭，毛汉英. 国外国土开发整治与规划的经验及启示 [J]. 世界地理研究，2004，13（2）：33-39.

⑤ 严金明，陈昊，夏方舟. "多规合一"与空间规划：认知、导向与路径 [J]. 中国土地科学，2017，31（1）：21-27，87.

⑥ 邓玲，郝庆. 中国开展国土综合整治的建议 [J]. 南京晓庄学院学报，2016（2）：103-105.

⑦ 安翠娟，王素萍，侯华丽. 北京市国土资源综合整治分区及整治对策研究 [J]. 国土与自然资源研究，2010（5）：15-16.

⑧ 肖轶，尹珂. 综合国土整治规划环境友好型土地利用影响评价 [J]. 水土保持研究，2012，19（5）：243-247，252.

(二) 国土空间管制措施力度不足，增加整治难度

国土空间管制作为市场经济条件下政府宏观调控的重要手段，是基于特定的区划理念，将国土空间划分为不同的政策管制区域。自20世纪90年代起，中国城市规划、土地利用总体规划等将空间管制的概念纳入各自的规划体系，如城镇体系规划和城市规划将空间管制内容规定为强制性内容，对不同层次的城乡建设行为进行差别化管制；土地利用总体规划体系中划定了"三界四区"，从用途、区位和规模指标等方面对国土空间进行空间管制。此外，主体功能区规划划定了优化开发区、重点开发区、限制开发区和禁止开发区，对不同区域实施差别化的区域管制政策①。当前，中国空间管制分属多个部门。国家发展和改革委员会编制实施主体功能区规划、区域规划等。自然资源部主导土地利用总体规划的编制实施，通过土地利用总体规划、土地利用计划指标等实施土地用途管制。住房和城乡建设部借助于完善的城市规划体系，在城乡规划区内实施空间管制。此外，水利部对重点流域、主要水域实施空间管制。农业农村部负责草原的空间管制。国家林业和草原局承担林地、湿地等的空间管制。空间管制措施分散在各个部门，没有统一的空间管制主体。不同的管理主体编制不同的空间规划，不仅不利于各类空间的协调，也给空间管制工作带来冲突。各类空间规划和管制分区在分区层次、区划内容和方法、配套政策等方面缺乏必要的衔接协调机制，易出现冲突。例如，在空间管制分区的内涵上，主体功能区规划的空间管制分区是基于"区域开发强度"的理念，以行政单元为基准，进行区域开发强度的管制，并制定相应的政策体系，倾向于自上而下的区划方法；城市规划以自然资源、文物保护单位等禁、限建要素为基础，划定禁建区、限建区，再结合相关规划，划定适建区和已建区，是自上而下与自下而上相结合；土地利用总体规划是基于土地用途管制的理念对区内土地用途的转变提出不同程度的管控。主要空间管制分区在国土空间上缺乏协调，不能完全对应。由于上述空间管制措施问题，中国存在国土空间低效、无序开发等问题，并进而导致资源危机、生态环境危机、经济危机和社会危机，给国土综合整治带来较大的压力。

---

① 林坚，许超诣. 土地发展权、空间管制与规划协同[J]. 城市规划，2014，38(1)：26-34.

（三）资源环境承载力衔接不够，整治缺少针对性

资源环境承载力是衡量人类经济社会活动与自然环境之间相互关系的科学概念，是度量和管理人类可持续发展的重要标准；国土综合整治是促进人类经济社会活动和自然环境协调发展的重要手段，是实现人类可持续发展和管理的重要手段[1]。资源环境承载力评价为国土综合整治部署提供基础依据，国土综合整治的实施则可进一步提升资源环境承载力，二者共同促进可持续发展。资源环境承载力研究一定程度上为国土开发、综合整治、分类保护等空间部署提供了战略引导，但总体上国土空间格局部署对资源环境承载力格局的体现依旧不足，国土综合整治工作部署未对国土开发与资源、环境和生态协调关系进行全面、系统的考虑，局部地区国土综合整治工作未能有效瞄准核心的资源环境问题，或对多种资源环境问题缺乏统筹、协调安排，资源环境承载力评价的限制性作用在其中体现不足。究其原因，资源环境承载力评价与国土开发利用现状、经济社会发展战略的对比和综合考虑、归因分析不够深入，导致其对区域空间可持续发展战略布局的指导力度不足。

（四）资金投入以财政为主，政策措施不足

全国各地都在不同程度地推进国土综合整治工作，国家会给予地方一定的资金支持，但并未形成固定的制度，更多是临时性、应急性的资金；同时，地方政府并没有拓展其他正式的融资渠道，资金良性造血能力不强，仍然面临较大的财政资金缺口，不利于国土综合整治工作的开展。因此，需要创新国土综合整治融资模式，按照"谁投资、谁受益"的原则，引入社会资本，探索国家扶持和市场运作的生态补偿机制，建立国土综合整治多元投资机制[2]。

尽管中国对国土综合整治工作十分重视，并采取了相应措施，但这些措施大部分还是临时性、应急性的，没有用制度加以规范并形成长期有效的管理机制，因此难以形成有效的多元机制[3]。需要建立实施国土综合整治的长效机制，走制度化、规范化建设之路。自然资源部先后开

---

[1] 沈清基，汪鸣鸣. 生态环境承载力视角下的低碳生态城市规划[J]. 北京规划建设，2011（2）：11-13.

[2][3] 邓玲，郝庆. 中国开展国土综合整治的建议[J]. 南京晓庄学院学报，2016（2）：103-105.

展城乡建设用地增加挂钩、工矿废弃地复垦、低丘缓坡综合开发利用等试点工作。这些试点工作需要总结模式，形成可复制、可推广的经验，并在全国推广，进而形成推进国土综合整治可操作的路径。

三、新时期国土综合整治的发展诉求

（一）生态文明建设的动力要求

党的十八大从新的历史起点出发，做出"大力推进生态文明建设，建设美丽中国"的战略决策，生态文明建设作为关系人民福祉、关乎民族未来的长远大计，全面融入经济、政治、文化、社会建设的各个方面，协同推进工业化、城镇化、信息化、农业现代化和绿色化"五化"同步。新常态时期，随着增速减缓、结构调整、驱动变化，必然需要逐步减弱对资源、环境要素的依赖程度，逐步降低资源消耗和环境污染，这就为生态文明建设的全面推进带来了历史性的机遇，生态文明建设作为"五位一体"建设的重要组成部分，可以被看作新常态时期实现转型升级、创新驱动的重要经济增长点。多年来难以实施的制度安排，将在新常态的背景下得以突破。

新常态下的生态文明建设要求国土整治加强污染治理，拓展承载力。当前中国环境承载力已经达到或接近上限，环境污染、水土流失、土壤退化、地下水位下降等问题日益突出，根据《2014中国环境状况公报》，2014年，中国长三角、珠三角、京津冀三大区域城市群的47个地级市PM 2.5年均浓度仅有5个地级市达到中国标准，即低于35微克/立方米，整体超过世界卫生组织推荐的最佳空气质量标准指导值10微克/立方米3~8倍（见图1-1）。全国202个地级及以上城市45.4%的地下水污染较严重、16.1%污染极严重。根据第一次全国水利普查水土保持情况普查成果，中国现有土壤侵蚀总面积294.91万平方千米，占普查范围总面积的31.12%。根据《全国土壤污染状况调查公报》，全国土壤总超标率为16.1%，耕地土壤点位超标率为19.4%，调查的工业废弃地中超标点位占34.9%，工业园区中超标点位占29.4%。同时，资源无序开采造成生态系统破坏，中度以上生态脆弱区域占全国陆地国土空间的55%，环境问题已成为影响新常态时期经济社会可持续发展和民生改善的核心问题。因此，国土整治作为生态文明建设的重要组成部分，亟须针对环境问题大力推进生态型整治，形成对"山水林田湖"的共同整治管护。国土整治要通过对在生产建设过程中因挖损、塌陷、压占、污染或自然灾害损毁等造成破坏、废弃的工矿废弃地土地复垦，切实治理土地污染，宜农则农、宜水则水、宜林则林，提升耕地质量，促进农田集中连片程度，实现净化空气、涵养水源等农业生态环境功能；同时要大力加强建设生态网络与绿色基础设施，恢复河道、水库、湿地、沟渠等水体，扩大森林、湖泊、湿地面积，提高沙区、草原植被覆盖率，防治风沙和水土流失，构建以"山为骨、水为脉、林为表、田为魂、湖为心"的多层次、多功能、立体化、复合型、网络化的国土生态安全体系。

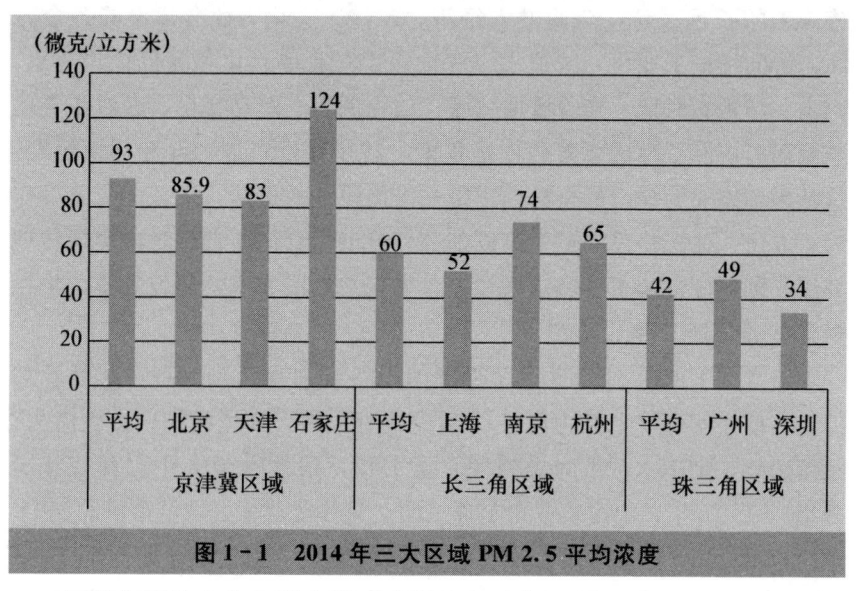

图 1-1　2014 年三大区域 PM 2.5 平均浓度

新常态下的生态文明建设要求国土整治促进景观建设，提高环境质量。除了环境污染之外，当前中国整体生态景观受损、人居环境质量偏低、生物多样性减少，约 60% 的村庄乡村景观风光一般或差，约 80% 的村庄街道和田间道路绿化不足、沟路林渠破损严重，人文景观和自然景观构成类型单一，覆被稀松，缺乏特色和空间层次感，既难以完成应有的生态功能，又使自然环境的舒适度与美学价值降低。同时，农村和城镇的景观格局无序混乱，缺乏合理统一的规划导致城镇、村落、农田、道路、河流水系、森林等景观要素之间的功能联系遭到破坏，造成景观的破碎化现象严重，居住舒适感下降。此外，地形地貌变化、植被覆被改变、河道改造及过度开采和污染导致的栖息地变化引起生物多样性不断减少，农田、河流、森林的生态功能严重退化，景观类型单一化和格局趋向重复化。新常态时期人居体验将进一步得到强调，生态景观建设将成为新常态经济增长的重要创新产业之一。因此，国土整治亟须大力转向景观提升型设计，以生态景观服务及休闲游憩功能为导向，优化配置"斑块-廊道-基质"等景观要素，维系提升景观特征、生物多样性和人居环境，保护和恢复自然山水格局和历史遗迹。在农用地整治中注重农田景观的塑造，发挥农地生产、生态、景观、文化等多重功能，促进农村生态景观服务和休闲旅游产业发展；在建设用地整治中优化生产、生态、生活"三生"空间布局，在保留村庄原始风貌和文物古迹、保护历史文化景观与乡土景观的前提下，控制建设用地规模，调整土地利用结构，补充和预留生态用地，为生态景观建设预留发展空间，提高人居环境景观和谐程度，构建"集聚间有离析"（aggregate-with-outliers）的"看得见山，望得见水，记得住乡愁"的最优景观安全格局。

（二）新型城镇化建设的创新要求

从党的十八大、十八届三中全会、2013年中央城镇化工作会议到2014年3月《国家新型城镇化规划（2014—2020年）》正式出台，"中国特色新型城镇化道路"的内涵不断丰富。"新型城镇化"是以"城乡统筹、城乡一体、产城互动、节约集约、生态宜居、和谐发展"为基本特征的城镇化，是"大中小城市、小城镇、新型农村社区"协调发展、互促共进的城镇化，其核心在于以人为本、着重提高城镇化的质量，真正破除城乡二元结构，实现城乡一体化的健康发展。当中国进入减速增效的新常态时期，自改革开放以来一直处于高位的城镇化速度会相应放缓，农民市民化、资源集约化等城镇化发展质量和效益问题将更受重视，而立足于投资和消费结构升级、公共服务与基础设施优化、城镇空间联动和产城融合发展的新型城镇化战略将在新常态时期提供发展的巨大机遇、增长动力和创新活力。在这样的背景下，国土整治作为推进新型城镇化进程、统筹城乡和谐发展的重要抓手和平台，亟须进行针对性的转型改进。

新常态下要求国土整治强调以人为本，加强公众参与。自改革开放以来，中国的城镇化水平得到了空前发展，从1978年的17.92%到2014年的54.77%，在中国庞大的人口基数下依然实现了平均每年递增

1.02%的高速发展。然而我们也应该认识到，随着城镇化率的迅速提高，农民工人数也在逐年激增，从2008年的2.25亿到2014年的2.74亿，占全国总人口的20.03%，去除农民工城镇化率仅为34.74%（见图1-2），伪城镇化问题突出。新常态时期，新型城镇化将进一步坚持以人为核心，注重人民群众的需要的满足，以解决"三个一亿人问题"为着力点，更加注重引导社会预期，发挥好城镇化对现代化的支撑作用。因此，国土整治应以人为本，大力促进整治土地的产权界定，维护土地产权人的根本利益，提升整治过程的公众参与度与满意度。被整治土地涉及产权的清晰界定，是保障国土整治过程中可能涉及的土地承包经营权、集体建设用地使用权或国有土地使用权等权属调整妥善进行的必要前提；在产权明晰的基础上，针对国土整治方式、资金分配等利益协调问题，应充分发挥当地政府和集体经济组织作用，处理政府、开发商、市民、村集体和农民的利益分配关系，尤其要通过土地退出与社会福利挂钩、土地作价入股抵押等一系列方式，在利益分配上将更大比例的极差地租收益返还土地的拥有者——农村集体组织和农民，促进农民工市民化进程；在国土整治的项目选址、规划设计、实施保障和监督评价等各个方面都要允许和鼓励利益相关者积极参与，充分考虑区域特有历史文化、生态环境资源、经济作物资源等比较优势，合理推动新型城镇化建设。

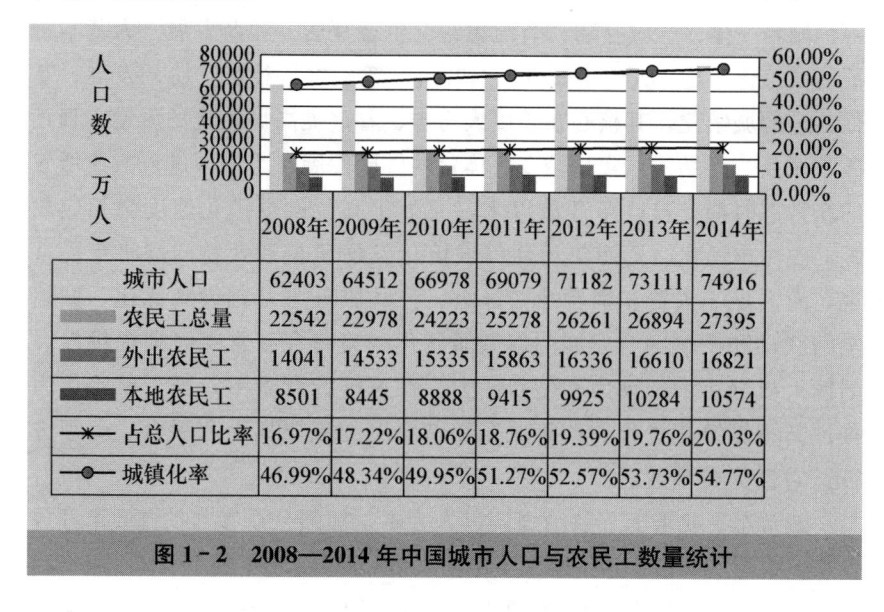

	2008年	2009年	2010年	2011年	2012年	2013年	2014年
城市人口	62403	64512	66978	69079	71182	73111	74916
农民工总量	22542	22978	24223	25278	26261	26894	27395
外出农民工	14041	14533	15335	15863	16336	16610	16821
本地农民工	8501	8445	8888	9415	9925	10284	10574
—※—占总人口比率	16.97%	17.22%	18.06%	18.76%	19.39%	19.76%	20.03%
—●—城镇化率	46.99%	48.34%	49.95%	51.27%	52.57%	53.73%	54.77%

图1-2　2008—2014年中国城市人口与农民工数量统计

新常态下的新型城镇化要求国土整治促进节约集约，提升利用效率。相较于过去数十年的粗放式资源利用，新常态时期资源要素的约束将日益凸显。短短数十年中国就已实现了从贫困到温饱再到总体小康的历史性跨越，经济总量已经跃居全球第二，然而在城镇化过程中资源利用方式较为粗放，单位GDP能耗和地耗远高于发达国家和一些新兴经济体，水资源产出率仅为世界平均水平的60%左右，部分区域城镇建设用地规模扩张过快，城镇建成区人口密度大幅下降，土地城镇化速度高于人口城镇化速度。根据统计数据，2014年中国城镇低效土地占比超过40%，农村空闲住宅占比10%~15%。低效使用的城镇工矿建设用地占全国城市建成区的11%，面积约5 000平方公里[1]。而与之相对应的是中国并不优越的资源禀赋，约占全球9%的耕地、6%的可更新水资源、4%的森林资源需要养活约占全球20%的人口，耕地、淡水、石油等资源人均占有量远远低于世界平均水平。因此，新常态时期，在稳步增长的经济规模、升级换代的消费结构必然带来巨大的资源消耗需求下，粗放型高能耗城镇化必然难以为继，亟须转向精细化高质量的发展模式，迫切要求国土整治以城镇村存量建设用地综合整治为重点，通过立体空间整治、"三旧"改造整治、集聚耦合整治、基建配套整治等多种路径，充分盘活存量、提升效率，促进城镇土地节约集约利用。国土整治需要进一步优化调整国土空间结构，统筹安排城市工矿用地、住宅用地和商服用地的空间分布和利用结构，提升立体空间使用效率。此外，国土整治应以城乡建设用地增减挂钩为突破口推进散乱、废弃、损毁、闲置、低效建设用地集中整治，加强老旧基础设施改造，重点保障公共服务设施供给，提高城市管网、排水防涝、消防、交通、污水和垃圾处理等基础设施的建设质量、运营标准和管理水平[2]。同时稳妥有序合理地对城郊村、城中村、地质灾害易发村等城市边缘区村庄开展村庄整治，建立健全农村宅基地退出机制，推进城乡一体化建设，缓解城镇经济发展用地需求的巨大压力，进而实现新常态下农村人口向中心村和城镇集聚，工业产业向园区转移，土地向规模经营化发展，基础设施向农村延伸，公共服务向

---

[1] 程秀娟. 让节约集约用地迈上法制轨道：访国土资源部政策法规司司长王守智[J]. 青海国土经略, 2014（3）: 31-32.

[2] 夏方舟. 喀斯特地区县域土地整治规划可行性评价研究[D]. 北京：中国人民大学, 2012.

农村覆盖的新型城镇化"五化"同步①。

新常态下的新型城镇化要求国土整治树立国际理念，促进区域统筹。新常态时期需要城镇化建设树立国际化理念，需要建立一批与世界城市体系对接、占据全球重要节点的核心城市和城市群体系。2014年底召开的中央经济工作会议明确提出重点实施"一带一路"倡议、京津冀协同发展、长江经济带三大战略，将其作为部署优化经济发展空间格局、提升新型城镇化质量的重要举措，将不断强化城市、区域间的协同效应，分类建立创新中心、金融中心、信息中心等导向性城市，加强核心城市的带动与辐射作用，统筹都市圈、城市群和一体化区域协调发展，构建基于全球视野的新型城镇化利益价值链。在此背景下，新常态下的国土整治亟须构建全球战略思想，基于世界城市的发展视角优化整治，服务国家战略，促进区域统筹。在"一带一路"倡议中，由于70%以上的全球盐渍化土地分布在"一带一路"沿线国家，国土整治应在配合管道、交通等重大基础社会设施建设的同时，深化与升级"一带一路"沿线国家盐碱地整治的国际合作，沿线扩展构建盐碱土地治理科技示范区，带动中国1亿亩盐碱化耕地治理、2亿亩宜耕盐碱地开发和高效利用；在京津冀协同发展、长江经济带战略中，国土整治应进一步促进土地资源在大城市、中等城市、小城市和小城镇之间的结构参差性优化和空间协同化布局，差别化地对不同类型区域进行农用地整治、建设用地整治和生态用地整治等分类重点整治，为新型城镇化的世界城市和城市群建设提供国土资源保障。

（三）新农村建设的发展要求

建设中国社会主义新农村，是构建和谐社会、解决"三农问题"的必然要求，也是统筹城乡发展、实现共同富裕的根本途径，在经济新常态下依然是中国发展进程中的重要任务。然而，随着经济社会发展表现出新的阶段性特征，新农村建设也面临着突出的新矛盾、新问题、新挑战，国土整治作为通过"田水路林村"的综合整治改善农村生产生活条件，实现新农村生产发展、生活宽裕、乡风文明、村容整洁、管理民主建设目标的重要平台，亟须在辨识新常态问题的基础上实现转型。

新常态下的新农村建设要求国土整治促进生产发展，保障粮食安全。

---

① 蓝颖春. 节约集约利用土地，将"有法可依"[J]. 地球，2014（7）：61-63.

新常态下，中国粮食安全问题随着国内外环境条件变化和长期粗放式经营积累的深层次矛盾逐步显现，面临多方面的新挑战。从 2004 年开始，中国粮食总产量实现了"十一连增"，然而应当意识到新常态下粮食增产潜力不断下降。2004 年粮食总产量较 2003 年增长 9.00%，2012 年、2013 年、2014 年仅较上年增长 3.21%、2.10% 和 0.86%（见图 1-3），其重要原因在于耕地面积减少、质量偏低等生产条件的限制，再加上农村人口比率的不断减少，粮食需求的刚性增长，新常态时期粮食供需平衡压力依然较为突出。此外，新常态时期国内外市场竞争逐步转向质量型、差异化为主的竞争，中国粮食生产成本偏高、价格优势消失、生产效益下降，在经济增速放缓、农业补贴相对不足的新常态背景下，粮农收入增速将不断减缓、种粮积极性也将受到打击。2004—2013 年，中国玉米、小麦、水稻三种粮食的每公顷产量增加了 599kg，增幅为 9.85%，而生产成本则由 5 932 元/hm² 增加到 15 393 元/hm²，增幅为 159.50%，生产利润由 2 948 元/hm² 下降到 1 094 元/hm²，下降了 62.89%。其原因主要在于中国土地经营规模总体上呈现"小、散、碎"特征，农业组织化、市场化程度偏低，农业科技整体实力不强。因此，国土整治在新常态时期仍然应突出加强农用地整治，合理推进大规模集中连片旱涝保收高标准基本农田建设，合理开发增加耕地数量，不断提高耕地质量，促进土地规模经营；同时，农用地整治应创新性促进农田生产配套基础设施建设，鼓励新型农业科技产业化配套落地，不断降低农业生产成本，并从国土整治、农业开发等专项经费中整合设立基本农田保护基金、农业

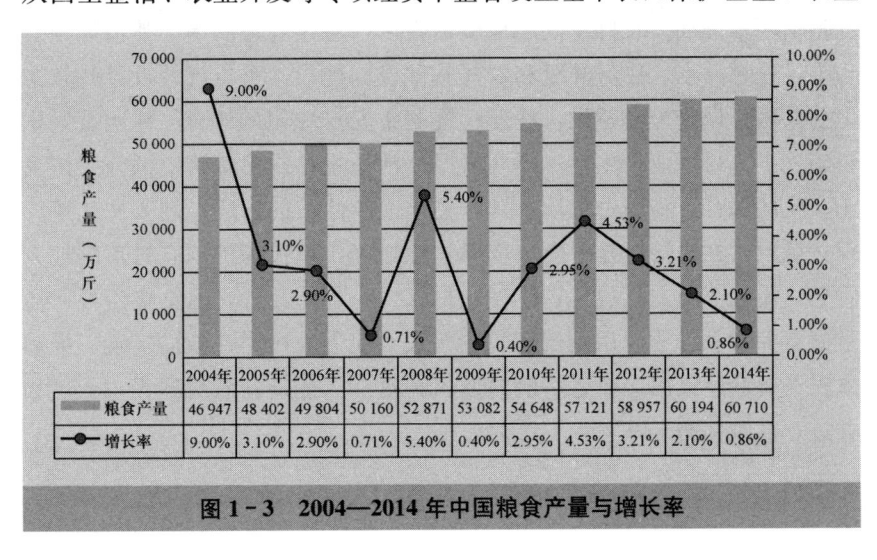

	2004年	2005年	2006年	2007年	2008年	2009年	2010年	2011年	2012年	2013年	2014年
粮食产量	46 947	48 402	49 804	50 160	52 871	53 082	54 648	57 121	58 957	60 194	60 710
增长率	9.00%	3.10%	2.90%	0.71%	5.40%	0.40%	2.95%	4.53%	3.21%	2.10%	0.86%

图 1-3　2004—2014 年中国粮食产量与增长率

科技创新基金、规模经营奖励基金，曲线提升农业补贴，提高农业的科技化、机械化、规模化和产业化程度，促进新农业建设生产发展、生活富裕。

新常态下的新农村建设要求国土整治推动"人物"并进，体现乡风文明。2014年12月23日召开的中央农村工作会议提出，积极稳妥推进新农村建设，推动"人的新农村"和"物的新农村"建设齐头并进[①]。当前中国经济已步入新常态时期，"物的新农村"突出体现在农村生活环境的优化和农民财产权的实现，农村生活环境的优化包括改善农村住房条件和水、电、路、气等基础设施硬件投入；农民财产权的实现体现在土地承包经营权、住房财产权、集体建设用地及宅基地用益物权实现抵押、担保、转让等合法流转，盘活农村资产要素，增加农民财产性收入渠道。而"人的新农村"更加注重内涵和质量，着眼于解决人的多元需求，促进农村科教文卫事业发展和社会福利保障进步。2013年，农村留守老人约5000万人，在农村仍然从事农业生产，且往往缺乏关照，孤独无助问题突出；留守妇女超过5000万人，负担着子女教育、家务农活和照顾老人等多重压力，不堪重负，生活幸福感较低；留守儿童在6100万人以上，不仅缺乏系统正规的学前教育，更由于长期远离父母导致亲情饥渴、安全感缺乏等心理问题；农村基本公共服务，如医疗、教育、科技仍然存在极大不足，缺乏整体统一规划，人才供给也相对不足，无法解决"三留守"的突出问题；此外，农村传统乡土文化正日益萎缩和消失，乡土文化在传承中出现断层，农民精神生活匮乏。因此，新常态时期的国土整治应合理加大农村建设用地整治力度，通过合理的国土整治规划合理推进迁村并点、住房升级和农村基础设施建设，重点统筹设计科教文卫公共服务设施配套建设，在新村规划中安排一定的体育、休闲及娱乐设施，丰富村民业余生活，提高村民生活质量；国土整治应额外关注乡土文化的保存，将历史久远、具有文化遗产性质的居民点划入文化遗产保护范围，在整治过程中应采取保护性措施，积极保护原有村落的地方特色，体现乡土文化气息，体现农村人文特色；此外，国土整治可以通过试点探索农村建设用地流转机制建设，促进农民财产权的实现，推动农村经营性建设用地和宅基地的退出和盘活，促进新农村建设"人、物并进，乡风文明"。

---

① 王红玲. 适应新常态，加快"人的新农村"建设［J］. 团结，2015（1）：19-23.

四、研究目标和研究内容

(一)研究目标

目前中国国土综合整治内涵理念不清晰，类型模式划分不明确，且不同区域国土综合整治协调统筹尚不成熟。本书在总结借鉴梳理国内外国土综合整治有关内涵、模式及区域统筹方面文献资料的基础上，探究国土综合整治的内涵理念、目标任务和类型模式，研判国土综合整治加强区域统筹的机遇与挑战，分析各个区域国土综合整治实施现状与存在问题；依据国土综合整治的现状问题和未来潜力，设计科学有效的区域性国土综合整治实施手段与路径；基于不同尺度下的国土综合整治区域统筹分析，探索推进中国国土综合整治的政策机制，为制定相关战略决策提供方向性指导。

(二)研究内容

1. 国内外国土综合整治的理论与实践借鉴

从国土综合整治目标、整治主体、整治对象、整治规划、整治工程、收益分配、监测管护、保障机制及其演变过程等方面，系统归纳美国、德国、日本等发达国家在不同发展阶段的国土综合整治内涵理念、实践模式与发展趋势；从实践发展和理论演变两个角度研究中国国土综合整治内涵发展历程。根据中国与发达国家国土综合整治在实践条件、实践过程、实践机制等方面的异同，明确发达国家国土综合整治对中国国土综合整治的借鉴与启示，把握中国国土综合整治的发展突破点。

2. 中国国土综合整治的内涵理念界定及类型模式总结

把握当前国家经济社会发展形势，总结生态文明建设、经济新常态、新型城镇化、乡村振兴等发展战略的本质要求，系统分析国土综合整治与国家重大战略需求之间的耦合关系，重新认知新时期国土综合整治的本质内涵与根本理念，进而对国土综合整治的各个功能导向进行全面定位。在整治前、整治中、整治后各个时间维度和地理空间差异显著的各个空间维度上，拓展、深化新时期国土综合整治的具体目标。同时，从整治主体、整治目标、整治对象、整治手段、整治效果等方面，系统总结现阶段中国国土综合整治的主要类型，分析不同类型的实践条件与特点，总结不同类型相对于新时期国家重大发展战略需求的成效、不足与启示，并以此修正新时期国土综合整治的内涵理念与功能定位。

3. 不同区域国土综合整治面临的主要问题和区域统筹分析

系统归纳国土综合整治区域统筹方面的文献资料，总结发达国家国土综合整治在自然禀赋、实施过程、运行机制等方面实施区域统筹的借鉴与启示，研判国土综合整治加强区域统筹的机遇与挑战，对比分析各个区域国土综合整治实施现状与整治潜力，剖析不同区域国土综合整治当前及未来发展面临的主要问题。在比较总结各个区域国土综合整治主要问题的基础上，靶向定位区域国土综合整治的资源环境主体，明确重点落实的各个区域综合整治对象，建立基于"四区一带"的国土综合整治拓展格局，构建"点＋线＋面"三个层次的国土综合整治全域统筹框架，分别从中观尺度与微观尺度分析国土综合整治区域统筹模式。

4. 基于"四区一带"的国土区域统筹实施路径探索

基于"四区一带"的国土综合整治拓展格局，结合不同区域的典型案例，按照保护、维护、修复等整治级别定位，依据城镇地区、农村地区、生态功能区等不同区域的特色，整合设计红线控制、开发利用、建设管理等一系列国土综合整治实施路径，探索通过"三线"划定、增减挂钩、集体经营性建设用地流转、宅基地管理制度改革等实现不同区域的国土综合整治政策突围方式。

5. 中国国土综合整治的政策路径与保障措施

明确中国国土综合整治的制度基础，同时以协同推进为导向，整合设计"三线"划定、增减挂钩、集体经营性建设用地流转、宅基地管理制度改革、城镇低效用地开发等国土综合整治政策路径，从加强公众参与、多元化资金渠道、建设数据库平台、完善规划调整程序、实施成果动态监控、设计激励保障等方面制定科学有效的国土综合整治实施保障措施。

6. 推进国土综合整治区域统筹的政策机制设计

总结不同区域国土综合整治的政策实施路径与突围方式，从整治主体、整治目标、整治对象、整治手段、整治效果等方面，比较区域之间的整治条件与特点，分析区域之间国土综合整治的相互作用关系，构架区域统筹的耦合理论框架，设计推进国土综合整治区域统筹的政策机制，为制定相关战略决策提供方向性指导。

五、研究方法和技术路线

(一) 研究方法

1. 文献回顾法

通过文献回顾，梳理国内外国土综合整治在内涵理念、实践模式、发展趋势等方面的研究成果，比较两者的异同，把握当前研究的启示与不足，同时梳理国内外国土综合整治在区域统筹方面的研究成果，总结发达国家国土综合整治在自然禀赋、实施过程、运行机制等方面实施区域统筹的借鉴与启示，把握当前研究的启示与面临的主要问题。

2. 问卷调查法、专家深入访谈、小型座谈会

在项目的设计与执行过程中，采用专家深入访谈和小型座谈会的方式，在节约经费的前提下更深入地探讨有关问题，高效地达到预期研究目标；根据研究所需数据和需要了解掌握研究对象特点，设计制作调查问卷，并组织人员针对各级政府、项目执行单位和村民进行实地问卷调查、访谈，对重点和难点问题进行中心小组讨论，从而获得典型地区与项目的相关信息，并为实证研究提供数据支撑①。

3. 遥感与 GIS 空间分析方法

收集区域土地利用的空间和属性数据，基于不同时段的土地利用现状图和卫星影像图，以 AICGIS 为平台对不同区域土地利用结构变化和生产生活方式变化影响的区域做分析和评价。

4. 案例研究法

根据地域、社会经济发展水平和整治模式，从《全国土地整治"十三五"实施规划（2016—2020 年）》中粮食主产区、城乡统筹区、生态建设区中各选择多个典型县级整治规划区与整治工程项目区，总结不同区域国土综合整治面临的主要问题，探索区域统筹的实施路径和政策机制。

---

① 夏方舟. 喀斯特地区县域土地整治规划可行性评价研究 [D]. 北京：中国人民大学，2012.

（二）技术路线

技术路线见图 1-4。

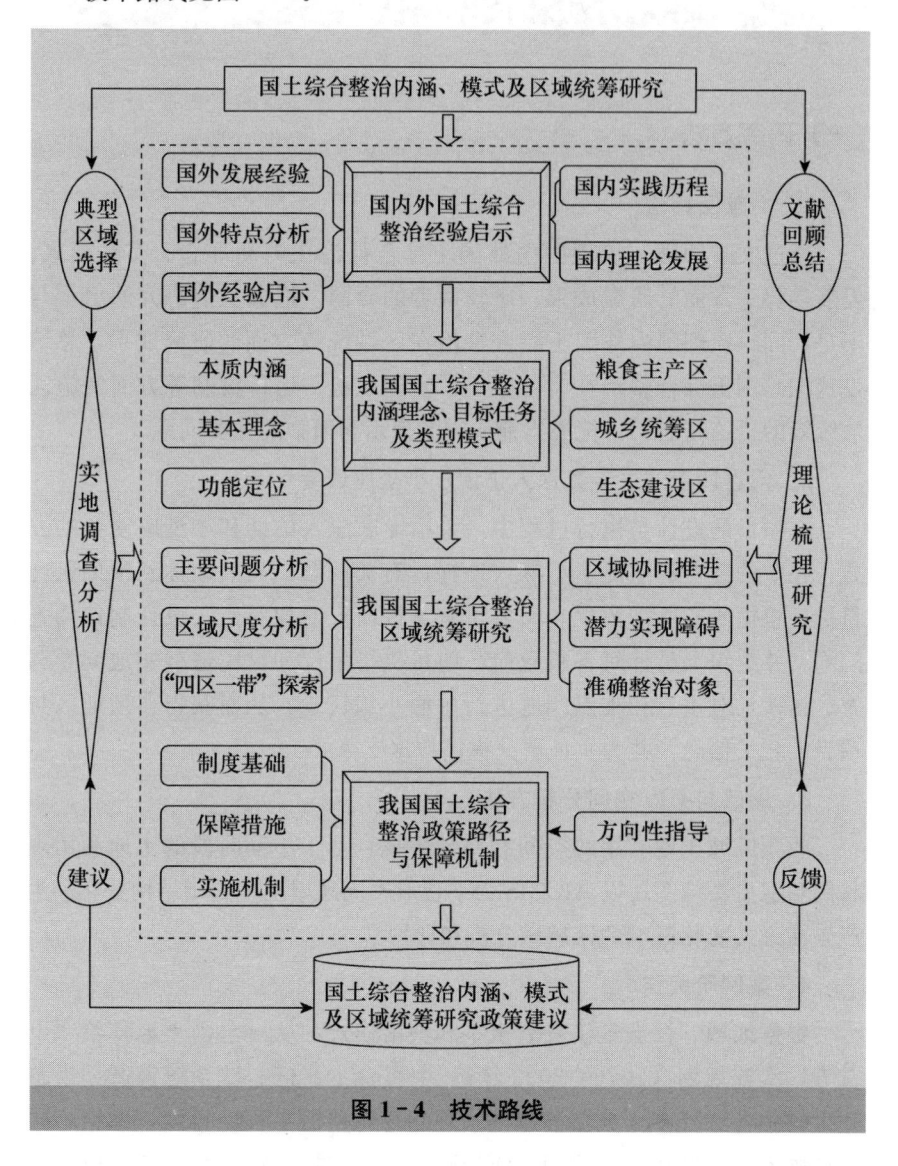

图 1-4　技术路线

第二章 国外国土综合整治的经验与启示

一、国外国土综合整治的发展经验

作为一项重要任务，国土综合整治是否会进入议程是由国家的经济社会发展水平决定的，不同国家在不同时期分别开展了国土综合整治。欧洲国家（包括法国、德国、荷兰和苏联）率先开展了现代意义上的国土综合整治。特别是第二次世界大战之后，在工业化、城市化、信息化和全球化进程加快的背景下，美国、日本、英国、德国、法国等主要发达国家和韩国等快速发展的市场经济体均出现了不同程度的资源环境问题，包括资源短缺、生态破坏、环境污染、乡村衰落等。为解决出现的问题，这些国家和地区结合自身情况，开展了国土综合整治工作，对社会经济发展、资源合理利用、生态环境恢复和保护产生了积极作用[1]。

（一）德国

1. 德国国土（综合）整治历史

在德国，国土整治又被称为空间整治，为此而进行的规划被称为国土整治纲要、国土整治规划。德国在一百多年前就率先进行了国土整治，是最早开展国土整治的国家之一。鲁尔工业区是德国乃至世界产业转型和区域治理最经典的案例之一[2]。

---

[1][2] 邓玲，郝庆. 国土综合整治及其机制研究[J]. 科学，2016，68（3）：40-44.

从19世纪中叶起,德国工业迅速发展,为德国大规模的铁路、公路、航运和运河建设提供了基础,促进了城市发展。同时德国企业出现了在工业区位、交通线路、港口间选择的矛盾。为了缓解这一矛盾,协调区域和城市的公共基础设施,划分休憩区、业余活动区、保护绿地和自然保护区,德国开始编制更大范围的区域性规划[①]。

20世纪初,德国首先对首都柏林和鲁尔工业区编制了区域规划。1890年起,柏林的城市规划范围不再拘泥于城市原来的边界,而是将郊区纳入城市范围,统一进行规划,并由此发展成为柏林区域规划。为了适应鲁尔工业区对于专业性规划和区域总体规划的要求,普鲁士于1920年成立了鲁尔煤管区开发协会,并在1923年编制了鲁尔区"区域居民点总体规划",即区域总体规划。

为了适应和促进经济的发展,从20世纪30年代起德国更加重视国土规划。1935年,"帝国居住和区域规划部"成立,负责德国的国土整治规划和交通建设,并将全国划分为若干个规划区,由各地的首席行政长官负责编制规划。德国各州为编制区域整治规划,也相继成立了"区域规划管理局"[②]。这一时期的德国学者豪斯·凯尔在其所著的《国土中央计划与空间秩序》一书中创立了国土计划理论,即国土规划理论。

1950年,联邦德国议院通过了《联邦德国国土规划法》。1965年通过了《德意志联邦共和国国土整治法》(BROG)。该法规定了国土整治的目的、原则及任务,要求联邦领土在空间结构上得到普遍的发展。同时BROG还对以下事项做出了规定:各州要制定州一级的国土整治规划;在负责国土整治的联邦部中设立顾问委员会,各州国土整治部门须向联邦部长汇报该州国土规划的情况和意见;联邦政府每两年向联邦议院提交报告,汇报联邦范围内空间发展规划的基本情况和发展趋势;联邦和州政府必须互相提供所需信息以实施国土规划和区域规划。20世纪70年代,联邦德国各州相继出台了州国土规划法,并编制和完善了国土整治规划、区域规划和发展规划。联邦和州的国土规划期限一般为15~20年。在两德统一之前,联邦德国已经确定了"联邦-州-管理区-市(县)"四级规划体系,形成了完整的规划制度。两德统一后,德国国土规划体系改为由国家国土整治政策方针、州规划、管理区规划、市(县)规划

---

① 刘源,宋富田. 国外国土规划概况及对我国的启示 [J]. 国土经济,1996(4):1-4.
② 同①64.

四个层次组成[①]。

2. 德国国土（综合）整治现状

德国国土整治是注重整治内容、目标、手段等各个方面的综合整治。整治重心由原先简单增加土地面积、改善土地质量转变为保护自然景观、改善生态环境、更新城乡面貌。以国土综合整治在农村地区的实践为例，通过土地整理、村庄重建、生态景观规划、基础设施建设等措施，农村的环境得到很大改善，生产生活条件得到提高。国土综合整治目标不再单纯围绕粮食生产和安全，而是农业适度规模经营、生态环境保护、水源保护、城乡一体化等方面的综合实现。

巴伐利亚州是德国国土综合整治的典型区域。巴伐利亚州总面积700万公顷，总人口1100万，其中600多万人居住在乡村地区，近500万人生活在10个城市中。20世纪80年代以来，巴伐利亚州开展的国土综合整治工作对于改善农村地区生产、生活条件，保留城市化地区乡村面貌起到了重要作用。

巴伐利亚通过土地整理推进农业现代化。随着经济的发展，巴伐利亚的农民很难依靠小规模的农业生产维持生计。为解决农民流失问题，巴州政府编制规划、整治土地，在本地大力发展农业，引导当地农民继续从事农业生产。

一方面，巴伐利亚在村镇整体发展规划的基础上，开展农村土地整理，加大对乡间道路、灌溉工程的投入，提高土地利用率；合并零碎的土地，推广机械化耕作，提高农业生产的集约化和现代化水平；对土地质量进行区分，将高质量土地投入农业生产，将低质量土地用于基础设施建设和企业用地。通过国土综合整治，巴伐利亚的农业生产率极大提高，农村经济不断发展，农业成为全州经济发展的新增长点。

另一方面，巴伐利亚政府通过财政转移获得大量资金，在农村地区兴建交通和能源基础设施，推动企业向农村地区转移，吸引了宝马、西门子等大型企业建设生产基地，在农村积极发展第二、三产业。工业企业及配套设施的兴建，不仅使农民可以就近就业，有效地改善了农村人口外流的现象，而且促进了落后地区的经济振兴。

3. 德国国土（综合）整治的主要经验

德国国土整治历史悠久，其政策扶持、法律保障、规划管控、自主申

---

① 刘源，宋富田. 国外国土规划概况及对我国的启示［J］. 国土经济，1996（4）：1-4+64.

请、多方参与的稳定发展格局，对推进我国国土综合整治工作具有重要指导作用。通过梳理德国国土整治的发展情况，可以总结出以下五个特点：

一是不断更新国土整治的目标。如农村地区的土地整治逐步由提高农业生产、改善农业生产条件的单一目标，逐步演化为同时注重保护自然环境和景观、改善农业生产条件、改善居住条件，提高农业产量不再是土地整治的唯一目标。

二是注重法制建设。德国在国土整治领域颁布了空间规划法、土地整理法和建筑法等多部法律，并且法律条文随社会经济条件的变化及时修订完善，增加了法律的时效性。

三是注重规划管控。德国十分重视国土整治，将其作为实施空间规划的重要措施，并形成"空间规划-控制性详细规划-建设规划"的规划管控体系。

四是注重多方参与。以土地整理项目为例，土地整理项目的申请由农民和地产主自主申请，地产主是土地整理项目实施的主体，需要承担一定的费用。规划方案要充分征求所有地产主和利益相关方的意见，达成一致后才能组织实施。在整个项目的建设实施过程中，土地整理局主要起到指导和服务的作用。这种土地整理管理机制充分调动了有关各方的积极性，也很好地保证了项目建设实施的质量。

五是加强基础资料管理。全国每一宗土地的土地类型、土地利用类型、质量状况、地上建筑物状况、权属状况、抵押情况和空间属性等信息都应在地籍簿上有详细记录。地籍簿由财政部和法院共同管理，体现了土地的财产属性和法律保护私有财产的意志。地籍簿上通用的信息向社会公开，公众可免费随时查询，涉及隐私的信息需申请批准后才能查阅。地籍簿需要定期更新，国家每年对全国土地进行一次航拍，航拍信息录入地籍簿，并作为全社会开展土地利用活动的依据和基础，这些翔实的基础资料为开展国土整治工作提供了科学依据[①]。

（二）日本

1. 日本国土（综合）整治历史

日本国土规划开展较早，日本学者中村刚治郎在《战后日本的国土

---

① 田玉福. 德国土地整理经验及其对我国土地整治发展的启示[J]. 国土资源科技管理，2014，31（1）：110-114.

整治的经验教训和第四次全国综合发展计划》一文指出：1950年日本《国土综合开发法》的问世标志着日本国土整治的正式展开。据该法第二条，"国土整治"（日本称为国土计划）就是国家和地方团体实施政策的基本规划，其主要内容包括：（1）资源的开发利用；（2）自然灾害防治；（3）城乡规模的确定和布局；（4）产业的合理布局；（5）电力、运输、通信等公用设施的规模确定和布局；（6）文化、卫生和旅游资源的保护。此外该法还提到了防治公害、保护环境等内容。可以说"国土整治"是政府和地方团体对国土进行综合管理和改造的规划。国土规划可分为全国规划、地方规划和都道府县规划等不同级别的规划。从中村刚治郎的论述看，日本的"国土整治"是一个宽泛的概念，等同于国土规划（计划）。

早在20世纪30年代末，日本学者中岛清就将豪斯·凯尔的《国土中央计划与空间秩序》一书译成日文，引入中国，日本成立"国土局"和"国土计划研究所"，发行了《国土规划》杂志。

1950年5月，《国土综合开发法》颁布，综合土地开发、土地利用、土地保护各个方面，合理调整工业布局，促进经济发展。该法提出国土综合开发计划应包括全国综合开发计划、都道府县综合开发计划、地方综合开发计划、特定地域综合开发计划四种类型。其中，全国综合开发计划是基础。由于当时政府财政紧张，无法实施完整的国土综合开发计划，在总理大臣指定的地位重要、亟待开发整治的地区为特定地域（主要集中在本州、四国和九州）先行实施特定地域综合开发计划，在10年内通过国土开发整治增加粮食产量，解决饥荒问题。

20世纪50年代，日本进入经济高速增长时期，出现地区收入差距过大的问题。1960年日本内阁会议提出"太平洋沿岸地带构想"，重点发展太平洋沿岸地带。1962年颁布《第一次全国国土综合开发计划》，将全国划分为过密、整治和开发三类地区，采取"据点开发"方式，寻求地区间的均衡发展。

20世纪60年代后期，日本经济增速远远超过预期，原规划失去了指导作用，同时日本国内大城市的交通、住房、资源问题日益严重，地区收入差距拉大的问题亟待解决。1969年，日本政府制定《新全国综合开发计划》，提高社会福利，改善人居环境，解决"过密""过疏"问题，规划期限为20年。

进入20世纪70年代以后，日本经济进入稳定发展时期，工业结构中技术密集型高级加工业比重上升，人们更加重视生活质量。日本政府对过去一味重视生产忽视了综合治理、公共福利的规划思路进行了反思，开始重视生产、生活、生态的综合开发整治。1974年颁布的《国土利用计划法》提出国土规划要优先考虑公共利益和社会福利，保护自然环境，创造宜居的生活环境，实现国土综合发展。1977年，在这一基本思想的指导下，日本政府制定了第三次全国综合开发计划，更加注重人民的生活水平。第三次计划的核心任务是抑制人口和产业过度集中于大都市，振兴地方经济和产业，计划期限为10年。

进入20世纪80年代，日本的经济社会条件出现了新的变化：经济增长缓慢，人口老龄化，技术进步和信息化发展缓慢。这些问题需要日本政府采取相关措施加以解决。1987年日本政府制定了第四次全国综合开发计划，以2000年为目标年度，将全国划分为10个地区，计划在全国建设多个具有特定功能的"极"，形成多极分散型的国土空间布局。

日本前四次全国综合开发计划均针对人口、产业及其他经济活动过度集中于大都市的不合理的空间布局，力图将国土开发扩展至全国范围，实现各地均衡发展的目标，协调人和自然的关系。

日本第五次全国综合开发计划提出彻底改革国土规划体系。基本动机主要有两点：一是内外环境的变化，主要有全球化、信息化、人口减少与老龄化、全球环境问题、地方分权化等环境变化；二是反思现行国土规划体系，主要有规划内容宽泛、重点模糊、指导性差的问题和体系繁杂、晦涩难懂等问题。在理念上，第五次规划从过去的强调"开发"转为强调"整理"，将国土规划的基本目标定位为促进各地区根据自身特色独立发展、国土安全可持续和国土支持可持续发展[①]。

日本政府将《国土综合开发法》修订为《国土形成规划法》，明确国土规划五大领域，分别是水灾、风灾以及其他灾害的防除，土地和其他自然资源利用，调整城乡规模以及布局，电力等重要公共基础设施配置，文化、观光资源的保护和设施配置。据此制定的最新国土规划——《国土可持续发展规划》于2008年由国会通过。

国土综合开发规划和国土利用规划共同构成了现行日本国土规划体系，其中国土综合开发规划体系以1950年《国土综合开发法》为依据，

---

① 孟旭光，卜善祥，李新玉. 国土整治的国际化特征与发展趋势[J]. 中国矿业，2003 (9)：2-4.

国家制定全国综合开发规划的大区规划，都道府县政府制定都道府县综合发展计划。国土利用规划体系以1974年《国土利用计划法》为依据，国家制定全国国土利用规划，都道府县政府制定都道府县政府土地利用基本规划（必需）和都道府县政府国土利用规划（视需要），市町村级政府视需要制定国土利用规划。

2. 日本国土（综合）整治现状

新的日本国土规划，致力实现地区的独立发展，形成环境美丽和生活便利的国土空间。规划确定了几个战略性发展目标：建成与世界同步发展的一体化高速交通系统；地区发展可持续增强国土空间防灾能力；加强对国土的管理，使其能够代代相传；以新型公共部门为基础推进地区建设。为了实现这些目标，日本通过多主体的交流协作，有效推进了规划的实施[1]。根据日本第六次国土规划中相关内容可以看出，国土整治涵盖了防灾体系建设、生态环境保护、美丽国土形成等内容。实质上，梳理日本国土整治的发展历程也可以看出，当前日本的国土整治已逐步由单项的土地整治迈向了国土综合整治。

日本国土整治可以分为城市土地整治和农村土地整治两大部分。城市土地整治主要包括：（1）城市恢复和重建，包括战后的城市恢复重建和灾后的城市土地整理；（2）城郊、城乡交界区域的土地整治，旨在整合零碎细小的地块，提高土地的使用效率和经济价值，控制城市边界。农村土地整治包括：（1）农业基础设施整治，包括灌溉工程、土地平整、土地开发、土地综合整治；（2）农村整治，包括完善公共设施、处理农业废水、整治农村环境、平整农村道路；（3）农地保护，包括农业用地防水防灾、农业环境保护、农地复垦、土地改良等[2]。

日本国土整治工作是全面、综合的系统工作，范围大、投入多、周期长。第二次世界大战后，日本政府通过国土整治来实现农业、农村政策，制定长期土地整治规划，该规划随着农业工作重心的变化而适时调整。

日本国土整治大致可分为四个阶段[3]：

第一阶段是从20世纪50年代到60年代中期，主要是农田的开垦和排水灌溉工程的修建，以增地增粮为目的。第二次世界大战后，日本缺乏粮食，政府不得不采取粮食强制收购措施，严格限制粮食供给，增加

---

[1] 姜雅. 可持续发展的日本国土规划[N]. 中国国土资源报，2009-11-20 (3).

[2][3] 袁中友，杜继丰，王枫. 日本土地整治经验及其对中国的启示[J]. 国土资源情报，2012 (3)：15-19.

粮食供给成为日本面临的紧迫任务。通过土地整治，到 60 年代中期，粮食供应实现充足。

第二阶段是 20 世纪 60 年代中期到 70 年代中期，在继续兴修农田水利工程的同时，开展水田改旱地、土地平整等工作，解决农田的细碎化，扩大经营规模，推进农业机械化。针对 20 世纪 60 年代中期出现的生产过剩问题，日本政府在调整农业生产经营规模、改善农业生产结构的基础上，通过水田改旱地、土地平整、建设农产品基地等手段，基本实现了农业机械化，农业生产规模粗具雏形，初步实现了农业的机械化。

第三阶段是 20 世纪 70 年代中期到 80 年代末，为提高土地利用率，改善农村环境，缩小城乡差距，日本政府开始对农村设施和环境进行综合整治。通过土地权属和地块调整，发展适度规模经营，发展农业产业，提高农民收入水平；通过村庄整治、农村基础设施完善、农村道路交通条件改善等措施，农村生活环境得到了进一步改善，城乡差别得到了缩小。

第四阶段是 20 世纪 90 年代以后，经过之前的土地整治，日本实现了区域核心城市的发展，同时农村劳动力流失得到缓解，实现了城乡的共同发展。为了解决人口老龄化问题，促进人与自然和谐共生，进一步推动社会经济发展，日本在土地整治的基础上开展了国土整治。国土整治使国土形态更加适应新时期的发展条件，提高了社会经济的效率和可持续性。

3. 日本国土（综合）整治的主要经验

日本以较小的用地代价，取得了令人瞩目的经济发展成果。面对新形势新挑战，日本正致力于新的国土形成规划，其国土综合整治工作对中国具有重要的借鉴作用[①]。

一是以完善的法律法规体系保障国土整治有序运作。日本十分重视国土整治的法律法规建设，颁布了 130 余部土地管理法律，包括《农地法》《农业振兴地域法》《农业经营基础强化促进法》《土地改良法》等。完善的法律体系为日本的国土整治工作提供了保障，保护了优质耕地，促进了农业生产规模化，提高了农业现代化水平。同时法律制度会因社会经济条件的变化随之修正，如《土地改良法》先后修改十几次。

---

① 袁中友，杜继丰，王枫. 日本土地整治经验及其对中国的启示 [J]. 国土资源情报，2012 (3)：15-19.

二是强调土地权属和地块调整，发展农地规模经营。日本非常注重农用地的有效流转和规模化经营，通过采取土地整治、调整土地权属、置换地块等措施，解决农地细碎化和分散化问题，提高农户专业性，完成了农地经营的专业化和规模化，生产效率得到提高，农民收入增加。典型的例子是"小地主大农户"模式，多个地主各自拥有耕地所有权，少数农户获得耕地经营权集中经营。日本鼓励将农用地用于农业生产，但并不强制，更多通过经济手段而非行政手段。此外日本实行农民职业认证制度，对认证后的农民实行优惠政策，鼓励他们从事农业[①]。

三是拥有完备的国土整治流程，提高公众参与度。以农村土地整治为例，土地整治过程牵涉到土地相关利益主体的权利关系，容易产生利益冲突，不利于土地整治工作的进行。日本制定了周密的土地整治工作程序：在开展土地整治前，由土地整治区域中各村的村民代表和指导人员召开会议，对规划方案、土地权属和地块调整方案进行讨论和表决，经 2/3 以上成员同意后，土地整治工程才开始实施。个人参加土地改良，要提出申请，在获得同一地区 2/3 以上参加人同意后方可获得参加土地改良的资格。所以日本的土地整治具有广泛的群众基础，依靠民众的自觉性，避免了土地整治前期工作和正式实施的阻力。

四是重视科技创新和工程质量。日本非常注重科技手段在国土整治中的运用，农业管道化程度很高，农田灌溉工程完善；对工程设计和建设采取高标准，严格要求工程质量，这使得其国土整治工程的实际寿命往往高于设计寿命，降低了国土整治成本。

五是重视生态环境的恢复和保护，以土地整治促进生态农业的发展。土地整治是一项复杂的系统工程，其整理过程改变了地表生态系统，必然会对生态环境造成影响。日本的土地整治充分考虑到生态环境，在增加有效耕地面积的同时，更加注重水土流失、土壤盐碱化、土地荒漠化、土地损毁的防治问题。在区域土地整理的规划编制过程中，既重视道路、沟渠的工程布局，又重视农田、村落的布局；通过水土重构技术、高效的施工技术、防护工程与景观生态再造技术、"生物-理化"联合改良技术，充分发挥了农田防护、水土保持与景观的生态效应。土地整治在促进日本农业生产的同时，还实现了生态环境恢复和保护。

六是发挥国土整治的综合效应，推进农村地区城镇化。日本的农村

---

① 郧文聚. 鸟瞰日本土地整治［J］. 中国土地，2011（3）：55-57.

土地整治是区域综合整治的一部分。为了解决经济高速发展时期城市郊区化、农村城镇化和农业现代化之间的用地矛盾，日本进行了村庄合并，将条件好的土地用于新型村镇建设。《町村合并促进法》和土地整治大大减少了日本的村庄数量，有力地推动了日本的城镇化进程。

（三）美国

1. 美国国土（综合）整治历史

美国的国土整治工作开始于 20 世纪 30 年代。当时美国和整个资本主义世界都卷入了历史上最大的一次经济危机，一些落后地区需要开发和治理。1933 年，在总统富兰克林·罗斯福的号召下，联邦政府成立了田纳西河流域管理局（TVA）来统筹、管理该河流域的开发与治理工作。1936 年，编制出了田纳西河流域开发治理规划。该规划由联邦提供财政援助，以解决发电、防洪与航行三大问题为出发点，对田纳西河流域进行综合开发和治理。其后，规划虽几经修订，但其实施从未间断过。实现了保护自然环境、防止水土流失、提高农业生产率、发展原子能和化学工业、开发新城镇等多项目标，取得了良好的效果。美国的区域性国土综合整治工作主要是以某项资源的开发利用带动相关资源的开发和相关产业的发展，当时属于这类整治的还有哥伦比亚河流域整治等。该项工作对世界范围内的流域综合整治工作产生了深远的影响。国民政府曾在抗日战争胜利后借鉴该模式，开展扬子江流域综合整治（YAV）工作。中国开展的长江、黄河等七大流域综合整治规划编制工作也受其影响。

20 世纪 60 年代，随着经济社会的发展，一些地区由于结构失调、某些工业衰退、失业愈益严重而成为经济困难区，地区之间经济发展不平衡日益加剧，环境污染越来越严重，失业人口的流动也比较突出，这些问题已经不是某个部门所能解决的了，客观上需要有综合的区域规划来协调各部门各地区的关系。当时美国政府认为：只有把困难地区作为一个整体区域，从改变地区产业结构着手，进行全面的开发规划，才有可能逐渐摆脱长期经济萧条局面，走上自我发展的道路，而一旦各区域经济发展水平出现了较大的差距，就很容易出现恶性循环。改变这种地区差距的唯一途径是政府的干预。为此，美国国会于 1961 年通过了《地区再开发法案》，1962 年通过了《人力开发与培训法案》，1965 年通过了《公共工程与经济开发法案》，1965 年通过了《阿巴拉契亚区域开发法案》，并根据上述法案成立了经济开发署，以统一规划、管理经济萧条地区与落后地区的开发工作。联邦政府将全国划分成十大经济区,其中有发达地区,也有贫困地区,以便进行区域规划。1965年成立了阿巴拉契亚区域委员会,该区域地跨13个州,397个县。这里虽然煤炭和森林资源都很丰富,但交通不便,文化落后,植被受到严重破坏,经济很不发达。委员会成立后,即着手编制这个地区的开发治理规划,各州也据此编制自己的开发治理规划。在规划的指导下,经过多年努力,阿巴拉契亚山区已摆脱了贫困落后的面貌。阿巴拉契亚区域的开发治理规划使美国区域规划进入了综合规划阶段。此外,美国还做了夏威夷州等区域开发整治规划。

2. 美国国土(综合)整治现状

美国既有如上述的田纳西河流域综合整治、阿巴拉契亚区域综合开发等综合性国土整治,又有土地整治、土地开发权转移、污染土地(棕地)修复等专项国土整治工作。

在美国,土地整理(land readjustment)是一个较为宽泛的概念,是指针对区域内存在的不合理的土地利用现状、不齐全的土地功能、完备的基础设施配套等问题,由区域内土地所有权人自愿、协商合作,调整置换土地产权,实现土地最优利用。美国土地整理有以下特点:第一,强调地方政府对土地整理的指导、对土地利用分区规划的控制;第二,体现土地所有权人的意愿,遵循自愿、合作的原则;第三,在增加耕地数量的基础上,强调土地整理对土地节约集约利用的促进作用,实现土地资产最大化[1]。

美国的土地开发权转移(transfer development rights,TDR)与中国的土地增减挂钩类似。"增减挂钩"就是将农村宅基地复垦为耕地,从而获得新的城市建设用地指标,把农村使用建设用地的权利让渡到了城市,本质上是土地开发权的转移。土地开发权转移最早起源于美国,是土地开发控制手段的创新,最早在纽约等大城市进行尝试,后在其他地区得到推广[2]。

棕地(brownfield)治理也是美国一项较为成熟的国土整治做法。"棕地"一词于20世纪90年代开始成为美国联邦政府的官方用语,用来指遭到一定程度污染,已经废弃或没有得到充分利用的土地及地上建筑

---

[1] 林目轩. 美国土地管理制度及其启示[J]. 国土资源导刊,2011,8(Z1):68-71.

[2] 周君. 美国式"土地增减挂钩"解析[N]. 中国国土资源报,2015-04-04(3).

物。美国国家环保局对棕地的定义是废弃、闲置或没有得到充分利用的工业或商业用地及附属设施。因为环境污染较一般土地更为严重，棕地的再开发和利用过程往往更为复杂，因此棕地的开发活动有严格程序，必须治理污染直到达到规定标准，得到环境保护部门的许可，然后才能进行开发。在土地利用现状上，棕地既可以是闲置废弃的，也可以是仍在利用之中的，如经济效率低的老工业区；在用地功能上，它既可以是工业用地，也可以是其他用地①。

美国国会1980年通过了《环境应对、赔偿和责任综合法案》，批准设立污染场地管理与修复基金，即超级基金，该法案也因此被称为"超级基金法"。"超级基金法"授权美国环保署依法管理全国受污染场所，有权责令责任者修复严重污染区域；对找不到责任人或负责人不具备修复能力的，由超级基金来支付修复费用；对尚未找到责任人的，超级基金先垫付修复费用，再由环保署追讨。基金来源于国内生产石油和进口石油的产品税、环境税、财政拨款、污染责任者缴纳的修复和管理费用。美国政府于1986年通过《超级基金修正与再授权法案》，完善相关规定。该法案实施30余年来总花费超过650亿美元。截至2008年，美国清理有害土壤、废物和沉积物1亿多立方米；共清理垃圾渗滤液、地下水、地表水约12.9亿立方米，共计997块地下水污染场地纳入治理范围；创造的就业岗位超过16万个。其严厉的环境责任制度催生了一系列环境管理政策，如"绿色信贷政策""环境责任保险政策"等，对美国土地管理和环境保护产生了深远的影响②。

3. 美国国土（综合）整治的主要经验

一是重视法律保障。例如，美国"超级基金法"在棕地治理中发挥了重要作用。

二是注重构建长效机制。美国综合性国土整治和专项整治都非"运动式"，而是依靠法律制度、固定机构等建立了长效机制。

三是明确界定相关利益主体的地区。例如在TDR中，政府是规则的制定者、公共服务的提供者和市场的调控者。土地开发权作为土地产权的一种表现形式，超过一定范围必然会损害公众利益，不能无限扩张。因此，政府必须制定有效规则来管控土地开发权，平衡公共利益，如分

---

① 牛慧恩. 美国对"棕地"的更新改造与再开发［J］. 国外城市规划，2001（2）：30-31，26-48.

② 土地污染：绕开耕地红线侵蚀粮食安全［J］. 国土资源，2012（8）：4-13.

区管制条例。开发权的转移同样如此。TDR 的本质是一种基于市场机制的交易行为，政府要扮演好管理者和服务者的角色，而非直接参与者[1]。

四是国土整治与区域发展阶段相适应。以 TDR 为例，TDR 使用最多的区域是东北部的城市集中区、佛罗里达州和加利福尼亚州沿海城市带，这些地区是美国经济发展和城镇化水平最高的大都市区。在开发需求大、经济效益高的地区促成 TDR 的交易，实现土地集约化利用和经济活动的集聚，能够获得更高的效率和产出[2]。

五是发挥市场作用，构建合理的利益分配机制。例如，TDR 交易活动的主体是土地开发权所有者，包括开发商和农民，双方共同决定交易价格和收益分配，政府只对交易过程进行监督，既不参与交易，也不获得收益。市场化的行为最大限度地保证了资源的有效配置[3]。

（四）荷兰

1. 荷兰国土（综合）整治历史

荷兰是世界上开展国土整治较早的国家之一，早在 20 世纪初，荷兰就开展了国土资源整治。由于理论的局限和实际生产水平的限制，土地整治成为早期荷兰国土整治重点关注的领域，但在荷兰，土地整治并非孤立的行为，自其产生之初，就与土地复垦、水资源管理等其他国土资源管理密切结合在一起，体现了综合性、战略性的特点。荷兰在 4 万平方公里的国土面积上，始终保持着欧洲农业强国的地位，特别是在 20 世纪非农建设用地需求强烈的城镇化过程中，荷兰仍能以其高效的农业生产和优美的自然环境备受赞誉。

荷兰的国土整治产生于 20 世纪，但其对于土地资源的整治可以追溯到 19 世纪。在 19 世纪，因为遗产分割、土地流转和土地合并等情况，土地权属破碎，给农业生产和实际管理造成了很大的困难。荷兰农业协会（Netherlands Agricultural Committee）一直试图开展土地整合工作，呼吁为土地整治建立法律框架。20 世纪初前后，荷兰农业协会编制了土地整理法规的草案，但当时这一草案因涉及私人财产权敏感领域而受到质疑，因而一直未能获得推行。情况在第一次世界大战后出现转机，战后农业萧条、民生凋敝，粮食短缺危机迫使荷兰政府开始推行大规模农

---

[1][2][3] 周君. 美国式"土地增减挂钩"解析 [N]. 中国国土资源报, 2015－04－04 (3).

业机械生产，1924年，荷兰出台第一部《土地整理法案》(Land Consolidation Act)，为乡村地区的土地整理、土地开发、生态保护和水资源管理等提供了法律保障。荷兰政府据此开始在乡村地区开展大规模的土地整治，集中零散分布的土地，开展大规模农业机械化生产，同时配合以水资源管理等其他国土资源整治，着力提高农业生产力。为解决《土地管理法》存在的规则复杂、财政措施不配套的问题，1938年，荷兰出台第二部《土地整理法案》。这一时期土地整治在提高农业生产效率上发挥了重要作用，但单一的实施目标、大农业生产整合破坏了原有优美的自然环境和乡村风光，这成为社会关注的焦点。在20世纪20年代，荷兰的规划师们已经意识到了问题的存在，并开始关注乡村风光。土地管理思想最初源于城市居民对于乡村风光的休闲娱乐需要，后来慢慢发展为对于农业生产和自然保护的思考。这一阶段，人们对于国土整治的理解仍然主要停留在土地上，尽管早已出现对如水资源等其他国土资源进行管理整合的实践，但在理论上、在法律构架上并未跳出土地整治的局限。

第二次世界大战后，荷兰国土整治进入发展新阶段。1947年，荷兰政府颁布《瓦赫伦岛土地整理法案》(Walcheren Land Consolidation Act)，这部法案针对第二次世界大战中农业生产遭到完全破坏的瓦赫伦岛，不仅仅关注了瓦赫伦岛的土地整理问题，也关注了当地排水系统建设、土壤改良、土地开发项目等国土资源的各个方面，摆脱了之前法案目标单一、一味强调农业生产的问题，实现农业融合与发展、自然风光保护和户外休闲、公共住宅等多重目标指导下综合整治的目的。结合瓦赫伦岛整治的经验，1954年，荷兰农业、自然管理和渔业部（the Ministry of Agriculture, Nature Management and Fisheries）出台了第三部《土地整理法案》，规范了农业部门在农村地区的规划发展的手段，确定了景观规划在空间规划体系中的地位，具备综合性指导意义的乡村景观规划自此在荷兰获得合法地位。虽然国土整治的主要目标仍为农业生产，但在规划和法律层面已经开始将国土综合整治、户外休闲、生态景观等方面纳入管理范围，这意味着土地整治理念的改变。同时，1954年的《土地整理法案》明确了"土地整理委员会"这一形式，要求成立由农民、水资源管理人员、政府代表和其他利益相关集团代表组成的委员会以保证公众参与，在荷兰国土整治历史上写下了浓墨重彩的一笔。

在随后的几十年中，随着荷兰人口增长、城市化的发展，建设用地不断占用农业用地，人们意识到1954年《土地整理法案》渐渐不能满足新的需求。20世纪70年代以后，人们开始寻求国土整理项目新的发展方向。出于"逐渐淡化以提高土地生产力（特别是农业生产力）为主要目的的土地整理和逐渐加强以综合土地利用为目的的农村开发"的趋势，1985年，荷兰颁布实施了新的土地整理法案——《农村地区土地开发法案》（Rural Area Development Act），这一法案为自然保护、户外休闲用地提供了更大的可能性，减少了土地资源在国土整治中所受到的限制，从而使得国土整治的边界延伸到了城市化地区。这一时期，农业不再是主要目标，土地也不再是唯一的整治对象，其他资源得到了同等关注，限制土地开发、关注景观规划的思想逐渐为人们所接受，国土整治的重心从单纯的整治土地以提高生产效率、调整农业结构转变为实现农村地区整个国土资源的综合配置、有效利用。在《土地整理法案》之外，这一阶段，荷兰相继颁布了《乡村发展的布局安排》（Structure for Rural Area Development）、《自然和景观保护》（Nature and Landscape Preservation）、《户外娱乐》（Outdoor Recreation）等，与《农村地区土地开发法案》共同构成了较为完整的乡村国土空间发展战略指导框架。

荷兰在国土整治过程中也非常关注国土规划。第一次国土空间规划是针对兰斯塔德与其他地区经济发展差距过大问题；第二次国土空间规划解决了城市环境恶化和住房拥挤问题，改善了城市人居环境；第三次国土空间规划提出城镇优先发展原则，有效疏散了过度拥挤的人口；第四次国土空间规划提出"可持续发展"的理念，提出打造比兰斯塔德绿心地带更为开阔的中部城市圈；2000年颁布的第五次国土空间规划旨在指导未来30年的空间开发，继续注重提高空间质量，并描述了各个地区的空间发展蓝图。

2. 荷兰国土（综合）整治现状

当前荷兰的国土整治已经形成一套完整的整治体系，拥有完善的法律体系、成熟的融资机制和广泛的群众基础。荷兰已经颁布实施了三个《土地整理法案》（分别颁布于1924年、1938年和1954年）和两个土地开发法案（颁布于1985年和2007年），并依据1985年《农村地区土地开发法案》形成并不断修正一直沿用至今的荷兰乡村土地开发过程原则。荷兰国土整治具有广泛的群众基础。代表群众利益的区域整理委员会会对整个项目的全过程进行监督；项目区内25%以上土地面积的居民同意方可提出整治项目；区域内居民有权对国土规划提出意见，要求审查，规划人员需要认真解释，并落实在之后的规划中。这些做法保证了广泛的群众基础，提高了群众参与整治的自觉性。荷兰的国土整治机构总体来说分为国家层面和地方层面：国家层面主要有中央土地开发委员会（前身为1954年《土地整理法案》确立的中央土地整理委员会）；地方层面为乡村土地开发委员会、乡村地区土地和水资源管理部、地籍管理部和农业土地管理局。它们的具体职能和人员构成如表2-1所示：

表2-1　　　　　　　　　　荷兰国土整治机构

部门	职能	构成
中央土地开发委员会	对国家土地开发政策提出建议，并监管各地土地开发	委员会由各部门、省级政府、自治市、农林业组织、自然保护组织等机构代表组成
乡村土地开发委员会	负责当地土地开发项目的规划，并负责监督施工验收	当地行政官担任主席，乡村地区土地和水资源管理部官员担任秘书长，委员会由农户代表、水资源管理委员会代表、自治市政府代表等相关利益集团代表组成
乡村地区土地和水资源管理部	执行土地开发项目，并负责土地开发过程的管理	专业人员
地籍管理部	为实施土地开发项目准备土地再分配计划	专业人员
农业土地管理局	为实施土地开发项目收购土地	专业人员

荷兰国土整治以乡村景观整治和规划为特点，从原本调整农业结构、提高农业生产效率的单一目标导向，转变为生产高效、生态良好、资源合理配置等多目标导向下的国土综合整治。截至2016年，荷兰约有75%的农业用地完成不同程度的整治，有将近一半的国土面貌已经人为改变，以不足3万平方千米的农业用地跻身世界三大农业产品出口国之列。以荷兰最负盛名的乡村地区的景观综合整治为例，荷兰政府在2005年确立了占地面积9 000平方千米、共计20个的国家景观区域。荷兰乡村景观从丰产的景观（更加强调农业生产的角度），逐渐发展为农业、休闲、自然保护、历史保护和资源多重利用的景观，在将来的发展中，荷兰在景观整治方面将更加注重创造"新自然"的动态演变过程，整体上具备以下三个特点：满足生产的功能性景观、具备差异的可读性景观和重视生态网络和河流生态的生态性景观。

在荷兰的国土整治中，建立了"垂直型"的国土规划体系。荷兰国土规划采用以兰斯塔德和国家城市网络为核心的国土空间开发模式，营造高质量的人居环境。"绿心"是荷兰大型环形城市结构中保留的大面积农业区域，是由中央政府规划和建设的国家级景观，在规划中被强调为永久保存、强化和维护的部分。兰斯塔德即环状城市带，是一个由大、中、小城市组合成的环状城镇群，位于荷兰西部，中间保留大面积农业地区，即"绿心"。兰斯塔德是西欧人口最为稠密的地方，总人口数约为423万，以不足荷兰20%的面积承载了45%的人口，囊括海牙、阿姆斯特丹、鹿特丹、乌德列支四个荷兰最大的城市。其主要特点是将城市职能分散到环状城市带中不同的大、中、小城市中去，比如海牙是政治中心，首都阿姆斯特丹承担文化、金融、商业职能，鹿特丹和乌德列支分别承担着航运枢纽和交通枢纽的功能——构成一个"多中心开敞式"的大城市。在此基础上，荷兰在第五次国土空间规划中提出在全国发展六个城市网络，包括兰斯塔德城市网、布拉邦特城市网、林堡南城市网、屯特城市网、阿纳姆-奈梅亨城市网、格罗宁根-阿森城市网。

3. 荷兰国土（综合）整治的主要经验

通过梳理荷兰国土整治的发展脉络，可以总结出以下几个特点：

一是构建完善的国土规划体系。荷兰的国土规划有以下四个特点值得借鉴：第一，思路系统化，作为一个人多地少的国家，荷兰的国土规划采取系统化的规划思路，以绿地和运河为载体，通过点、线、面和网络化系统组织开放空间，改善城市的生态环境，其优越性在于网络化的覆盖模式，均匀分布绿化空间，使得绿化开放空间的综合效益最大化，改善城市的生态功能；第二，方法先进，比如荷兰国土规划普遍采用的层次分析法就是通过将规划目标分解，通过基础层、网络层和应用层三个层次，综合考虑自然环境条件、基础设施网络建设和用地类型等因素，提高规划编制的科学性；第三，建立有效的规划协调机制，荷兰国土规划非常重视规划协调，构建了以中央、省、地方的垂直协调为主，同级政府间水平协调为辅的协调机制；第四，公众参与度高，规划编制时公众主要通过报纸和各种宣传媒体传播、举行行政评议会议征求意见和征求国土规划顾问委员会意见三种方式参与其中，政府国土规划部门十分重视公众意见并依据参与意见进行国家国土规划重大决策。

二是建立了完备的法律法规体系。荷兰十分注意在土地整理工作中不断充实完善法律法规制度，先后颁布了三部《土地整理法案》，两部土地开发法案，1924年《土地整理法案》第一次在法律意义上明确了土地整治问题；1938年第二部《土地整理法案》，使土地整治成为一种对农村地区进行结构调整的手段，并将水资源管理纳入其中；1954年《土地整理法案》体现了国土整理主导思想变化；1985年颁布实施的《农村地区土地开发法案》，标志着一套完备的法律法规体系的成型，明确规定了国土空间各种资源整治的原则、目的、任务和实施方法，为顺利开展整治工作提供了有力依据和保障。

三是获得广泛支持，公众积极参与。公众是项目实施的重要力量，国土整治目标的实现离不开公众的积极参与和支持。就国土整治中的土地整治而言，荷兰所有土地整治项目的提出必须经过项目区内居民的同意方可实施，其核心目的在于保护相关主体的利益。荷兰从法律上明确了"土地开发委员会"的公众参与形式，确保了公众参与度。

四是将国土整治作为区域发展的重要推动力。20世纪初，为提高生产，解决痼疾，荷兰开始整合土地以扩大农业规模和提高生产效率，农业生产恢复后，荷兰政府调整目标，更加重视农村综合发展以改善居民生活。1954年《土地整理法案》颁布意味着观念的改变，从原先提高生产效率的单一目标转变为保护环境、改造景观、提升居民生活质量。1985年之后为进行区域内统筹发展，适应新形势，荷兰国土整治推动国土资源综合有效利用。可以说，荷兰国土整治目标、手段的每次变动都涉及了大多数区域内居民的实际利益，成为区域发展，甚至整个国家发展的重要推动力。

五是加强对土地景观和生态的保护。纵观荷兰的国土空间规划，最大特色在于强调地域的自然生态性，荷兰《土地整治法案》始终强调采取必要措施改善生态环境，保护土地景观。在此基础上，荷兰不以牺牲森林为代价，将河流沿岸土地征为国有并种植树木，形成沿河生态保护系统。在制定规划过程中，国家科学委员会对自然和景观保护提出意见；土地整治部门还要与当地的农业部门、水利部门等合作，在土地整治过程中兼顾自然保护、景观保护和生态环境。

（五）其他国家

1. 苏联

苏联从20世纪20年代开始进行生产力布局规划工作。十月革命胜利后，为了恢复和发展经济、合理布局生产力，1920—1921年列宁领导制定了《全俄电气化计划》，主要内容有两部分：一是 10~15 年期间国民经济部门发展和电气化的组合计划，包括水资源、矿物燃料的开发，水电站的建设布局，重要交通干线布局，工农业专业化的地区布局规划等；二是将全俄划分为 8 个经济区，并按此做生产力布局规划。可以说《全俄电气化计划》是苏联第一个生产力布局规划。此后，逐步形成了包括经济区划、生产力布局、总纲要和区域规划等三个方面在内的苏联生产力布局规划体系。

2. 法国

法国国土整治始于 20 世纪 50 年代，综合来看，其国土整治和区域发展工作促进了地区间差距的缩小，推动了落后地区发展。其效果表现为：区域差距缩小，城市经济活力增强，发展中的农村地区和大城市的经济活力显著增强。

1955 年，法国颁布一系列国土整治法律文件，将本土分为 22 个行政大区，成立国土整治基金，制定整治措施并开始了国土综合整治行动。20 世纪 60 年代，法国政府先后确定了西部、西南部、中央高原和东北老工业区等经济滞后区域为优先整治区。采用整治主要交通干线和通信网络的 5 个方案，整治中央高原和山区的 6 个方案和整治城市的 11 个方案进行国土整治。20 世纪 80 年代，法国扩大了国土整治目标，在原先的重视缩小地区差距的基础上，增加了提高教育、培训、医疗、环境保护和生活质量等各个方面①。

二、国外国土整治的特点分析

（一）整治目标从经济开发向全面可持续发展转变

早期的国土整治大多以追求经济效益为主要目标，不注重社会、生态的全面发展。纯经济目的的国土开发工作虽然促进了区域经济的发展，但造成了较为严重的环境污染。从 20 世纪 70 年代中期开始，各国逐渐调整了国土整治的目标。

日本第五次全国综合开发计划将国土规划的基本目标定位为各地区

---

① 潘小娟. 法国通过国土整治促进区域经济协调发展 [J]. 中国行政管理，1997(8)：42-44.

根据自身特色独立发展、国土安全可持续发展和国土支持可持续发展。法国的第七个计划也提出由发展产业转向改善生活条件,将国土整治工作的重点从发展经济转为改善居住环境、提高人民生活水平①。

(二)整治内容从单一的国土开发向综合治理转变

早期的国土整治往往从经济角度出发。20世纪70年代以后,国土整治开始囊括工业、农业、制造业、服务业等多种产业,建立起考察、开发、利用、治理、保护的综合治理体系。各国陆续建立起全国性的国土整治部门,统筹进行多部门的综合开发和国土资源的综合治理②。

(三)整治区域从先进地区向落后地区转变

早期国土整治多在区位和资源具有优势的先进地区开展,实行优惠政策,吸引各类企业,优先进行开发。但先进地区的迅速发展造成经济差距过大,生产与人口过度集中,出现了资源不足、交通拥挤、环境污染等新问题。20世纪70年代以后,各国把发展重点转向相对落后地区。从实际情况来看,发展落后地区有利于促进资源的合理配置,缩小地区经济差距,遏制发达地区的盲目增长③。

(四)整治周期从短期向长期转变

21世纪以来,各国国土整治都由短期的解决临时局部问题的开发转向长期的有计划的开发。日本的"新全综"、苏联的"西伯利亚计划"等都是以20年左右为计划目标。联邦德国巴符州国土整治和州发展规划反映了把空间规划和经济结构转变和环境保护密切结合的新趋势,即自然景观保护、环境保护在州发展规划中越来越受到重视,把保护自然界的生态良性循环、保护自然要素的长期利用能力等,作为发展的主要目标之一④。

(五)整治服务对象从经济发展向地区发展规划转变

早期的国土整治是经济计划的附属品,是为完成特定经济目标、在特定地区进行的开发,不利于发挥地区优势。20世纪70年代以后,各国

---

①②③④ 孟旭光,卜善祥,李新玉. 国土整治的国际化特征与发展趋势 [J]. 中国矿业,2003(9):2-4.

开始以国土规划为中心制定区域发展规划。如日本的"新全综"是规划的基础，对经济发展起指导性作用，各生产部门必须依据"新全综"来制定本部门的经济发展计划①。

（六）整治主体从一国行动向多国合作转变

开展和加强国际性合作，共同改善资源环境问题是当今的趋势。全球性的资源环境问题威胁着人类的生存与发展，单个国家难免势单力薄，因而国土整治需要上升到多国合作的高度，共同努力开展全球性的土地综合整治。

三、国外经验对中国的启示

在各国的国土整治实践过程中，国土整治区域范围由小到大，涵盖内容由少到多，目标由单一到综合，手段由传统到先进，积累了丰富的理论和实践经验，对中国的国土整治有较大的启示②。

（一）注重资源环境调查评价

只有摸清国土空间及其资源环境基础情况，才能有效地开展国土整治，保护环境、促进发展，降低国土整治成本，减少浪费。因此，开展国土整治必须把资源环境调查评价作为基础和起点③。日本1951年的《国土调查法》就指出要明确国土资源情况，为有效开展国土整治提供基础；美国、德国等其他主要发达国家对国土全面调查评价也高度重视。

（二）注重明确产权和确定相关利益主体

德国、日本等国在开展国土整治过程中注重加强土地产权管理，在明晰产权的基础上加强土地权属和地块调整，促进农地规模经营。美国开展国土整治过程中注重明确界定相关利益主体的范围，通过确定土地所有权、发展权等，基于市场机制，实现公共利益的均衡。明晰产权也有助于确定整治投入的分担比例和整治收益的分享机制，为构建多元化

---

①②③　孟旭光，卜善祥，李新玉. 国土整治的国际化特征与发展趋势［J］. 中国矿业，2003（9）：2-4.

投资机制提供依据。

（三）注重以空间规划为引导

以国土空间规划为引导，有计划地开展国土整治，是当前各国国土整治的共同特征。进行国土空间规划，能够合理安排国土整治的空间布局和开展时序。如日本制定了六次全国综合开发计划，针对特定区域还制定了层次分明的国土整治规划[①]。

（四）健全法律法制保障体系

国土整治涉及多方利益，为调和错综复杂的利益关系，各个国家往往采用经济政策、行政命令和法律手段进行调控[②]。

法律手段是具有强制力的调控方法，因此各国都十分重视国土立法工作。日本每项重大国土整治都制定有专门的法律，如《林业基本法》规范林业资源应用，《农业基本法》规范农业资源利用，《水产资源保护法》《海洋水产资源开发法》指导合理开发水域、利用渔业资源，等等。法国、美国、苏联等也十分重视立法工作，在国土立法上有诸多实践。中国应充分学习国外先进经验，完善土地管理的法律法规，实现国家治理体系和治理能力现代化。

（五）有坚实的组织保证

国土整治比较成功的国家一般设有专门的领导机构统筹全局，进行多部门的综合开发和国土资源的综合治理。例如法国于1963年设立领土整治和地域开发局，由总理直接领导，负责全国领土整治，统一领导不同地区的开发建设工作。中国国土整治需要完善政府相关部门职能，明确国土整治的负责机构和权责，促进各部门、主体的配合[③]。

（六）不断丰富国土整治内容

早期的国土整治一般单纯追求经济发展效果，在短期内能够取得成效，但长期来看不可持续。国土整治是一个综合性概念，除了经济效益以外，还要充分考虑到环境保护、地区平衡发展、城乡一体化发展等方面。

[①][②][③] 孟旭光，卜善祥，李新玉. 国土整治的国际化特征与发展趋势[J]. 中国矿业，2003（9）：2-4.

(七) 注重维护生态景观

国土综合整治过程改变了地表形态，必然对土地生态系统造成影响。因此，国土综合整治必须充分树立尊重自然、顺应自然和保护自然的理念，将环境保护和可持续发展作为国土整治目标之一，实现经济发展兼顾生态环境保护。

(八) 注重扶持欠发达地区的国土开发

国土综合整治是促进欠发达地区经济发展、缩小地区经济差距的重要工具。加大对欠发达地区的规划、资金扶持和开发，能够缓解人口、经济要素、产业过度集中问题，促进欠发达地区的经济增长，缩小地区差距，促进资源充分流动和合理配置。

(九) 重视理论建设和培养专业科技队伍

区域科学是建立在经济学、经济地理学、社会学、心理学、数学等学科基础上的学科，具有很强的应用性和综合性。应加大对区域科学的重视程度，加强学科建设，注重国土整治的科学人才培养工作，完善国土整治理论体系。

第三章
中国国土综合整治的经验

一、中国国土综合整治的实践发展历程

（一）不同时期中国国土整治的情况

1. 古代

中国古代曾开展各种类型的国土整治，如为开发土地资源、保障边疆安定，有计划地开展了移民屯田；为发展农业生产、治理洪涝灾害，修建了都江堰等水利工程；为方便货物运输，开凿、疏通了运河。这些国土整治工程促进了农业生产和工商业的发展，具有重要的军事、政治和经济意义。

2. 近代

近代，孙中山在《建国方略》中首次提出全国性的国土开发整治要求，做出了以下部署：修建 10 万英里（16 万公里）的铁路，以五大铁路系统把中国的沿海、内地和边疆连接起来；修建 100 万英里（160 万公里）的公路，让公路网遍布全国；开凿、整修全国的水道和运河，大力发展内河交通和水力、电力事业；在中国北部、中部及南部沿海各修建一个如纽约港那样的世界水平的大海港；提出修建三峡大坝，这是中国人首次提出三峡水力开发的设想。这是中国历史上第一个较为全面的国土开发与治理规划。

3. 现代

新中国成立至今，中国国土整治工作的开展及其成效，与中国所实

行的经济体制、管理体制、经济发展速度以及党和国家的方针、政策密不可分。就整体进展情况看，大致可分为三个时期：

(1) 改革开放以前（1949—1978 年）。

在这一时期，国土整治的主要目标是经济建设，主要形式表现为对国土资源的所有制改造、对国土资源的开发利用和水利工程基础设施建设。

一是大规模组织开荒运动。土地改革极大地调动了农民的生产积极性，同时在各地组织国营农场，大量开发荒地。1950—1952 年，全国开垦荒地和恢复荒地扩大耕地面积达 1 003.7 万公顷（1.5 亿亩），其中，国营农场开荒 37.6 万公顷（564 万亩）。1953—1957 年累计开荒 550.1 万公顷（8 250 万亩）；平均每年递增 110 万公顷（1 650 万亩）。其中，国营农场开荒 153.6 万公顷（2 304 万亩），占比 27.9%；移民开荒 63.2 万公顷（948 万亩），占比 11.5%；农民开荒 333.3 万公顷（4 999.5 万亩），占比 60.6%。使全国耕地由新中国成立时的 9 800 万公顷（14.7 亿亩）增加到 1957 年的 11 199.7 万公顷（16.80 亿亩）。

二是大搞农田水利基本建设。"一五"期间，国家把基本建设总投资的 7.1% 用于农业基本建设，其中 63.8% 投入防洪灌溉等水利工程，集中力量治理淮河，先后建成官厅、梅山、佛子岭等 7 座大型水库。耕地中的有效灌溉面积达到 2 734 万公顷（4.1 亿亩），占耕地总面积的 24.4%；而水灾成灾率则减少了 3 个百分点。

三是开展了其他一些国土整治相关工作。如在陕北绥德、米脂和甘肃西峰等地开展的黄河中游黄土高原水土流失和水土保持的调查研究与水土保持措施区划工作，黄河三门峡、长江葛洲坝、汉江丹江口等大型水利枢纽工程勘察与建设，上海市地面沉降的研究与防治。

(2) 改革开放初期到国土资源部成立之前（1978—1998 年）。

改革开放初期，随着大规模国土开发活动的展开，建设无序、资源浪费、环境污染和生态破坏等问题日益加重。针对出现的问题，党和国家领导人提出要开展国土整治与国土规划工作。1981 年，中央书记处第九十七次会议第一次就国土规划工作做出明确指示，指出国家建委要和国家农委配合，做好国土整治工作。国土整治不能只管基础建设，应该全面顾及土地利用、土地开发、综合开发、地区开发、整治环境、大河流开发；要完善相关法律法规；要做好规划工作。同年 10 月 7 日，国务院批准在国家建委设立国土局，并要求各省有领导、有步骤地开展国土规划工作。

　　这一时期国土开发整治工作受到高度重视，"六五"到"八五"三个国民经济与社会发展五年计划都对国土开发整治工作进行了部署（见表3-1）。1982年3月，国家建委在京津唐、湖北宜昌、吉林松花湖、浙江宁波、新疆巴音郭楞蒙古自治州、河南豫西6个典型地区开展国土规划试点。4月，国务院决定由国家计委主管国土工作。1984年7月，国家计委印发《关于进一步搞好省、自治区、直辖市国土规划试点工作的通知》。随后，全国各省和重点区域全面展开国土规划，并推进到地市和县级行政单位。1985年3月，国务院批转国家计委《关于编制全国国土总体规划纲要的报告》。1987年10月，国家计委完成《全国国土总体规划纲要（试行稿）》，并于1990年2月形成《全国国土总体规划纲要（草案）》。

表3-1 "六五"至"八五"计划中有关国土开发整治的标题和主要内容

计划	篇名称	章名称	主要内容
"六五"计划	第三篇 地区经济发展计划	第二十四章 国土开发和整治	1. 编制部分地区国土开发整治规划 2. 开展对重点地区的资源考察 3. 进一步搞好农业资源调查和农业区划工作 4. 加强国土的保护和治理 5. 开展海洋资源的调查和开发 6. 加强国土的立法工作 7. 做好测绘工作
"七五"计划	三、地区布局和地区经济发展政策	第二十二章 国土开发和整治	1. 编制国土开发和整治规划 2. 开展国土资源的考察和研究 3. 有重点地对大江大河进行综合治理 4. 加强对北方水资源的综合考察和战略意见 5. 进一步搞好水土保持 6. 努力维护和提高土壤的肥力，积极进行土地沙漠化的防治 7. 加强土地管理，切实保护耕地 8. 加快开发和合理利用矿产资源 9. 加强山区的综合开发 10. 大力种树种草 11. 加强海洋资源的调查、开发和管理 12. 加强测绘事业

续前表

计划	篇名称	章名称	主要内容
十年规划和"八五"计划纲要	四、"八五"期间地区经济发展布局和政策	（七）国土开发整治和环境保护	1. 编制国土开发整治规划 2. 有重点地对大江大河大湖进行综合治理，继续修订和完成黄河、淮河、珠江、辽河、松花江、海滦河流域整治规划 3. 加快土地利用总体规划的制定，严格控制非农业建设占用耕地 4. 加强对海岸带海岛海域的海洋资源调查、勘探和规划 5. 加强测绘事业 6. 加强环境监测系统的建设和管理，建成一批国家环境监测网和环境信息网

这一时期编制的国土规划，主要是根据国家经济社会发展战略方向和总体目标，结合规划区的自然、经济、社会条件，制定全国或一定区域内的国土开发整治方案。规划的主要任务是从区域整体出发，协调国土资源开发利用和生态环境保护的关系，协调人口、资源、环境的关系，促进区域经济综合发展。规划的主要内容包括：确定规划区内主要自然资源的开发规模，确定人口、产业、城镇的合理布局，合理安排交通、通信、能源和水利等区域性重大基础设施，提出环境治理和生态保护的目标与对策。

（3）国土资源部成立之后（1998年至今）。

1998年国务院机构改革后，国土整治和国土规划职能由国家计委划转至国土资源部。这一时期，资源环境与经济社会发展之间的矛盾更加尖锐，粮食安全、区域经济差距、城乡差距等深层次问题更加突出，国土整治任务更加艰巨。党中央、国务院高度重视国土规划工作，在十七大报告中明确提出"加强国土规划"。

国土资源部成立以来，组织开展了多次国土资源大调查、土地利用调查，开展了土地整治、地质灾害防治等工作，积累了丰富的国土和土地利用现状资料，促进了国土整治工作的开展。"十五"到"十三五"四个国土资源五年规划（计划）也将开展国土综合整治相关工作摆在重要位置（见表3-2）。

农业农村部、水利部、国家林业和草原局等相关部门也开展了不同类型的国土整治工作，但从全国层面来看，国土综合整治工作仍处于探索阶段。

表3-2 "十五"至"十三五"国土资源规划（计划）中国土综合整治相关内容

规划（计划）	篇名称	主要内容
国土资源"十五"计划	四、国土综合整治	"十五"期间，启动国土规划与国土综合整治工作。加强地质灾害防治，推进土地整理和复垦，加大矿山环境管理和治理力度，搞好海洋环境整治，实现资源开发和环境保护的协调发展。
国土资源"十一五"规划纲要	第九章 国土综合整治与地质灾害防治	三、开展国土综合整治示范 制定差别化的国土综合整治政策，以土地整理复垦、矿山环境恢复治理、地质灾害防治为重点，选择不同地区开展国土综合整治示范，积极推进重点城市、重要矿山、重要交通干线、重点流域、东北黑土资源区、西南岩溶石山区等国土综合整治。综合治理近海岸带海洋环境。
国土资源"十二五"规划纲要	第六章 加强地质灾害防治与国土综合整治	按照保障和改善民生的根本要求，大力加强地质灾害防治，全面推进国土综合整治，促进宜居家园和安全国土建设。
国土资源"十三五"规划纲要	第五章第二十三节 推进国土综合整治	形成"四区一带"国土综合整治格局。重点在城市化地区、农村地区、重点生态功能区、矿产资源开发集中区和海岸带及海岛开展国土综合整治，修复国土功能。

（二）各部门开展国土整治的情况

1. 国土资源部（现为自然资源部）

一是针对土地利用粗放、土地退化等问题，以大规模建设旱涝保收高标准基本农田为重点，大力推进农用地整治、农村建设用地整治、土地复垦、城镇和工矿建设用地整治等工作。

二是针对中国地质灾害隐患多，分布广，隐蔽性、突发性和破坏性强，防范难度大特点，编制了"十一五"和"十二五"两轮全国地质灾害防治五年规划。开展地质灾害调查、建立重大地质灾害应急响应体系，并对汶川和玉树地震灾区、长江三峡水库区、甘肃舟曲县城区等国家专项规划未能覆盖的新生地质灾害区进行防治。

三是针对中国矿山地质环境和矿区土地复垦问题，编制实施了《全国矿山地质环境保护与治理规划（2010—2015年）》，建立了差别化管理政策，部署了重点工程，促进了矿山地质环境治理恢复。

四是针对中国海洋问题，编制了沿海省级海域海岸带整治修复保护年度计划、海岛整治修复保护年度计划、海洋生态整治修复保护年度计划、海域海岛海岸带整治修复保护规划，提升海域、海岛和海岸带的环境和生态价值，增强了对海洋经济发展的支撑作用。

2. 农业农村部

制定实施了全国高标准农田建设总体规划，统筹推进农业综合开发中低产田改造、土地整理、小型农田水利建设等工程建设，大规模改造中低产田。坚持重点突破和面上治理相结合，以北方干旱半干旱草原、青藏高原草原等地区为重点，加大天然草原退牧还草工程、京津风沙源草地治理工程、三江源草地建设工程和牧区水利工程实施力度，启动实施沙化草原治理工程、草原自然保护区建设工程、南方草地保护与建设工程。加强草原防灾减灾基础设施建设[1]。

3. 水利部

指导水利设施、水域及其岸线的管理与保护，指导大江、大河、大湖及河口、海岸滩涂的治理和开发，指导水利工程建设与运行管理，组织实施具有控制性的或跨省、自治区、直辖市及跨流域的重要水利工程建设与运行管理，承担水利工程移民管理工作；组织实施水土流失的综合防治，指导国家重点水土保持建设项目的实施；指导农村水利工作。组织协调农田水利基本建设[2]。

4. 生态环境部

重点开展生态保护和农村土壤污染防治等工作，编制实施了《全国生态功能区划》等。在充分认识区域生态系统结构、功能及其形成演化规律的基础上，以生态系统服务功能理论为指导，划分生态功能区，明确对保障国家生态安全有重要意义的区域，指导生态建设与生态保护、自然资源有序开发和产业合理布局。

5. 国家林业和草原局

通过植树造林，构筑东北森林屏障、北方防风固沙屏障、沿海防护

---

[1] 全国农业和农村经济发展第十二个五年规划 [EB/OL]. http://www.moa.gov.cn/ztzl/shierwu/.

[2] 国务院办公厅关于印发水利部主要职责内设机构和人员编制规定的通知（国办发〔2008〕75号）[EB/OL]. http://www.gansu.gov.cn/art/2009/2/25/art_757_188054.html.

林屏障、西部高原生态屏障、长江流域生态屏障、黄河流域生态屏障、珠江流域生态屏障、中小河流及库区生态屏障、平原农区生态屏障和城市森林生态屏障十大国土生态安全屏障。加强湿地保护与恢复，建立湿地自然保护区、湿地公园和国际重要湿地，基本形成了以湿地自然保护区为主体，国际重要湿地、湿地公园等相结合的湿地保护网络体系。

6. 部门联合开展的国土整治

2015年3月，政府工作报告提出开展"国土江河综合整治试点"，5月，财政部、生态环境部、水利部发布《关于开展国土江河综合整治试点工作的指导意见》，决定以流域为单元，开展国土江河综合整治试点工作。

该项工作遵循"节水优先、空间均衡、系统治理、两手发力"的新时期治水方针，以流域为单元，统筹解决流域水资源、水环境、水生态、水灾害等问题，搭建国土江河综合整治平台，推进流域资源环境的综合治理与协同保护，实现河畅水清、一江安澜、人水和谐和永续发展。突出问题导向，科学评估流域资源环境承载力和生态安全状况，深入分析流域水资源、水环境、水生态和水灾害等方面存在的问题，抓住关键症结，有针对性地设计目标和综合整治路径，部署治理任务。实施系统治理，提高对"山水林田湖生命共同体"的认识，统筹流域内各种自然生态要素，发挥规划的控制和引领作用，综合考虑上下游、左右岸、干支流、地表地下、城市乡村、工程措施与非工程措施，系统解决水问题。明确多元共治，贯彻执行涉水相关法律法规，建立区域联动、上下联动、部门联动的协作体系，形成政府统领、企业施治、市场驱动、公众参与的协同共治格局，提高治理能力和治理水平。注重创新机制，加强监测、调度、预警平台建设和信息共享，推动实施流域生态补偿，完善国土江河综合整治长效机制。加强财政政策整合统筹，集中安排，形成合力。推行政府和社会资本合作模式，建立稳定、多元的投入机制。

其中，在组织协调机制方面提出，试点工作由财政部、生态环境部、水利部共同组织指导协调。三部与试点省份建立省部际联席制度，及时了解试点工作进展，会商解决试点过程中存在的主要问题，部署安排相关工作等。省级人民政府对本省份试点工作负总责，组织建立工作领导小组，建立财政、生态环境、水利与相关部门协调机制，明确部门分工，落实部门责任①。

（三）其他关于国土整治的政策文件

除了2015年中央政府《政府工作报告》提出开展"国土江河综合整治试点"，2014年提交国务院待审批的《全国国土规划纲要》提出部署开展"四区一带"国土综合整治工作。2014年1月召开的全国国土资源工作会议上，将"推进生态国土建设"作为2014年的十大重点工作之一，"实施国土综合整治"是其中一项重要任务。国土资源部2015年国土资源工作要点为"推进绿色矿业发展示范区和国土综合整治试点建设"。2016年4月印发的《国土资源"十三五"规划纲要》提出："形成'四区一带'国土综合整治格局。重点在城市化地区、农村地区、重点生态功能区、矿产资源开发集中区和海岸带及海岛开展国土综合整治，修复国土功能。"国土综合整治工作也受到党中央、国务院的高度重视，2015年4月发布的《关于加快推进生态文明建设的意见》提出："编制实施全国国土规划纲要，加快推进国土综合整治。"

二、中国国土综合整治内涵的理论发展

远古时代以来，我们的祖先由于生活和生产的需要，在祖国的大地上进行了资源的开发和水土的治理，诸如人们所熟悉的大禹治水和各代开挖运河等，而且越往后，随着社会生产力的发展，国土整治的规模越来越大、整治的范围越来越广，然而那时的整治活动却带有很大的盲目性，因而往往伴随着对国土资源极大的破坏性。在中国历史上，由于封建王朝巩固统治以及发展经济的需要，在一定地域范围内，也进行过领土的开发和整治。最为著名的是水利工程，这些水利事业一开始就起到国家公共职能的作用，作为政治斗争中一种经济武器和发展维护基本经济区的主要手段②。新中国成立后，在中国共产党的领导下，中国实际上也进行了国土整治与国土规划工作，取得一定进展，例如20世纪50年代至60年代提出的沿海与内地的关系以及战略"三线"的划分，实质上就是

---

① 关于开展国土江河综合整治试点工作的指导意见［EB/OL］. http://www.mwr.gov.cn/zw/tzgg/tzgs/201702/t20170213_858556.html.

② 周立三. 我国国土整治方针与任务的探讨［J］. 经济地理, 1982（4）: 243-246.

当时国土整治战略的一部分，其作用之一就是指导中国的经济布局做了一个大的空间调整，与此同时，进行了许多以区域开发为目标的区域总体规划及以开发、治理为目标的流域综合规划，也收到明显的效果。

中国于1981年公布的《国务院批转国家建委关于开展国土整治工作报告的通知》指出："国土整治包括考察、开发、利用、治理、保护这些相互关联的5个方面的工作。"《现代地理学辞典》将国土整治定义为："对国土资源的开发、利用、治理、保护以及为此目的而进行的国土规划、立法和管理。"不少专家学者也认为国土整治工作主要包括国土的开发、利用、治理和保护等基本环节，其中，开发利用是国土整治的中心环节，治理保护则是确保国土资源长期持续利用的必要步骤。经过30多年的实践发展和概念演化，特别是随着国土开发、利用和保护等方面或环节的定位日渐清晰，前述有关国土综合整治概念的界定明显过于宽泛。

（一）20世纪80年代：起始阶段

中国于20世纪80年代初明确提出"国土整治"，这一概念是社会经济发展中一项长期的、重大的战略任务，因此在20世纪80年代，学界关于国土整治理念内涵的研究十分之多。中国地理学会、中国自然资源研究会筹备组、中国国土经济研究会、中国环境科学学会和中国生态学会于1982年7月召开了国土整治战略问题讨论会，会议指出，国土整治包括国土建设、国土管理和国土研究三个方面，国土的开发、利用、治理和保护，既互相联系又互相制约，因此国土整治必须建立在科学的基础上。要开展对国土的综合性调查，摸清"家底"，在此基础上提出国土整治的总体方案和综合规划。国土整治是一个整体，各地区各部门必须服从国家国土整治的总体目标，科学开发土地、水、气候、生物、海洋和矿藏等资源，使之达到最佳效益，这样才能实现国土的有效治理，保持自然环境和生态系统的相对稳定①。

在国土整治概念发展的初期，学者多强调对于自然资源的保护、开发与利用。程潞认为，中国国土整治的主要目的是合理开发利用自然资源，保护自然环境。国土整治的主要任务是对国土状况进行全面综合调查，总结自然资源的利用现状和存在问题，根据国民经济的发展需要，

---

① 姚文权. 国土整治战略问题讨论会在京召开 [J]. 地理学报，1982（4）：431-432.

分析研究如何进一步合理开发利用自然资源，提出经济建设和自然环境保护的方案①。包浩生等认为国土整治的研究对象是以自然资源为主的国土资源，核心问题是自然资源的合理开发利用与治理保护，并且包括了与国土资源有关的规划、立法和管理等重要工作②。吴传钧认为，国土整治工作大致可分为以下五个方面：一是对土地、水、矿产、生物资源等国土资源的合理开发和有效利用；二是大规模改造自然工程（如长江三峡筑坝、南水北调、"三北"防护林等）的论证；三是规划区域的人口、产业、城镇总体布局；四是规划区域内的基础设施布局；五是环境的综合治理，经济发展和自然环境的协调③。

合理的区域规划是国土整治内涵中十分重要的部分。杨树珍将国土整治与经济区划相结合，指出国土整治的综合性与国民经济计划的综合性有一致的方面，但二者涉及的范围不同。国土整治通常是多目标的，一项国土整治的重大措施通常会涉及自然、技术、经济、社会各种因素，很难协调不同经济部门和地区的利益，因此必须综合分析，平衡各方关系，才能取得较好的效益。国土整治工作可以是全国性的，也可以是区域性的，地域范围大小不同，需要解决的矛盾也不同。国土整治具有动态性，要根据不同时期的不同特点和发展趋势确定国土整治的方针和政策④。任美锷提出国土整治工作主要包括国土调查、规划制定和完善立法三大内容，强调必须考虑各地区的特点，发挥地域优势来取得最好的经济效益⑤。陈传康认为国土整治工作首先要系统查清整治区域内的自然资源基础，全面了解区域内的自然、经济和社会文化条件，在自然资源和其他条件的基础上拟定合理的区域开发方案。国土整治就是区域范围内国民经济建设的组织管理，结合社会工程和地球表层学可以建立科学的国土整治研究体系⑥。

同时，国土整治还应当注重不同地区的均衡协调发展。周立三认为，国土整治涉及内容很广泛，包括资源利用、环境保护、生产布局、交通网建设、生活游憩等各个方面。国土自然条件和社会经济发展往往存在

---

① 程潞. 关于国土整治的若干问题 [J]. 经济地理，1982 (4)：247-251.
② 包浩生，彭补拙，倪绍祥. 国土整治与自然资源研究 [J]. 地理学报，1987 (1)：62-68.
③ 吴传钧. 国土开发整治区划和生产布局 [J]. 经济地理，1984 (4)：243-246.
④ 杨树珍. 国土整治与经济区划 [J]. 地理学报，1983 (2)：195-112.
⑤ 任美锷. 国土整治与中国地理学 [J]. 地理研究，1983 (4)：41-47.
⑥ 陈传康. 国土整治的理论和政策研究 [J]. 自然资源，1985 (1)：1-7.

不平衡现象：一是地区发展不平衡，二是城乡发展不平衡。因此，国土整治的主要目标就是调整工农业生产布局，改善城乡生活的环境质量，逐步缩小地区和城乡差距。不同地区有独特的自然资源、人口状况、经济发展水平、法律制度，面临不同的发展需求，国土整治的中心任务就是要因地制宜，充分利用地区的独特资源，发挥地区的独特优势，在改善经济发达地区的同时，着重开发生产落后地区，逐步达到地区间生产力的相对平衡，各自形成生产发展、生活便利、生态良好的局面①。陆大道指出，国土整治及其规划是一定的社会经济发展阶段的产物，国土整治的目标、原则、内容取决于各个国家和地区的经济制度、政治制度、发展阶段和自然条件。区域经济的增长不应仅限于基础设施的建设和投资规模的扩大。对于经济发达地区，其经济增长在很大程度上取决于外部需求，因此国土整治工作要重视缩小区域经济发展水平的差异，克服过去为了局部利益和单一目标而导致的资源过度集中②。国家在制定国土整治规划时，要照顾到各个地区、各个部门发展的需要，强调局部利益服从全局利益。在国土整治工作中，要把发挥地区、部门的积极性同全国的统一性很好地结合起来。国土整治既要实现最佳经济效益，又要实现对生态环境的恢复和保护。在开发利用某种国土资源时，要充分考虑资源之间的相互影响，充分考虑各主体的利益关系。

在中国国土整治工作的起始阶段，对经济社会发展战略和总体战略部署的研究和规划始终是一个薄弱环节，在国土整治工作上缺乏统一的组织领导，缺乏综合研究论证，这是中国国土整治工作存在问题的重要原因。另外，当时中国科学文化水平较低，对客观经济规律缺乏正确认识，长期存在国土资源的不合理利用，造成了对自然资源和生态环境的破坏。

(二) 20世纪90年代：发展阶段

随着人口的迅速增加，资源的进一步消耗和局部地区生态环境继续恶化，经济持续、稳定、协调发展的前景令人担忧，以往的国土综合整治内涵已经不能满足发展需求。于是中国20世纪90年代的一项重要任务，就是要处理好经济发展与人口、资源和环境的关系③。中国国土整

---

① 周立三. 我国国土整治方针与任务的探讨 [J]. 经济地理，1982 (4)：243-246.
② 陆大道. 关于国土（整治）规划的类型及基本职能 [J]. 经济地理，1984 (1)：3-9.
③ 方磊. 协调好经济发展与人口、资源、环境的关系是国土开发整治工作的一项根本任务 [J]. 中国人口·资源与环境，1991 (1)：13-16.

治摒弃了以往单纯扩大资源开发规模、追求经济增长速度的做法，开始进入科学化、定量化阶段，追求区域经济系统和人地系统的协调发展，重视人与自然的和谐发展，以区域经济、社会、环境长期持续、稳定、协调发展为目标，资源开发与资源保护相结合，资源开发与人口、经济的合理布局相结合，经济发展与控制人口、保护环境相结合。

方磊指出国土整治要坚持开发、利用、治理、保护并重的方针，编制各个层次的国土规划和资源利用计划，制定国土管理政策法规，在合理开发利用国土资源的同时保护自然环境，努力实现经济发展与人口增长、资源开发利用、环境保护的平衡①。吴传钧指出，随着中国工业化和城市化的高速进展，人口呈现过度集中趋势，造成了能源消耗、交通拥挤、环境污染等一系列问题。事实证明，国土整治必须以综合规划为基础，以地域为单元来协调地理环境与人类社会的关系，建立和谐的人地关系地域系统。结合中国建设社会主义现代化强国的总目标，国土整治就是在全国范围内利用各种国土资源，合理利用国土资源和人力、物力、财力，追求经济效益的同时兼顾社会效益和环境效益，因地制宜地创造一个有利于生产、生活、生态的区域性生产系统②。白宪台等提出了以治水为主的国土综合整治对策，认为区域综合发展要考虑水源、土地等自然资源要素，考虑经济、社会、人口、产业等经济要素，合理确定农、林、牧、副、渔、工、居民等各业用地的布局和规模，将工程措施与非工程措施及生物措施相结合，修建防洪、灌溉等农业基础工程，为建立高产、优质、高效的农业生产基地提供良好的基础，促进农业的持续发展③。宛晋沃认为，在明晰、稳定土地使用权权属的基础上，国土整治要适度规模化、区域化、集约化，将生态建设纳入国土整治目标，将发展经济和治理水土流失相结合，坚持不懈地推进以治山治水、植树种草为主要内容的国土整治④。

这一时期国土研究工作虽然取得很大成绩，但由于中国行政管理体制不够完善，行政部门权责划分不够明确等，国土整治工作并没有形成统一协调的行动，而是呈现单一的、局部的、有限目标的特点。这一时期国土

---

① 方磊. 协调好经济发展与人口、资源、环境的关系是国土开发整治工作的一项根本任务 [J]. 中国人口·资源与环境，1991 (1)：13-16.

② 吴传钧. 国土整治和区域开发 [J]. 地理学与国土研究，1994 (3)：1-12.

③ 白宪台，景才瑞. 论江汉平原以治水为主的国土综合整治对策 [J]. 长江流域资源与环境，1994 (2)：121-126.

④ 宛晋沃. 坚持国土整治，发展生态农业 [J]. 农业经济问题，1998 (10)：37-41.

整治工作所开展的土地整理复垦、农业综合开发、流域治理、新农村建设、退耕还林还草、灾害防治、城镇化建设、污水处理等措施，在没有处理好行政部门利益、地方利益、整体利益的前提下，出现了不够协同、目标单一、资源浪费等问题，没有取得预期效果。此外，在理论层面，这一时期对自然资源管理的研究重视不足，国土规划理论方法落后于发展需求，国土调查研究的现代化程度较低，土地管理的政策法规不够完善[①]。

（三）2000—2009年：综合演变阶段

进入21世纪以后，国土综合整治开始受到重视，一体化管理思想的贯彻也受到重视。在规划层面，国土整治规划的编制使区域国土资源的开发利用、治理保护行动有了科学明确的指导，能够最大限度地实现经济、社会和生态效益[②]。郑财贵等认为一体化管理的国土整治规划思想是指在一定的规划期间内，为达到一体化管理目标，以统一尺度的国土资源现状平台为基础，整合相关规划，形成联动的管理机制的规划理念。一体化管理的国土整治规划核心在于统一尺度的平台、统一的规划、统一的管理。统一尺度的平台即同一时点、同一区域、同一比例尺的国土资源现状平台。各类国土资源开发、利用、治理、保护规划都以该平台为基础进行统一的规划，个人、单位、部门对各类国土资源进行开发、利用、治理、保护都在统一的平台指导下有序开展。平台在国土整治中起着"龙头"作用[③]。封志明等认为中国国土综合整治区划研究要以史为鉴，立足现状，更要面向未来，对中国新时期的国土资源开发利用、生产布局和区域发展可能出现的重大变化和趋势有所估计[④]。中国国土综合整治区划作为跨地区、跨部门、跨学科的综合性科学研究工作，对中国全面建成小康社会、建成社会主义现代化强国具有重要的现实意义和深远的历史意义。通过研究不同区域的地形地貌和国土资源利用类型，总结国土资源利用的区域相似性与区际差异性，实现对不同区域的国土资源利用条件、国土资源结构特征、国土整治问题、区域经济发展的综合分析。申玉铭等提出国土整治规划的目标是协调国家和地区社会经济发展与人口、资源、环境的关系，主要内容包括国土资源的综合开发、

[①][②][③] 郑财贵，邱道持，叶公强，等. 论一体化管理的国土整治规划思想：以重庆市璧山县大路镇国土整治规划为例[J]. 中国农学通报，2009（24）：434-438.

[④] 封志明，潘明麒，张晶. 中国国土综合整治区划研究[J]. 自然资源学报，2006，21（1）：45-54.

生产力的合理布局、生态环境的综合整治和保护。国土整治规划是对一定时间和一定区域内的国土资源进行开发、利用、治理和保护的规划活动，具有系统性、战略性、综合性和地域性[①]。

实现人与自然的和谐发展，发展友好的人地关系依旧是国土整治内涵所强调的重点。郑度认为人与自然的关系在很大程度上就是人与国土的关系，因此需要高度重视国土的开发、利用、治理和保护的研究。国土开发整治包括国土的开发、利用、治理、保护以及为此而制定的规划。合理开发利用国土，就要加强对国土研究的基础工作，调查各类国土资源的数量、质量、利用现状和开发潜力。国土整治要遵循客观经济规律，考虑城市产业布局和城镇化问题，按照生产发展、生活方便、生态良好的原则，合理确定经济发展规模和布局，避免资源过度集中，造成地区发展差距过大[②]。陈小平认为国土整治项目主要通过对农村道路、沟渠、田地、林木、村庄的综合改造，开发利用新的耕地，提高耕地质量，最终改善农业生产条件，促进农业发展，提高农民生活水平。国土整治项目具体包括土地复垦利用、基本农田保护、高产农田建设、低丘岗地改造等众多项目[③]。

(四) 2010 年至今：内涵延拓阶段

2010 年起，中国将生态文明建设上升到了国家发展的战略层面，国土综合整治被赋予了更深层次的内涵和目标，并成为生态文明建设的重要措施，标志着中国国土综合整治进入新纪元。肖轶等指出土地资源的稀缺性严重制约了人口、资源、环境三者的协调发展。国土综合整治规划对区域土地的开发、整理、复垦、治理和保护起重要的指导作用。在国土综合整治规划的指导下，土地开发整理作为促进区域经济发展、协调人地关系、促进土地资源优化配置和保护生态环境的重要手段，在有效缓解人地矛盾、解决土地利用问题等方面发挥着越来越重要的作用[④]。

[①] 申玉铭，毛汉英. 国外国土开发整治与规划的经验及启示［J］. 世界地理研究，2004（2）：33-39.

[②] 郑度. 人地关系地域系统与国土开发整治［J］. 地理学报，2008（4）：346-348.

[③] 陈小平. 论中部崛起中山西省的国土综合整治问题［A］. 中国地质矿产经济学会资源经济与规划专业委员会. 中国地质矿产经济学会资源经济与规划专业委员会2006学术交流会资料汇编［C］. 中国地质矿产经济学会资源经济与规划专业委员会，2009：11.

[④] 肖轶，尹珂. 综合国土整治规划环境友好型土地利用影响评价［J］. 水土保持研究，2012，19（5）：243-252.

程燕认为国土整治是对国土实施考察、开发、利用、治理和保护的工作[①]。国土整治的具体任务是通过技术考察、评价、规划和管理工作，对国土整治实施有计划、有步骤的合理开发，从而有效地保护国土资源，促进社会经济发展，改善生态环境，提高人民生活水平。国土整治通过加强基础设施建设，促进产业发展，提高经济效益；通过改善农村的生产、生活条件，改变农村的单一发展模式，缩小城乡差距；通过经济、社会、生态的可持续协调发展，最终实现人地关系、人与自然关系、城乡关系的协调发展。封志明等认为国土综合整治区划以国土资源的开发利用和生态环境的治理保护为基本内容，在对区域国土资源的开发利用条件、结构特征、存在问题、整治途径及发展方向的相似性和差异性进行综合分析的基础上，对不同的国土整治类型在空间上进行群体分区，从而最大限度地发挥国土资源潜力，改善生态环境[②]。国土综合整治与生态文明建设有着非常密切的联系。它以国土资源的可持续利用为目的，根据经济发展、人口增长等社会经济的客观需求，利用现有科技及资源条件，对人地关系做出统筹安排。

各学者在界定国土综合整治概念时，大部分遵循原有概念框架，即对国土开发、利用、治理、保护的总称，对区域内进行的更加优化的整治都可以归入国土整治的范畴。在具体的界定中，涉及不同的项目、不同的区域、不同的类型，对国土综合整治的概念有所细化，使之在指导具体实践或进行研究时有更加清晰的界定。总体来看，这一阶段的国土整治的概念演变主要从理念上经历了从综合、有计划、统筹转化为与生态文明建设相挂钩，注重人与自然相协调，可持续发展及考虑全领域各要素相互影响的系统整治；从目标上经历了演化目标多元化、整治的内容和手段多样化、整治的时间维度和空间维度不断拓展，内涵不断丰富，实现由单项国土整治逐步迈向国土综合整治。新提出如针对江河整治的国土综合整治概念、针对区域具体实践提出的"一体化国土综合整治"等概念，分别在整治理念、整治技术、整治步骤、整治手段等方面提出一些具体概念，但是总体来说并未有大的突破。

---

① 程燕. 国外国土开发整治与规划的经验及启示 [J]. 农业工程学报，2012，03：44-45+47.

② 封志明，潘明麒，张晶. 中国国土综合整治区划研究 [J]. 自然资源学报，2006，21 (1)：45-54.

第四章
国土综合整治的内涵理念

一、国土综合整治的近似术语与辨析

(一) 土地综合整治

1. 土地综合整治的内涵

土地整治是指为了提高土地利用效率,对利用效率低、利用不合理、未利用以及受生产建设或自然灾害损害破坏的土地进行的整治活动①。"土地整治"概念起始于1999年中国实施的《土地管理法》中提出的"国家鼓励土地整理",后来又不断演变,出现了很多概念。由于不同的概念甚至在中央文件里同时出现,造成了概念和理解上的混乱,《全国土地整治规划(2011—2015年)》在编制时,首先在概念上进行统一,即选择了"土地整治"这一术语。

现代意义上的土地整治在中国经过了十几年的发展,其内容、方式等都发生了深刻变化,逐渐演变为土地综合整治。土地综合整治相比于原先的土地整治,在范围、内涵、目标和手段上均发生了很大转变。要开展好土地整治,一是要聚焦耕地保护,保障粮食安全;二是要根据区域特征因地制宜,科学规划、统筹整合,实现区域全域规划、全域设计、全域整治、整体推进;三是要把握关键,规范健全土地综合整治市

---

① 胡静,金晓斌,李红举,等.基于霍尔三维结构的土地整治信息组织模式[J].农业工程学报,2014,30(3):188-195.

场化机制，优化生态环境治理；四是要以民为本，充分尊重农民意愿，切实维护农民权益，合理促进解决"三农"问题，推进城乡一体化发展①。

2. 国土综合整治与土地综合整治的异同点

国土综合整治与土地综合整治均着眼于通过整治，消除资源利用过程中的障碍性因素，但与土地综合整治相比，国土综合整治跳出土地谈整治，内涵与外延的深度与广度均大为加强，并具体表现在范畴、定位、任务、手段、主体、区域、周期等方面。

第一，两者都是调适资源禀赋以满足发展需求，但国土综合整治的范畴更广。在本质上，国土综合整治和土地综合整治都是为了满足区域社会经济可持续发展，统筹协调，综合配套，进而消除国土资源和土地资源中的障碍性因素的过程，但国土涵盖土地而不局限于土地，水体、林木、矿产、能源、生物、其他自然资源都可以成为国土综合整治的客体，这些资源与区域可持续发展之间所有的现存以及潜在的"化学反应"都可以成为国土综合整治的任务与手段，因此尽管国土综合整治与土地综合整治在字面上仅是国土与土地的差别，但国土综合整治的范畴更为综合广泛。

第二，两者均服务于国家战略，但国土综合整治的定位更高。当前，土地综合整治的目标已转变为建设性保护耕地与推进新农村建设和城乡统筹发展相结合，但其战略高度仍然局限于与土地息息相关的国家战略。国土综合整治既能促进国土资源、空间的持续优化，也可以通过国土资源的差别化供给与配置促进产业转型升级与经济转型发展，通过国土资源的保护与质量提升服务生态文明建设，通过不同国土资源统筹规划利用倒逼各部门协同配合与政府治理机制创新等，因此，国土综合整治定位可以包括统筹城乡发展的重要抓手，推进新型城镇化和新农村建设的核心平台，实现生态文明的建设路径，提升民生福祉的发展动力，加强政府治理的突破窗口，保障社会经济可持续发展的政策工具②。

第三，两者均须优化土地资源，但国土综合整治的任务更多。《全国土地整治规划（2011—2015年）》明确了"十二五"期间土地整治的五项

---

① 国土资源部. 全国土地整治规划（2011—2015年）[R]. 2012.
② 严金明. 找准转型发展战略导向[N]. 中国国土资源报，2016-04-14（5）.

主要任务：一是统筹推进土地整治，二是大力推进农用地整治，三是规范推进农村建设用地整治，四是有序开展城镇工矿建设用地整治，五是加快土地复垦。因此土地综合整治的主要任务仍然在于优化土地资源。而国土综合整治的广阔范畴和高层定位决定了国土综合整治的任务不能仅仅着眼于土地：一方面，国土综合整治还包括水体、林木、矿产、能源、生物、其他自然资源等方面的整治，从而消除每种国土资源在满足区域可持续发展需求中的障碍性因素，同时还需要调整不同国土资源类型之间的质量、结构、布局，进而消除统筹利用国土资源的障碍性因素；另一方面，国土综合整治需要服务于经济新常态、新型城镇化、精准扶贫、生态文明建设等发展战略而不能局限于资源集约利用与城乡统筹发展。因此国土综合整治的任务更多。

第四，两者均会使用相同的手段，但国土综合整治的手段更复杂。从土地资源角度而言，两者都会利用土地利用总体规划指导土地整治的合理布局，都会运用城乡建设用地增减挂钩筹集土地整治所需资金，都会运用耕地表层剥离再利用技术、沟渠生态化设计技术等技术提升土地资源的质量与承载力。但内涵的扩张将带来外延的扩大，更多的国土综合整治任务带来的不仅是任务数量的增加，也是多任务之间协调难度的增加，因此除了土地方面相同的手段外，国土综合整治需要更为广泛、全面、精细的手段。例如国土综合整治需要统筹空间规划指导国土资源的合理调配，需要整合市场资金、政府各部门资金等渠道保证国土整治的资金充足，需要水体优化、林木种植、矿产挖掘、生物微循环等多种技术提升每类国土资源及其之间的质量与协调共生能力。

第五，两者都需要上下结合，但国土综合整治的主体更广泛。无论是土地综合整治还是国土综合整治，都需要政府、市场、社会的通力合作、上下结合。但就主体而言，土地综合整治主要需要国土部门指导运作、其他相关部门协调配合，市场主体主要围绕土地相关产业展开，社会主体主要为土地产权主体。而在国土综合整治过程中，国家发改委、住房和城乡建设部、农业农村部、水利部、生态环境部等部门不仅仅是协作主体，更是参与主体，市场主体与社会主体类别及其诉求也会远远超过土地范畴，因此，国土综合整治既需要考虑到主体广泛所带来的协调难度，也更需要根据各个主体的优势、诉求，统筹利用，从而发挥多主体带来的资源、知识、资金、政策等方面的优势，形成合力，促进国土综合整治的落实。

第六，两者都着眼于全域设计，但两者的区域属性不同。在范围上，土地综合整治和国土综合整治都可以针对全国或者地区。在理念上，土地综合整治和国土综合整治都需要全域统筹、全域规划，但两者的区域属性并不一致：一是区域的地位不同。在土地综合整治过程中，区域往往是土地综合整治的外在环境而非客体，即区域中的林木、水体、能源等自然资源是限制或引导土地整治的要素，其本身并不是土地综合整治的对象；而国土综合整治的区域往往是有待改造的客体。二是区域的划分标准不同。土地综合整治往往以行政区域、土地功能特征、土地综合整治目标划分整治区域；而国土综合整治则需要超越土地，从国土资源功能特征、国土综合整治目标等方面划分区域，因此整治分区存在标准的差异。

第七，两者都认同可持续理念，但两者的周期特征不同。在强化后期管护、促进资源持续有效利用、实现区域可持续健康发展等理念上，土地综合整治和国土综合整治是一样的，但两者在相应的时间属性上有所不同。一是整治工程的周期不同。任务多寡的差距决定了国土综合整治在整治前需要评判国土资源整治的综合潜力、编制全域统筹的规划方案、整合部门协作的政策体系，在整治过程中需要构建要素综合的整治体系、激励多元共投的资金筹集，在整治后需要提炼满足国土综合整治战略需求的经验教训。因此国土综合整治的工程周期会长于土地综合整治。二是整治效果的周期不同。土地综合整治效果发挥的时间长度主要取决于土地要素的优化程度，而国土综合整治效果发挥的周期长短则取决于整体国土资源的优化程度、配合程度及其与区域发展战略的匹配程度。因此国土综合整治的效果根基深厚，周期也会更为长久。

（二）国土整治

从狭义来说，国土整治指国土整理和治理，即调整利用结构以提高利用率或对受损的国土进行修复以恢复原有利用水平，这应该是包含在国土保护工作中的。但中国的国土实践通常是将国土整治与全国和各地区的产业结构调整以及生产布局结合起来，并将其纳入国家发展建设计划。从这个意义上说，国土整治是指在全国范围内或具有经济联系的几个经济区内拟订国土的开发、利用、治理和保护规划，制定相应政策，进行管理工作，以促成规划的有效实施。这是一个广义的说法，包含了开发、利用、治理、保护各个方面的国土工作，更具有国家管理和宏观战略的意味，往往与区域发展战略紧密联系。在全面介绍了国土开发和国土保护的内涵和经济原理之后，有必要用综合整体的眼光来审视国土整治工作，并重点了解它是如何在中国区域经济发展中发挥独特作用的。

1. 国土整体功能

国土指一个国家拥有的疆域，国土资源则包括疆域范围内从上空到地下的全部自然资源以及经济社会资源，后者主要指开发利用这些自然资源的设施资源，如工厂、矿山、交通线路、水利工程等；有的学者认为还包括金融、信息、人力、智力等软资源。从定义上看，国土资源是一个由各类资源相互联系组成在一起的复杂的具有整体特征的物质系统（见表4-1），人类凭借国土资源系统获得生存的物质基础并展开经济活动。

国土资源系统的这种整体性是由其所在地域的整体性决定的。按照地理学的观点，一个区域有别于其他区域的地方就在于其内部的相似性和与外部区域的差异性，这种相似性体现在地质基础、地貌形态、气候条件、水文特征、生物种类、土壤等自然地理方面以及由此而决定的社会经济文化状况，它们共同构成一个区域的整体特征，并由于与其他区域在上述方面的差异而显示出这种特征。一个区域的国土资源也呈现出这样整体的区域性特征。认识国土资源的整体性是为了揭示各种国土资源在地域组合、结构和空间配置上合理或不合理、匹配或不匹配的关系，明确国土资源的整体优势和劣势，探明开发潜力和改善的方向，以有利于国土整治工作的进行。

表4-1　　　　　　　　　　　国土资源系统组成

所属子系统	子系统成分	各成分包含的具体内容
自然资源系统	土地资源	农业用地、城镇用地、工矿用地、交通用地、农民居用土地、旅游用地、军事用地
	水资源	地表水、地下水
	气候资源	光能、热量、降水、空气
	生物资源	森林、牧草、水生物、农作物、家畜家禽、野生植物、野生动物、微生物

续前表

所属子系统	子系统成分	各成分包含的具体内容
经济资源系统	矿产资源	金属矿物原料、非金属矿物原料
	能源资源	常规能源、新能源
	自然风景资源	奇特地貌、奇特水体、奇特地层、珍稀植物、珍稀动物
	农业资源	种植业、林业、牧业、副业、渔业、农业基础设施
	工业资源	建筑业、重工业、轻工业、工业装备、工业固定资产
	交通资源	公路、铁路、水运、航空、管道、交通固定资产
	通信资源	电话、邮件、网络、传真等通信设施、通信固定资产
	商业资源	商业机构与网点、商业基础设施、商业固定资产
	旅游资源	旅游接待机构、旅馆、饭店、旅游商品、旅游交通设施、旅游文化、娱乐设施、旅游业固定资产
社会资源系统	信息资源	科技信息、商品信息、市场信息、管理信息、产业信息
	基础设施	城市道路、城市住宅、城市供电、城市供热、城市给排水
	人口资源	总人口、民族构成、农业人口、非农业人口、城镇人口
	教育设施	各类学校数量、各类学校建筑面积与学生容量
	文化设施	各类文化机构、文化娱乐与服务设施、电视广播设施
	科技设施	科研单位、推广单位、科研装备、科研实验场地
	卫生设施	卫生防疫、保健机构、医院病床、农村医疗点、饮水设施

2. 国土整治的内涵

中国现代意义上的"国土整治"起源于20世纪80年代初，是在当时开展的国土开发整治相关工作背景下产生的。

改革开放以后，一些中央和地方的代表团出访欧洲各国实地考察以后，意识到国土整治的重要性，逐步重视国土工作，提出借鉴主要发达国家的经验，在中国开展国土开发整治和国土规划工作。由于翻译的不同,"地区整治""领土整治""国土整治""国土规划"等词汇应运而生,同时出现的还有"国土资源综合整治""国土开发整治""国土综合规划""国土资源综合整治规划"等词汇。世界各国由于其具体工作内容的差异,翻译也不尽相同,但无论是"空间整治或区域整治"(德国)、"领土规划"(意大利)、"国土综合开发计划"(日本),还是"领土整治"(法国),它们的内涵共性都是相似的①。借鉴国外国土开发利用与保护整治的相关经验,中国从20世纪80年代初到90年代中期国土工作蓬勃发展,开展了一系列国土开发整治和国土规划编制工作。但是无论在学术界,还是在政府规范性文件上,都没有对"国土整治"等词汇统一的定义和解释。不少专家学者与政府官员根据工作实践,提出了对国土综合整治的理解。

如著名经济学家于光远将国土整治理解为对国土有针对性地进行的利用、保护和改造。进行"诊断"后对国土问题采取的行动就是整治②。

原国家计委国土局局长陈鹄认为,"国土整治"就是要按照自然规律和经济规律的要求,运用人类现有的科学技术成就和生产力,对国土资源进行有计划的开发、合理的利用、有效的治理、妥善的保护;同时尽可能使开发、利用、治理、保护很好地结合起来,使开发利用与治理保护起到相辅相成、互相促进的作用,防止开发利用国土资源时派生出的消极破坏因素,并且与此相应地搞好生产、人口、城镇的合理布局,从而保证社会主义的经济建设取得最好的经济效益和生态效益,不断改善人们的生产、生活环境,逐步提高人民群众的物质、文化生活水平③。

原国家计委国土司司长方磊等认为,国土整治的提出是资源、环境、空间的现状和潜力与人口、经济、社会的发展要求不相适应,从而导致尖锐矛盾的结果。因而,忽视环境和空间问题,国土整治就失去了重点。所以,提出:"对国土整治的完整理解应当是开发利用、治理保护和布局三大方面,而不是开发、利用、治理、保护。"

著名经济地理学家吴传钧院士认为,国土整治是关于国土的开发、利用、治理、保护的概括提法,既包括相关的调查研究,也包括为实施

---

① ② ③ 孟旭光,卜善祥,李新玉. 国土整治的国际化特征与发展趋势[J]. 中国矿业,2003(9):2-4.

这些方面而进行的规划。并认为，国土整治应因地制宜，分批分层次进行①。

地理学者杨树珍认为，国土整治的内容包括对国土的考察、开发、利用、治理和保护，这些环节相互联系、相互制约。对国土进行考察是开展国土工作的出发点和立足点，国土的开发和利用是国土整治工作的中心②。

经济地理学家陆大道院士提出，"国土整治"的确切译法应当是区域整治，最早出现于德国。一个世纪以前那里开始有"城市整治"，1921年开始在大规模发展中的鲁尔工业区进行区域整治规划并实施。第二次世界大战后，法国、英国、日本及整个欧洲经济共同体等开始了广泛的国土（整治）规划及开发、整治，收到了非常明显的社会、经济和生态效果③。

从陆大道的表述可以看出，国土整治与土地整治是有区别的。国土整治是面向区域的综合整治，而土地整治是以土地为特定对象的相关开发、整理、复垦、修复等整治工作。除上述专家学者外，其他学者对国土整治的含义也有类似的描述。

从上面对国土整治的理解，可以总结出国土整治的基本概念："国土整治"就是在当前生产力发展水平与未来趋势预期下，在遵循自然经济和社会规律的前提下，对国土进行统筹开发、利用、治理和保护的一系列行为，即针对性地采取相关措施提高资源利用效率、优化空间结构、治理修复生态环境。

国土整治的内容是动态的。世界各国和地区的国土整治，都是在一定区域内，当社会经济发展到一定阶段、对国土开发利用和需求提出新的要求时，根据有关社会经济发展规划和国土利用总体规划，通过一定的调整，使国土开发利用方式和结构适应社会经济发展需要的一种调整方式。这就决定了各国（地区）的整治不可能有固定的模式，应当根据各地利用实情，历史、社会和经济情况，确定国土资源开发与整治的目标和内容。

总体而言，国土整治是为了促进国土空间开发的有序化、国土资源

---

① 张成文. 辽宁省国土蓄洪容量的机能评价 [J]. 辽宁农业科学，2005（3）：33-35.
② 杨树珍. 国土规划与经济区划 [J]. 经济地理，1982（4）：252-255.
③ 陆大道. 关于国土（整治）规划的类型及基本职能 [J]. 经济地理，1984（1）：3-9.

利用的集约化，改善生态环境质量，而对国土进行开发、利用，并进行生产环境的改善及生态景观建设，以消除在社会经济发展中的国土开发利用方面起制约或限制作用的因素[①]。

3. 国土整治基本原理

国土整治工作由国土调查研究、制定区域规划方案、规定相应政策，并进行管理四方面内容构成，这是其整体功能特性所决定的。其中，制定区域规划方案是所有工作的中心内容。区域规划的目标是建立起协同有序的区域结构。

已故的著名地理学家陈传康先生认为，如果把区域看作一个远离平衡态的具有耗散结构的开放系统，则首先需要考察影响建立协同区域结构的变量，主要有快变量和慢变量两种。快变量对系统达成有序协同结构不起决定作用，是局部的、相对独立的小系统层次；慢变量也被称为序参量，对系统达成协同结构具有决定意义。所以区域的国土整治在近、中、远不同阶段有着不同的工作内容。在近期，需要关注快变量，其见效快；在中期，需要抓符合区域自然结构的商品生产；而在远期则要求结合环境治理与保护，考虑序参量，建立起区域有序协同的经济结构。目前中国仍处在农业社会向工业社会演进的阶段，要求同步发展不切实际，必须建立起适用于不同技术层次的混合型结构，尽量做到总体协同发展，使国土整治兼顾经济、生态、社会效益，分近、中、远三阶段循序发展。

4. 国土综合整治与国土整治的异同点

国土综合整治与国土整治均是对国土要素的整治，但与国土整治相比，国土综合整治围绕综合谈整治，更加强调整治定位、整治任务、整治手段、整治主体、整治区域、整治周期等的综合性和系统性，具体包括：

第一，国土综合整治的定位更具顶层性。根据过去对国土整治的理解，虽然国土整治目标涵盖区域国土资源，但目标仍然局限于国土空间的合理布局、国土资源的合理利用，对于促进社会经济发展的战略目标也过于宏观，因而未能上升到系统服务国家顶层战略的定位方向上。因此，随着国土整治自身技术以及相关理念的成熟，国土综合整治在定位

---

① 李新玉，曹清华，杜舰. 对国土规划的几点再认识［A］. 资源·环境·产业：中国地质矿产经济学会 2003 年学术年会论文集. 2003：8.

上应当坚持高位统筹，落实创新、协调、绿色、开放、共享五大发展理念，找寻国土综合整治撬动经济转型发展、区域统筹发展、生态保护提升、政府治理机制创新等方面的原理，进而真正成为服务国家战略的政策工具。

第二，国土综合整治的任务更加系统。国土综合整治的高层定位意味着国土综合整治不会单纯关注资源，而是结合资源与战略谈整治，因此，国土综合整治更加关注经济新常态、新型城镇化、精准扶贫等国家发展战略，从战略需求角度出发，明确国土资源开发利用中存在的障碍性因素。

第三，国土综合整治的手段更加综合。国土综合整治和国土整治都是优化国土资源的过程，因此在技术手段上两者存在相通性。然而，定位和任务的差别，意味着国土综合整治会从满足区域发展战略的角度出发，统筹可以促进区域发展的资源、资金、政策等各方面手段，例如以人民政府为主导，统筹各部门在国土综合整治中的职能调配、资金支持、政策创新等。

第四，国土综合整治的主体协调更加重要。手段的综合性也意味着主体的广泛性。因此国土综合整治需要更加重视主体广泛性带来的难度，充分利用各个主体的优势，协调各个主体的利益诉求，扬长避短，凝聚合力，努力形成合作多赢的国土综合整治模式。

第五，国土综合整治的区域更为复杂。国土综合整治与国土整治都需要根据国土资源功能特征划分整治区域，但与国土整治相比，国土综合整治还需要重点考虑区域社会经济特征、区域之间社会经济合作情况等方面，因此区域的划分标准更加复杂，相应区域的实施方案也更为精细。

第六，国土综合整治的周期更长。一是国土综合整治的工程周期更长。国土综合整治需要综合各方面因素，统筹各方面资源，协调各方面利益，任务的复杂度决定了国土综合整治的工程周期比国土整治更长。二是国土综合整治的效果周期更长。与国土整治相比，国土综合整治更能促进区域战略目标的实现，更能统筹区域政策、资源，进而创新更具生命活力的模式机制，因而也能形成效果周期。

国土综合整治、土地综合整治与国土整治的概念辨析见表4-2。

第四章 国土综合整治的内涵理念

表4-2 国土综合整治、土地综合整治与国土整治的概念辨析

	总述	本质	定位	任务	手段	主体	区域	周期
国土综合整治	国土综合整治与土地综合整治相比，跳出了国土整治集合的圈子	调适国土资源禀赋以满足发展需求	服务于国家顶层战略，统筹推进城乡发展的重要抓手，新型城镇化和新农村建设的核心平台，实现生态文明建设路径，提升民生福祉的发展动力，加强政府治理的突破窗口，保障社会经济可持续发展的政策工具	以服务国家战略为导向，消除国土资源利用中的障碍性因素	以国家战略与实现国土资源优化为目标的技术、经济、行政、法律等手段	政府、市场、社会各方力量通力合作，上下结合	区域是有待改造的客体，从国土资源功能特征、国土综合整治目标等方面划分区域	整治工程周期长，效果发挥周期长
土地综合整治	国土综合整治与土地综合整治相比，该国土整治是国土综合整治的子集	调适国土资源禀赋以满足发展需求	服务于与土地息息相关的国家战略，是推动破除城乡二元结构，加快推进新农村建设和城乡统筹发展的重要途径	集中于优化土地资源，统筹推进土地整治，大力推进农用地整治，规范开展城镇工矿建设用地整治，有序开展城镇工矿建设用地整治，加快土地复垦	以国家战略与实现土地资源优化为目标的技术、经济、行政、法律等手段	国土部门引导，其他部门协助，市场参与，社会参与，上下结合	区域是土地综合整治的外在环境，任任以行政区域、土地功能特征、土地综合整治目标划分整治区域	整治工程周期较长，效果发挥周期较长
国土整治	国土综合整治与国土整治相比，国土整治是国土综合整治的子集	调适国土资源禀赋以满足发展需求	优化国土资源，促进资源合理利用的有力工具	以优化国土资源为导向，消除每种国土资源利用中的障碍性因素	以优化国土资源为目标的技术、行政、经济、法律等手段	政府、市场、社会各方力量通力合作，上下结合	区域是有待改造的客体，根据国土资源功能特征划分整治区域	整治工程周期较长，效果发挥周期较长

69

二、国土综合整治的功能定位

（一）国土综合整治的内在需求

随着经济社会快速发展和人民群众需求日益上升，国土的开发利用、空间优化和质量提升也被提出了更高的需求。一方面，在推进城镇化、工业化和农业现代化进程中，面临着资源紧张、环境容量有限、局部国土承载力不高等突出矛盾，这些问题都需要着力解决。另一方面，随着社会的发展，损害群众健康、危及人身和财产安全的突出问题和关键矛盾也越来越受到广大人民群众的关注，必须着力解决以改善人们赖以生存与发展的国土质量。

（二）国土综合整治本质和功能的再认知

在新时期界定国土综合整治的内涵，最核心、最基础的任务首先是准确认识国土整治的真正本质和关键功能，进而才能针对现存问题，对国土整治的目标任务、政策路径等要素进行深入分析。当前关于国土整治的规划、潜力、模式、效益等方面的研究关注较多，然而关于土地整治本质的研究极为匮乏，且在实践中多将国土整治看作一项管理性、强制性、实施性的工程、技术或是任务，将其功能狭隘地看作增加耕地或城市建设用地面积，目标仅在于保障粮食生产和土地财政收益，使得国土整治被认为是少数人群获益而非社会整体受益，因而导致群众整治动机不强、满意度较低。实际上，国土整治的本质是"对人与国土关系的再调适"，是以提高国土利用效率和效益、保障国土资源永续利用、改善生态景观环境为主要目的，利用国土整理、国土开发、国土复垦、国土修复等一系列手段，通过"田水路林村城"国土综合整治提升人类生活和生产条件，通过"山水林田湖"国土空间整治保护人类生态空间，最终促进人与自然可持续协调发展的活动。

在天人合一、相互协调的本质认知下，国土整治的功能也超越了单纯扩大耕地面积、提升耕地质量的意义，而更注重满足人们的核心需求。因此，国土整治的功能应是"三满足"：以人的切实需求出发，合理调整国土"生产、生活、生态"空间结构和布局，满足人们的生产发展需求，满足人们的生活提升需求,满足人们的生态保护需求。应当指出的是,在不同的国土整治发展阶段,其功能的侧重点也应有所不同。如日本1945—1964年国土整治主要侧重于生产发展功能,通过农地改革(1946—1949年)、《农地法》(1952年)、《农业基本法》(1961年)等一系列政策手段促进农业发展和粮食增产;1965—1984年,日本则通过《山村振兴法》(1965年)、《新都市计划法》(1968年)和《过疏地域振兴特别措置法》(1980年)侧重于推动国土整治的生活提升功能,整治建设生活环境,满足居住生活需求;而1985年至今,日本国土整治则全面侧重于景观生态的永续发展功能,通过《集落地域整备法》(1987年)、《食料・农业・农村基本法》(1999年)和《景观法》(2004年),充分保护生态环境,推动人与自然协调发展。相较于日本,中国地域更为辽阔、各地自然禀赋和经济社会发展情况也各不相同,因此国土整治也应因时制宜、因地制宜,根据不同区域的不同阶段有的放矢地进行"全空间"和"全生命周期"的目标任务选择。

(三)国土综合整治的思路原则

从大国土的角度入手,站在服务国家全局发展的战略高度,以提高国土资源利用效率、优化国土空间格局、提升国土环境质量、维护国土安全为目标,在国土资源调查评价的基础上,探究国土发展中存在的突出矛盾,综合运用经济、行政、法律等多种手段和政策措施,实施治理保护、改造修复和优化提升等重大工程,以此优化国土空间功能、提高资源利用效率、改善国土质量,促进国土开发利用实现高效、有序和安全,不断提高国土的综合承载力和抵御风险能力[1]。同时切实梳理新的理念。

1. 坚持综合整治理念

坚持在整治目标、内容、手段以及预期效果等方面体现综合理念。在推进国土整治过程中,以优化国土空间开发格局、科学配置国土资源、综合整治国土环境为目标,开发利用与保护相结合。做到以防为主,防治结合,综合治理。坚持多元思维,做到统筹兼顾,不断拓宽国土综合整治的内涵[2]。以国土综合整治为平台,将各项工程部署和政策

---

[1] 马永欢. 加快构建生态修复与补偿长效制度[N]. 中国自然资源报, 2019-03-07(5).

[2] 邓玲,郝庆. 国土综合整治及其机制研究[J]. 科学, 2016, 68(3): 40-44.

措施同国家战略有机结合,满足国土资源和国土空间利益多元化的要求。

2. 坚持制度配套和制度创新相结合

总结以往工作经验,从土地、经济、户籍管理、重大项目安排等多方面,不断完善国土综合整治配套制度,加大综合性配套制度供给力度,提高国土综合整治的工作效率。构建财政引导、多元投入的新机制,充分发挥中央财政资金的引导作用,重点支持历史遗留问题较多、区域发展滞后等问题区域以及对全局发展有重要影响区域的国土综合整治工作。在推进过程中,积极拓宽国土综合整治资金渠道,探索建立鼓励社会资金投资多元投入机制。

3. 坚持统一规划,分步实施

基于科学调查评价,推进国土综合整治的顶层设计。从综合性和复合性的角度,整体规划国土综合整治的目标任务和工程措施。在实施过程中,以县级行政单元政府为实施主体,统筹多方力量,有序配合;以重点项目为载体,统一规划,整体设计,分步组织实施[①]。

4. 坚持因地制宜,试点先行

根据各地的实际情况,探索不同的国土综合整治模式。选择具有代表性的地区,进行国土综合整治试点。并重视对实施效果的评估,及时总结经验和教训,向全国推广有效的经验[②]。

5. 坚持政府主导、部门配合

探索建立以国土综合整治为平台的部门协调合作机制,打破部门分割[③]。切实发挥政府的主导作用,统筹涉及国土综合整治的各项工作,提高国土综合整治实施进度和整治效果。

(四)国土综合整治的总体定位

1. 高位统筹各项政策

国土综合整治总体定位为统筹城乡发展的重要抓手,推进新型城镇化和新农村建设的核心平台,实现生态文明的建设路径,提升民生福祉的发展动力,加强政府治理的突破窗口,保障社会经济可持续发展的政策工具。"十三五"时期,国土综合整治具体定位为拉动内需的强大引擎,落实空间规划"多规合一"的实施单元,助力精准扶贫的重要手段,

---

[①][②][③] 邓玲,郝庆. 国土综合整治及其机制研究 [J]. 科学,2016,68 (3):40-44.

服务全面建成小康社会新目标的切实保障①。

2. 践行新发展理念

国土综合整治应融合创新、协调、绿色、开放和共享理念，树立"数量、质量、生态、人文"的四位一体国土综合整治理念，以理论、制度和科技等创新为土地整治内在动力，以促进城乡协调、区域协调、"三生"协调为土地整治关键目标，以环境污染治理与景观生态质量提升为土地整治核心导向，以改善民生条件、实施精准扶贫和维护乡土文化为土地整治根本核心，以统筹保障"一带一路"倡议等国际国内重大战略的落地实施为土地整治重要任务②。

3. 以人为本，保障人民利益

坚持以人为本，就是要从人民群众的根本利益出发谋发展、促发展，切实保障人民群众的经济、政治和文化权益，让发展的成果惠及全体人民。因此，国土整治应以明晰整治土地的产权界定为基础，维护整治涉及利益相关者的根本利益，在思想层面激励公民意识与公民本位的价值认同和主观意愿，在制度层面健全全维度公众参与的具体制度，在技术层面实施信息公开与交流回馈制度，在经济层面以提升人民收入水平、改善人民福祉为根本出发点，在社会层面突出体现乡风文明和特色人文情怀，保证整治过程公平、公正、公开，提升整治过程的公众满意度③。

4. 促进永续发展

国土综合整治要以"永续发展"为发展导向，以生态、景观服务及休闲游憩功能为重点，提升土地整治环境污染治理能力，加强"山水林田湖"生命共同体的整体修复，构建以"山为骨、水为脉、林为表、田为魂、湖为心"的国土生态安全体系，并依托现有风光加强景观建设，增大农田、林地、绿化等生态用地空间占比，改善人居环境、建成都市生态屏障，协调资源的永续利用、经济的持续发展和社会的全面进步，让居民"望得见山、看得见水"，安居乐业、幸福美满。因此，通过开展永续发展型土地整治，使大地呈现出欣欣向荣的生态世界和可持续利用的壮丽美景④。

5. 优化"三生"空间

国土综合整治要以"三生"空间为承载，兼顾保障粮食供给安全、

---

①②③④ 严金明. 找准转型发展战略导向［N］. 中国国土资源报，2016-04-14(5).

城市发展安全、生态环境安全,通过在空间划定"生产线"(耕地保护红线)、"生活线"(城市发展边界)和"生态线"(生态保护红线)。在生产上,严格保护耕地,提升耕地质量,适度推进农业规模经营;在生活上,优化空间形态与建设用地结构,提升土地利用效率,促进城乡生活"人、物"并进;在生态上,破解城乡生态空间萎缩、污染问题突出与景观破碎化的问题,通过建设绿色基础设施,强化生态化土地整治技术的应用,最终实现整个区域生产、生活和生态空间的同步重构。

6. 推动各要素综合整治

国土综合整治的对象应实现从单要素整治转向多要素综合整治的转变,具体表现在整治区域中打破行政部门分割的限制,合力推进多种类型用地的整治,实现生产集约、生活提质、生态改善的"三生"目标。

7. 统筹区域发展

国土综合整治要从单项目整治转向全域规划、设计和整治。基于地区间的区域差异和关联,围绕充分发挥各地区的比较优势、促进区域间合理的分工协作等目标,统筹各区域的土地利用发展,防止重复建设、产业结构趋同,促进区域经济、产业、人口发展与土地利用相协调。在更宏观层面上,国土综合整治通过分区域、分类别差别化重点整治,致力于保障"京津冀""长江经济带"等国家战略,促进土地资源在都市圈、城市群和一体化区域的结构优化和空间协同化布局。

8. 保护乡土文明

国土综合整治的模式设计要摆脱千篇一律、城乡雷同的同质化趋势,转向差别化保护城乡景观特色和传承乡土文明。乡土文化源远流长,是中华民族的精神寄托和智慧结晶,然而面对高速工业化和城镇化,其极易受到摧毁和遗忘。因此,在土地整治中应高度重视保护乡土文化,大力鼓励土地整治模式创新,以乡土文明保护为前提和基础,构建具有地域特征的自然风貌、建筑民居和传统文化,留住以土地为载体的"乡愁"。

第五章 中国国土综合整治的目标任务

不同的整治环节，其功能的侧重点也应有所不同。中国地域辽阔、各地自然禀赋和经济社会发展情况也各不相同，因此国土综合整治应因时制宜、因地制宜，根据不同阶段、不同区域有的放矢地明确相应的目标与任务。为此，下文将首先阐述中国国土综合整治的总体目标与主要任务，而后再从"全生命周期"以及"全空间延拓"两个维度阐述中国国土综合整治在实施过程以及空间布局上的目标任务。

一、中国国土综合整治的总体目标与主要任务

(一) 总体目标

1. 全面优化国土资源

根据《生态文明体制改革总体方案》的总体要求，通过国土综合整治，全面整治土地、森林、草原、河流、湖泊、湿地、海洋等各项国土资源，解决水土流失、林草退化、湿地破坏、湖泊减少、水体污染、生物多样性下降等国土资源领域突出问题，修复破损的国土资源，提升国土资源质量，建立国土资源合理利用方式，从而实现对每项国土资源的有力保护、合理利用与有效恢复。

2. 塑造区域"三生"格局

以生产、生活、生态等"三生"互动机理与建设"三生"互动的生命共同体为导向，根据国土资源系统整体性、系统性及其内在规律，针对全国与各区域发展战略、资源禀赋、经济发展水平等实际情况，开展不

同类型和模式的国土综合整治，统筹整治自然生态各要素、山上山下、地上地下、陆地海洋以及流域上下游等各方面的国土资源，实现"全国-跨省-省级-省内"等不同尺度下的"三生"格局优化，实现发展与保护的内在统一、相互促进。

3. 推动城乡统筹发展

开展"田水路林村"等国土资源综合整治，提升国土资源有效利用率，提升农村国土资源经济价值，建立城乡国土资源使用联动机制，实现城乡国土资源互动：农村国土资源为城镇经济发展提供支撑，城镇国土资源反哺农村产业发展，实现城乡国土资源的高效利用，优化城镇化布局，实现精细化、高质量的新型城镇化发展模式。

4. 助力经济转型发展

通过国土资源综合整治，构建覆盖全面、科学规范、管理严格的国土资源总量管理和集约节约制度，逐步构建空间资源治理与结构优化的顶层设计，从而着力解决国土资源使用浪费严重、利用效率不高等问题，改变以国土资源粗放利用促进经济发展的传统模式，促进经济发展动力由要素驱动、投资驱动转向创新驱动，进一步释放资源利用潜力，提升国家经济发展潜力。

（二）主要任务

1. 严格保护耕地，大规模建设高标准基本农田

加强农田基础设施建设，完善农田水利设施，改善农业生产条件；有效引导耕地向集中连片的方向发展，防止各类非农建设包围、切割基本农田保护区，实现耕地适度规模经营；适度开发宜农未利用地，积极整治污染土地，强化补充耕地的质量建设与管理，合理引导农业结构调整，提高其他农用地利用效率。按照"田成方、树成行、路相通、渠相连、旱能灌、涝能排"的标准，有计划分片推进中低田改造工作，不断优化基本农田布局，采取多种途径提高耕地质量，建设田块平整、渠网配套、道路通畅的高产稳产基本农田。

2. 开展农村建设用地整治，改善农村生产生活条件

加强农村基础设施与公共服务设施配套建设，积极保障农村产业发展和农业生产、农民生活条件的改善，对散乱的、低效利用的建设用地进行整治，提高土地利用效率；以"空心村"整治和乡镇企业用地整治为重点，因地制宜制定建设方案，规范有序推进农村居民点布局优化，

形成合理聚散度和合理布局体系的土地利用格局；尊重农民意愿，严格控制增减挂钩规模，限制增减挂钩范围，合理使用节余指标，确保土地增值收益返还农村，支持农村的卫生、教育等公共事业的发展，促进城乡一体化发展；加强特色村庄保护工作，保留特色农村的传统农耕文化和民俗文化。

3. 推进城镇和工矿建设用地整治，提高建设用地保障能力

以开发区为建设用地整治工作着力点，调整各类土地用地结构，防止开发区土地粗放、浪费利用；切实转变土地利用和管理方式，充分利用城镇闲置土地，提高城镇和工矿建设用地集约利用程度；鼓励有条件的地区加强配套设施与节地建设，开展旧城镇改造，积极优化工业用地布局，开展旧工业区改造，探索工业企业用地退出机制；有计划有步骤地推进"城中村"改造，切实改进"城中村"的人居环境；在保护和改善生态环境的前提下，充分利用荒山、荒坡进行城镇和工业建设。

4. 整治林、草、水、生物等多种资源，构筑国土生态安全屏障

按照生命共同体理念，坚持节约优先、保护优先、自然恢复为主的方针，实施重大生态修复工程，增强生态产品生产能力，推进荒漠化、石漠化、水土流失综合治理，扩大森林、湖泊、湿地面积，保持林地、水网完整性，优化国土利用格局，恢复并提高城镇内绿地系统、河流水系等的生态功能，保护生物多样性。加强防灾减灾体系建设，提高气象、地质、地震灾害防御能力。坚持预防为主、综合治理，以解决损害群众健康突出环境问题为重点，强化水、大气、土壤等污染防治，着力推进绿色发展、循环发展、低碳发展，形成节约资源和保护环境的空间格局、产业结构、生产方式、生活方式，从源头上扭转生态环境恶化趋势，构筑生态安全屏障，为人民创造良好生产生活环境，为全球生态安全做出贡献。

5. 合理开发利用海洋资源，加强蓝色国土整治与安全建设

中国是一个陆地大国，同时更是一个海洋大国。中国拥有300万平方公里的管辖海域——这就是我们的"蓝色国土"。未来应切实提高海洋开发、控制、综合管理能力，积极进行海洋生态文明建设。一是加强海洋资源摸底管理，修复污染区域，提升海洋资源总体质量。二是加强海洋综合管理，维护国际海洋新秩序和国家海洋权益，统筹规划海洋的开发和整治，积极发展海洋科学技术和教育，建立海洋综合管理制度，积极参与海洋领域的国际合作。三是加强陆海统筹，构建陆海资源、交通、产业、人才、治理机制等方面的联动机制，实现蓝色国土的全面优化。

6. 合理开展跨区域资源调配工程，促进区域资源有效互动与统筹发展

针对各区域之间资源分配不均、制约统筹协调发展的问题，研究资源跨区域调配的合理性，进一步完善南水北调、西气东输、西电东送、北煤南运、西煤东运等重大工程的实施方式，深入研究并制定生态移民搬迁、基本农田跨区异地保护、填海造路等工程的调配模式与机制，努力形成可以充分发挥政府、市场与社会能动性的跨区域资源调配机制，促进区域之间资源有效互动与协调发展。

7. 完善国土资源整治制度体系，促进国土资源治理转型优化

进一步树立"绿水青山就是金山银山"、"空间均衡"和"山水林田湖"生命共同体等理念，充分整合现有发改、国土、规划、环保、住建等相关政策，完善国土资源整治的组织机制、模式机制、资金筹集机制、监管保障机制等，助力形成自然资源资产产权制度、国土空间开发保护制度、空间规划体系、资源总量管理和全面节约制度、资源有偿使用和生态补偿制度、环境治理体系、环境治理和生态保护市场体系、生态文明绩效评价考核和责任追究制度，推进生态文明领域国家治理体系和治理能力现代化。

二、基于"全生命周期"的国土综合整治目标任务

（一）整治前

1. 细化"高位统筹"的方向定位

在努力优化区域国土资源，合理调整国土"生产、生活、生态"空间结构和布局的基础上，国土综合整治应总体定位为统筹城乡发展的重要抓手，推进新型城镇化和新农村建设的核心平台，实现生态文明的建设路径，提升民生福祉的发展动力，加强政府治理的突破窗口，保障社会经济可持续发展的政策工具。同时，还可具体定位为拉动内需的强大引擎，落实空间规划"多规合一"的实施单元，助力精准扶贫的重要手段，服务全面建成小康社会新目标的切实保障。

2. 开展"综合能力"的潜力评判

根据区域发展定位、政策形势、经济实力、市场成熟度、民众参与度等方面，明确国土综合整治所面临的优势、劣势、机遇、挑战，在统筹考虑自然适宜性、生态安全性、经济可行性、社会可接受性和规划导向性等因素基础上，建立国土综合整治引导区域长远发展的潜力修正模型，科学评判国土综合整治引导区域发展的综合潜力。

3. 落实"权责清晰"的产权体系

根据生态文明建设要求，结合不动产登记制度，助力构建归属清晰、权责明确、监管有效的国土资源资产产权制度并保证其落到实处，建立国土资源变更前后产籍数据库，着力解决国土资源所有者不到位、所有权边界模糊等问题，维护整治涉及利益相关者的根本利益。

4. 建立"发展导向"的预警机制

在预警区域承载能力与资源短板的基础上，建立与区域发展需求、国土综合整治综合潜力相匹配的预警诊断因子数据库、评级体系以及预警模型，形成动态掌握区域国土综合整治潜力的预警机制。

5. 明确"永续发展"的具体目标

以区域永续发展为导向，根据国土综合整治潜力及其制约性因素，明确具体的国土综合整治目标。总体上，国土综合整治的目标集合包括：第一，增加耕地，提高耕地质量，推动耕地保护。第二，统筹整治"山水林田湖"各方要素，改善土地生产条件，提升宜居水平，构建以"山为骨、水为脉、林为表、田为魂、湖为心"的国土生态保护与提升体系，优化区域"三生"空间。第三，推动产业用地布局调整与结构优化，助力形成高效、绿色产业体系。第四，维护地区特色景观和文化传统，保留并科学引导土地利用的伦理、生态文明和道德规范，发展乡愁与土地文明。第五，落实土地利用规划，以国土综合整治单元为载体，在其内部探索符合区域土地利用的机制创新与政策试点。第六，整合政府各方面资源政策，促进部门协同合作。第七，引导形成政府、市场、社会等各方合作的微循环机制，为优化区域发展的治理机制提供借鉴与参考。

6. 制定"全域统筹"的规划方案

在技术上，建立科学的国土综合整治规划技术，根据国土综合整治发展目标的异同，合理划分国土综合整治功能分区；根据国土综合整治潜力及其制约性因素，结合土地利用总体规划、城市总体规划、控制性详细规划、国民经济和社会发展规划、环境保护等规划，从便利实施层面划定国土综合整治单元，形成落实各项规划、整合多方政策资源、破除国土综合整治瓶颈、促进区域长远发展的抓手；科学合理布局重点项目，建立针对不同土地利用功能区的土地整治项目选址判别指南，建立项目选址指标筛选和多目标优化决策技术。

（二）整治中

1. 开展"基于生命系统"的综合整治

以"永续发展"为发展导向，以"三生"空间为承载，统筹"山、水、田、路、林、村、城、海"等要素，按照生态系统的整体性、系统性及其内在规律，统筹考虑自然生态各要素、山上山下、地上地下、陆地海洋以及流域上下游，发挥自然资源、农业农村、林草、水利、生态环境等各个部门合力，实施国土资源系统的整体保护、系统修复、综合治理，增强国土资源系统的良性循环能力，提升国土资源质量，维护生态平衡。

2. 保护"彰显乡风文明"的国土资源

建立国土资源调查评估机制，明确各项资源在保护传统文化、传承民族文明等方面的作用贡献；鼓励研究并制定保护、提升国土特色资源的综合整治模式，摆脱千篇一律、城乡雷同的整治模式同质化问题，高度重视并发挥国土资源在保护历史沿革、民俗风情、古建遗存、村规民约、家族族谱、传统技艺、古树名木诸多方面的作用，留住并发扬乡风文明；建立国土特色资源保护的监管机制，强化整治过程中对国土特色资源的动态巡查与保护能力；建立国土资源特色资源提升的激励机制。

3. 构建"上下有机结合"的整治路径

转变当前政府主导、指标分解的"自上而下"国土综合整治模式，构建"上下有机结合"综合治理路径，健全全维度公众参与的具体制度，建立群众社会利益表达与反馈机制，完善国土综合整治纠纷调解机制，充分考虑被整治对象主客观状况的匹配程度，以市场需求为现实基础，以群众意愿为内在动力，以政府政策为外部引力，融合政府推动、市场配置与群众构想，协调化解综合整治过程中潜在的社会风险。

4. 激励"多元主体共投"的资金筹集

探索由政府、企业、个人等多元主体形成的外包式、股份式、私营式等不同结构的 PPP（public-private-partnership）资金支撑模式。在此模式下，政府和私人部门（企业或个人）可以依据项目特征、资金现状和发展预期设计融资方案，可以由政府全额出资企业承包部分工程（外包式），也可以制定各方资金比例和分配预期收益（股份式），或者由私人部门全额负责（私营式），从多种渠道满足国土综合整治资金需求，从而多元共投，保障整治工作持续有序推进。

5. 完善"符合公允标准"的利益分配

以产权界定为基础，制定科学的国土资源权益变动与收益分配规则，处理好政府、市场、社会在权属调整、安置方式、资金分配等方面的关系，将更大比例的国土资源级差地租收益返还农村集体组织和农民，让农村农民分享新型城镇化成果，同时保障国土综合整治各个环节中各个主体的合法权益。在这一过程中，应当重视助力构建反映市场供求和资源稀缺程度、体现自然价值和代际补偿的国土资源有偿使用和生态补偿制度，着力解决自然资源及其产品价格偏低、生产开发成本低于社会成本、保护生态得不到合理回报等问题。应当探索构建"资源市场价格＋资源增值税"的国土资源增值收益调节方式，为形成合理的国土资源利益分配机制提供坚实的科学支撑。

6. 统筹"集成国土政策"的保障机制

加强国土综合整治政策与现有各部门、各领域的政策衔接，促进国土综合整治与土地综合整治、"三线"划定、扶贫攻坚、土地利用总体规划调整完善与修编、城市总体规划调整完善与修编、南水北调、西气东输等方面政策的协同优化，以国土综合整治与产业规划的联动促进产业高效健康发展，以国土综合整治与城市规划的衔接促进空间规划的"多规合一"，以国土综合整治与环境保护政策的协同细化生态保护与提升的政策工具，以国土综合整治与农村基层组织建设的结合激发农村组织的活力等，从而不仅为国土综合整治奠定良好的政策保障，同时切实将国土综合整治打造成为集成部门政策、促进各方合作、实现区域发展战略定位的有效平台与抓手。

（三）整治后

1. 强化"长远成效"的绩效管控

国土综合整治应当避免当前土地整治"重实施、轻维护"的缺陷，在完成资源整治后，及时建立动态监测、评估、预警、维护机制，保障整治后资源可以持续发挥功能与作用。国土综合整治还应当及时与产业发展和供给侧改革、环境保护和生态文明建设、农村"三块地"改革、"多规合一"等方面衔接，从而使国土综合整治的效果不仅仅停留在资源优化层面，而成为促进区域长远发展的动力。

2. 提炼"奠基未来"的整治经验

整治完成后，应当及时提炼整治自身及其与其他领域衔接协同过程中的经验与教训，合理修正国土综合整治理念、理论，完善国土综合整治体系、模式、路径、利益分配、绩效管控等方面，从而为国土综合整治自身及其环境的不断优化提供源源不断的新鲜血液。基于"全生命周期"的国土综合整治目标任务见图5-1。

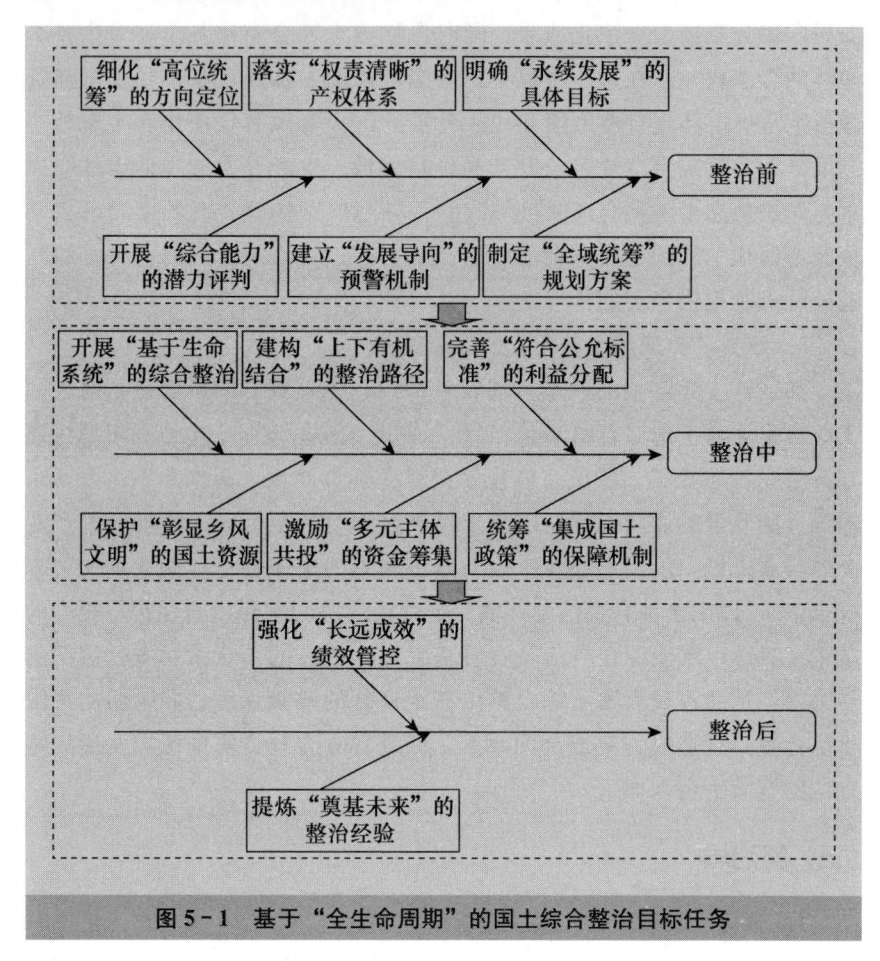

图5-1 基于"全生命周期"的国土综合整治目标任务

三、基于"全空间延拓"的国土综合整治目标任务

随着新时期国土综合整治的目标和重点日益多样化，考虑到国土综合整治面临的地域辽阔、区域差异显著的基本特征，还需从空间上明确国土综合整治重点区域和重大工程，从而采取更有针对性的政策，发挥资金投入的最佳效益，实现全国国土综合整治的区域协调发展。下文将根据国土综合整治区域"面""线""点"这三种状态，阐述不同区域国土综合整治的主要目标任务。

（一）国土综合整治"面"的目标任务

依据主体功能区理念，参照全国主体功能区规划划定的城市化地区、农产品主产区、重要生态功能区、能源矿产资源布局以及海洋空间的实际情况，针对国土开发利用存在的资源利用效率不高、空间布局不合理、生态系统退化、环境质量下降等问题，将国土综合整治区域划分为粮食主产区、快速城镇化地区、重要生态功能区、矿产资源开发集中区以及海岛区五大区域。

1. 粮食主产区

粮食主产区主要包括东北平原、黄淮海平原和长江中下游平原粮食主产区等。

（1）主要目标。

以提升农业水平、优化农村生产生活条件为导向，发挥农地资源优势，完善农业生产结构，提升区域粮食产量、质量及其对全国粮食安全的贡献作用，实现农业生产集约化、标准化、设施化、精细化、智能化；改变农村居民点布局散乱、基础设施不完善、公共服务欠缺的局面，实现农村生活舒适化、便利化、自主化。

（2）主要任务。

第一，大力开展农用地整治，大幅度提高高产稳产的基本农田比重，加大基本农田保护区、粮食主产区、基本农田整备区的耕地整理力度，推进中低产田改造，复垦因自然灾害和生产建设损毁的耕地，改善水利灌溉条件，完善农田生产配套基础设施建设，适度开发增加耕地数量，

不断提高耕地质量，确保国家粮食安全。

第二，建立基本农田保护奖励机制。

第三，加强园地、林地、草地、湖泊等国土资源综合整治，合理引导农业产业结构调整。

第四，开展农村居民点综合整治，结合当地实际需求，在尊重群众意见的基础上，开展差别化的整治工程，保留乡风文明。

2. 快速城镇化地区

快速城镇化地区主要包括中部快速城镇化地区、东部经济发达区、大都市边缘区等。

（1）主要目标。

以"三生"协调为导向，优化"三生"空间布局，控制生产空间，促进国土资源有序开发与集约节约利用，以国土资源的精明投入促进经济转型发展；优化国土生活空间，维护并提升地区特色景观和文化传统，塑造文明昌盛的生活环境；增加国土生态空间，构建以"山为骨、水为脉、林为表、田为魂、湖为心"的国土生态保护与提升体系，建构"望得见山、看得见水"的美丽城镇。

（2）主要任务。

第一，加大农村建设用地整治力度，合理迁村并点，大力开展旧城区、城郊村、城中村、地质灾害易发区村庄整治，建立健全农村宅基地退出机制，规范城乡建设用地增减挂钩试点，盘活城镇存量建设用地和农村非农用土地，推进城乡土地节约集约利用。

第二，全面推进城镇、旧工矿改造，盘活低效用地，实行集中成片改造、局部改造、沿街改建相结合，推进城镇住宅用地集约利用；强化城镇改造规划控制与节地引导，鼓励开发地上地下空间；加快高污染、高能耗、低技术含量产业转型，推进工业用地集约利用，盘活处置闲置和低效用地，缓解产业用地供需矛盾；以东部大中城市和中西部大城市周边区域为重点，分类推进"城中村"改造。

第三，开展大气环境、水环境、交通环境等综合整治，提升城镇人居环境质量。拓展城市生态开敞空间，推进绿道网建设，连接城乡绿色空间。发展立体绿化，加快公园绿地建设，完善居住区绿化，强化城镇山体、水体、湿地等生态修复，在连绵山体、主要江河沿岸、海岸、交通主干线两侧及高速公路主出入口，建设多色彩、多层次、连成片的生态景观长廊。加强水环境治理，因地制宜，多途径修复城市水系生态，推进沿岸景观建设。在长江三角洲、华北平原、松嫩平原、汾渭盆地等地区实施城市地质安全防治工程，开展地面沉降、地面塌陷和地裂缝治理，修复城市地质环境。

3. 重要生态功能区

重要生态功能区主要包括北方农牧复合生态脆弱区、黄土高原窑洞聚落区、西北内陆干旱缺水生态脆弱区、云贵高原多民族倚山傍境区、南方丘陵生态脆弱区等。这部分区域也往往是扶贫攻坚的重点区域。

(1) 主要目标。

以保护生态空间为导向，重构、恢复、提升国土生态系统，夯实中国与区域的生态安全屏障，发挥市场作用，合理显现国土资源的生态价值，实现群众产业水平提升与生态环境保护的双赢，发挥政府与社会作用，合理引导部分区域实施生态移民，实现群众生活水平提升与生态环境保护的双赢。

(2) 主要任务。

第一，强化水源涵养型地区综合整治。加强华北、秦巴山地、六盘山地、新疆北部、祁连山等重点水源涵养区生态恢复与生态建设，治理水土流失，恢复与重建水源涵养区森林、草原、湿地等生态系统，提高生态系统的水源涵养功能。开展水土污染防治工程，控制水污染，减轻水污染负荷。禁止导致水体污染的产业发展，支持发展生态旅游、生态农业等绿色产业。

第二，加强水土保持型地区综合整治。在黄土高原、长江上游、西南岩溶石漠化地区、西藏"一江两河"地区，以小流域为单元，"山水林田路"统一规划，综合治理，优化配置工程、生物、农业等水土保持措施，重点治理与生态修复相结合，最大限度地控制水土流失。开展以封山育林、人工造林种草为主的植被建设，提高植被覆盖率；加强水源工程建设，推行节水灌溉和雨水集蓄利用，发展旱作节水农业；开展坡改梯和中低产田土改造，限制陡坡垦殖，对陡坡耕地实施退耕还林还草，恢复退化植被，发展特色农林产业和草食畜牧业，提高水土保持能力和水资源利用率。

第三，开展防风固沙型地区综合整治。在防风固沙区，开展以生态林建设、草原恢复、田林网建设、防风固沙为重点的国土综合整治。在沙漠化脆弱区，实施退耕还林、还草和沙化土地治理；在重度荒漠化地区，实施以构建完整防护体系为内容的综合整治工程；在少数沙化严重地区，有计划地进行生态移民，全面封育保护，促进区域生态恢复。重视重点区域工程固沙①。

第四，继续实施京津风沙源等国土综合整治工程。加强林草植被保护，对退化、沙化草原实施禁牧或围栏封育，增加植被覆盖率，在适宜地区推进植树造林，推进沙化土地治理②。

第五，开展生态移民型国土综合整治。对生态环境严重破坏或条件恶劣，不再适宜群众居住的区域，实行生态移民搬迁，在做好安置群众生产生活工作的同时，大力修复、重塑搬迁区域生态环境，修复并提升国土资源的生态价值。

4. 矿产资源开发集中区

矿产资源开发集中区主要指矿产资源丰富并且是当前以及未来集中开发的区域。

（1）主要目标。

以保护生态空间、建设绿色矿业为导向，选择矿山地质环境突出、对区域经济社会发展影响较大的地区部署设置国土综合整治重大工程，修复矿山地质环境，加快建设绿色矿山，建成一批布局合理、集约高效、生态优良和矿地和谐的绿色矿业发展示范区，引领矿业转型升级，实现资源开发利用与区域经济社会发展相协调③。

（2）主要任务。

第一，加大历史遗留矿山综合整治力度。加快历史遗留矿山地质环境治理和工矿废弃地复垦利用步伐。在矿山地质环境破坏严重、影响人民生命财产安全的地区，开展各项环境问题、安全问题的综合治理，改善矿区及周边地区生态环境④。稳步推进工矿废弃地复垦利用，盘活和合理调整建设用地布局。2020年和2030年，历史遗留矿山综合整治率分别达到40%和60%以上。

第二，同步恢复治理新建和生产矿山。按照"谁破坏，谁治理"的原则，明确矿业权人的义务，严格执行"三同时"制度，加强矿山开采和选矿过程中的废污水处理、废石尾矿长期堆放的环境污染治理，实现同步恢复治理。依法落实新建和在建矿山土地复垦责任，完善相关机制，

---

① ② ③ 国务院关于印发全国国土规划纲要（2016—2030年）的通知［Z］. 2017-01-03.
④ 国土资源部关于发布实施《全国矿产资源规划（2008—2015年）》的通知［Z］. 2009-01-15.

同步治理恢复被破坏的矿区土地[①]。

第三，加快绿色矿山和矿山公园建设。注重资源效益、生态效益、经济效益和社会效益相互统一，大力建设绿色矿山，推进形成全国绿色矿山建设格局，促进资源合理利用、节能减排、保护生态环境与社区和谐。将矿山公园的建设与矿山地质环境恢复治理相结合，积极挖掘矿业遗迹的观赏价值和科学研究价值，发展矿业旅游。

5. 海岛区

海岛区指处于中国领海范围内的海岛所涉区域。

（1）主要目标。

以维护国家主权、保护海岛生态空间、合理发展海岛产业为导向，强化偏远海岛的管理，修复海岛自然资源和生态环境，改善海岛生产生活等基础设施条件，在部分居住海岛完善符合海岛自身发展特点的产业。

（2）主要任务。

第一，海岛整治修复及保护工程。开展海岛保护、拟开发利用海岛整治修复、有居民海岛整治、偏远海岛基础设施改善与整治等整治修复与保护工程。通过海岛整治修复及保护工程，改善海岛码头、淡水等基础设施条件，保护海岛自然资源和生态环境，有效治理海岛水土流失。

第二，开展领海基点海岛保护工程。划定领海基点海岛的保护范围，开展领海基点保护范围的标志设置工作；建立并实施领海基点保护范围标志定期维护制度；在麻菜珩岛、外磕脚岛、中建岛等开展领海基点海岛地形、地貌及其演变规律的长期连续性观测与监测工作，保持领海基点海岛及其周边区域地形、地貌的稳定；对生态受损的领海基点海岛实施修复；将领海基点海岛的监视监测系统纳入国家海岛监视监测体系的优先建设范围。

（二）国土综合整治"线"的目标任务

1. 海岸带

（1）主要目标。

以保护海岸带生态空间、促进陆海统筹为导向，加强海岸带环境治理，实现海岸自然系统平衡，建构陆海统筹的资源、交通、产业等联动

---

① 国土资源部关于发布实施《全国矿产资源规划（2008—2015 年）》的通知［Z］. 2009-01-15.

机制，推进陆海协同发展。

（2）主要任务。

第一，开展海岸带综合整治修复工程。开展清淤、拓展水面工程，恢复海湾与河口海域的面积、水动力和生态环境。修建近岸防护堤、海岸养护、海滩喂养等设施，维护海岸自然系统平衡，防治海洋灾害。采取工程措施，整治围填海后沉降明显区域。拆除不合理海岸人工设施，恢复自然岸线及海岸原生风貌和景观。修复受损的海岸沙坝、潟湖和沙嘴等海积地貌遗迹景观，以及海蚀拱桥、海蚀柱、海蚀崖等海蚀地貌遗迹景观。清理和整合粗放式用海，引导各类用海实现经济规模化布局和节约集约利用[①]。

第二，完善海岸带产业体系，加强陆海联系。从陆海统筹发展的角度，整合海岸带国土资源，开发建构符合陆海联动发展的产业体系，完善海岸带辐射海岛、海洋的交通体系。

2. 重要水体流域

重要水体流域主要包括长江、黄河、松花江、珠江、海河等重要现行水体所涉及的区域。

（1）主要目标。

以维护水体生态系统，促进区域联动发展为导向，构建立体的水土保持综合防治体系，有效控制水土流失，加强流域所涉区域之间的协同合作，实现区域对水体资源的合理利用与合作开发。

（2）主要任务。

第一，开展水体污染与水土流失整治工程。一是完善流域水体质量监测和管控体制，加强流域各环节污染防治工作，合理运用生物、化学等手段，缓解水体污染程度，提升水体质量。二是以小流域为单元，合理布设各项水土保持措施，探索多种土地利用方式，有效控制水土流失。采取植物措施与工程措施相结合的方式，加强对侵蚀沟综合治理，有效保护与恢复耕地。引导农民改变顺坡耕作习惯，控制水土流失[②]。

第二，助力完善流域产业体系。根据流域现存问题与未来发展需求，结合区域国土资源与产业发展基础，完善现有产业结构与布局，引导高耗能、高污染的企业远离水体，控制污染源。

---

① 关道明. 开展海域海岸带整治修复 打造万里黄金海岸［N］. 中国海洋报，2012-07-16（3）.

② 李存才. 黑土地上演"水保大战"［N］. 中国财经报，2011-05-19.

3. 重要线性工程

重要线性工程主要指由国家或跨省级政府实施的，旨在调配区域国土资源的重大线性工程，如南水北调、西气东输等。

（1）主要目标。

以服务工程进展，实现工程牵涉地区"三生"协调为导向，发挥工程带来的资金、项目效益，建立合理的产业体系，加强区域生态环境监测，因地制宜设计资源修复与提升工程，实现区域生态环境的稳步提升。

（2）主要任务。

以南水北调工程为例，今后应结合水利项目建设，在中、东线供水区域内水资源条件的基础上，对输水沿线的农田进行整理，归并零散地块，改善灌溉和节水条件，有效补充耕地面积，提高耕地质量[①]，解决南水北调引水项目因输水主干线和水利枢纽工程建设引发的耕地淹没、移民安置等土地利用问题。

（三）国土综合整治"点"的目标任务

国土综合整治是对区域国土资源的综合整治，涉及范围广，区域联动性强，国土综合整治区域主要呈现"面"状或"线"状，国土综合整治的"点"则主要指在国土综合整治"面"状或"线"状区域中，起中心辐射、抓手带动作用的区域，如快速城镇化地区中某一核心城市、海岛区中某一核心岛屿、重要线性工程中某一重要节点区域等，即国土综合整治的"点"是国土综合整治"面"或"线"中的重要节点。

1. 主要目标

以服务国土综合整治"面"或"线"主要功能与任务为核心，全面优化区域国土资源，塑造区域"三生"格局，因地制宜推动城乡统筹与发展转型，发挥核心辐射作用与典型示范作用，为更大区域的国土综合整治提供支撑。

2. 主要任务

第一，开展本区域国土综合整治试点。根据所属国土综合整治宏观区域需求，结合本区域国土资源禀赋、发展战略与实际发展水平，深入开展国土资源环境综合承载力评价，分析国土资源变化的空间格局和发展态势，编制本区域国土综合整治规划，制定本区域国土综合整治目标，

---

① 国土资源部关于印发《全国土地开发整理规划》的通知［Z］. 2003-04-15.

细化国土综合整治方案与模式，在此基础上，系统开展国土综合整治工程，逐步完善国土综合整治的重点方向和实施措施。

第二，提炼国土综合整治经验，促进国土综合整治区域联动。提炼本区域国土综合整治自身及其与其他领域衔接协同过程中的经验与启示，强化与其他区域沟通交流，助力建构区域联动整治的协调机制，切实发挥自身国土综合整治对其他区域的带动辐射作用。

第六章
国土综合整治的类型模式

一、国土综合整治基本类型

（一）农用地整治

农用地整治是指在以农用地（主要是耕地）为主的区域，以增加有效耕地面积，提高耕地质量，改善农业生产条件和生态环境为目的而实施的一系列工程，包括土地平整、灌溉与排水、田间道路建设和生态环境保持等[1]。农用地整治主要从三方面进行：耕地质量建设、后备耕地保护与利用、农业结构调整。

1. 耕地质量建设

根据地方农用地分等和耕地地力评价情况，对区域内耕地农田基础设施、土壤肥力和养分含量、中低产田的比例与分布等内容进行综合评估后，采取相应的技术、工程、化学和生物等手段，对耕地质量进行建设，提高有效可耕农田，提高农用地的产出效率。

- 农田基础设施建设：主要措施包括农田灌溉与水利建设、土地平整与田道建设、农用地生态环境保护与建设等。
- 中、低产田改造与高标准基本农田建设：主要措施包括坡耕地改造、土壤地力培育等。
- 农田整治的后期管护：主要措施包括新增耕地监管、利用农业补

---

[1] 任佳. 我国土地整治立法思考 [J]. 中国土地，2013（3）：16-18.

贴保护整治后的农田、建立基本农田监测体系等。

2. 后备耕地保护与利用

农用地整治应当包括科学开发利用耕地后备资源，对自然环境和社会环境进行改造，正确处理资源的开发利用和保护的关系，实现资源可持续发展。在这个过程中，相关部门之间要相互协调，遵守开发与保护并重原则，达到保护环境目的，取得社会效益、经济效益、生态效益的统一。

3. 农业结构调整

土地整治应该引导农业结构的调整，在稳定和增加耕地面积的基础上，合理配置其他农用地，促进生态农业的发展，改善土地利用结构，推进地区农业产业结构的调整。

（二）农村建设用地整治

农村建设用地整治是指以完善农村各项设施，改善农村生产生活条件，提高农村建设用地节约利用水平为目标，以农村地区散乱、废弃、闲置和低效利用的建设用地为对象而进行的整治活动①。以河南"三项整治"、浙江嘉兴的"两分两换"为代表，农村建设用地整治一方面通过严格人均建设用地标准、提高建筑容积率、自然村向中心村的合并等措施，提高土地利用效率；另一方面则通过完善农村基础设施和公用服务设施，改善居民的生活条件②。

以中心村改造为核心，可以形成以下四种模式：

1. 城镇聚合型整治模式

城镇聚合型整治模式是指：依托中心城区，进一步扩大集聚规模，产生规模效益，逐步将中心城区范围内的村庄或大部分农村居民点用地纳入中心城。将原村庄居民转变为城市社区居民，将农业户口全部转为非农业户口，变村委会为居委会，变集体经济为城市混合经济或股份经济，变旧村为现代化文明社区。此模式的资金来源包括政府投资型、政府与市场结合型、市场主导型、村集体集资型。适合这种整治模式的村庄主要为"城中村"和部分经济较发达的近郊村。

2. 中心村型聚合模式

此模式主要适用于中心村发展，即将分散于大村以外的自然村并入

---

① 任佳. 我国土地整治立法思考［J］. 中国土地，2013（3）：16-18.
② 张正峰，赵伟. 农村居民点整理潜力内涵与评价指标体系［J］. 经济地理，2007，27（1）：137-140.

行政村，集中发展一个中心点。在城镇郊区、重要交通线附近的村庄，以经济实力较强、人口规模较大的近郊村为中心，逐步将周围其他村庄纳入中心村体系，在交通条件较好的节点建设城乡一体新社区吸纳农村转移人口。此模式无论是在经济发达地区还是在经济欠发达地区都适用，资金来源包括政府投资、政府与市场结合、村集体集资。

3. 村庄内部用地改造型模式

对于远郊村中的中心村，可通过完善村内基础配套设施，盘活旧有闲置宅基地，限制村庄面积扩大，改善村民的生产生活方式。此模式的资金来源包括政府投资、政府与市场结合、村集体集资，应以村集体集资为主。适用于远郊村中的中心村及其周围村庄。

4. 整体搬迁建新型聚合模式

对于零散村落、农居，或原址不适宜建设的村庄，应采取整体搬迁方式。这种整治模式从农村长远发展的角度出发，应由政府主导组织，逐步进行异地迁移，将村庄整体搬迁到经济条件好、发展空间大的农村居民点，或选择适宜的地区建设独立新村，并对老宅基地进行复垦还耕。这种模式的资金应以政府投资为主导，受益村民也应投资部分资金。资金来源包括政府投资、政府与市场结合、村集体集资。

针对具有不同地形条件的村庄，应采用不同的整治措施和整治模式。

（1）经济较发达平原地区。此类地区的经济发展对于农业的依赖较低，乡镇企业较为发达，农业人口大多流向城镇，普遍存在一户多处宅基地、少批多占宅基地等现象。对此类地区，可采用城镇聚合型整治模式，或者建立大的中心村。此外，通过村委会制定措施，制止宅基地多占、闲置等现象的发生，迁村并点后的宅基地复垦还田，规模成片，利用机械化生产方式，经营农业生产。

（2）经济欠发达平原地区。此类地区经济较为落后，农业收入仍占比较大。在该类地区，存在农户占地面积较大的现象。对于自然村分布较多的村落，宜采用村庄内部用地改造型模式，改善公共基础设施，同时限制在村外围建设新房，并鼓励利用旧宅基、废弃坑塘建房，改善村民的生产生活方式。逐步采取中心村型聚合模式，让有一定实力的农民先在规划发展的中心村内落户，以后逐步搬迁其他农户；对于户数不多的村庄，可先并入大村，然后再向中心村集聚。

（3）丘陵平原地区。此类地区居民点零散，且多占用平地建房。农户主要收入来源于山地种植、养殖业。对于此类村庄中有一定辐射能力的中心村，宜用中心村型聚合模式，将中心村集中建在丘陵与平原结合的山麓地带。对于远郊的村庄，宜采用村庄内部用地改造型模式，完善村内基础配套设施，限制村庄面积不断扩大，同时鼓励村庄盘活闲置宅基地，改善村民的生产生活方式。

（4）丘陵山区。此类地貌条件下的村庄存在环境恶劣、生产发展困难的问题，农居多分布于山下。因经济发展较为滞后，农村居民点只能采取整体搬迁的土地整治模式，严控农民再占用土地资源，并严格保护山区本已脆弱的生态环境。

此外，对于具有历史、自然特色的村落进行保护和旅游规划及开发，也属于农村建设用地整治的范畴。

（三）宜农未利用地开发整治

对宜农未利用地采取整治措施，可以有效增加耕地面积、改善生态环境[①]。根据宜农未利用地开发潜力分析，结合不同地区的生态敏感性，在土地利用总体规划中确定土地开发目标、重点开发区域。宜农未利用地开发整治方式主要有宜农未利用地开发和对田、园、沟、滩等的综合治理，这些工程的实施以改善当地的农业生产条件、农业自然景观和生态环境为目标，对提高土地利用率、增加耕地面积、促进农村经济发展、提高农民经济收入水平和生活品质、缩小城乡差距具有积极作用。以新疆伊犁河谷土地开发工程、吉林西部土地开发整理工程、宁夏中北部土地开发整理工程为代表。

（四）土地复垦

土地复垦对象为受生产建设活动和自然灾害损毁的土地，采取整治措施能够使其达到可供利用状态，具体包括对旧城镇、"城中村"以及旧工矿等的改造，配套设施的完善，节地型建设项目的加强，城镇发展空间的拓展，土地价值的提升，人居环境的改善和节约集约用地水平的提高[②]。以辽宁阜新、山东枣庄的工矿废弃地为代表，通过对其进行复垦整治，增加农用地或建设用地，改善生态环境[③]；以四川、江西等受灾地区为代表，结合灾后重建，对地震、水毁农田抢整、兴修水利，结合移

[①][②] 任佳. 我国土地整治立法思考［J］. 中国土地，2013（3）：16-18.
[③] 李承煦. 实施土地综合整治，打造城镇化发展平台［J］. 中国科技投资，2013（Z4）：6，16.

民建镇，对移民后旧宅基地退宅还耕；以嘉兴"两分两换"和河南"三项整治"为代表，将农民旧房改造、新居建设、农村基础设施和公共服务配套设施建设相结合[①]；以广东的"三旧"改造为代表的土地复垦以旧城镇、旧厂房、旧村居为对象，通过对其改造，促进产业调整、城市转型、环境再造，促进节约集约用地[②]。

二、国土综合整治的延拓类型

基于"全空间延拓"的国土综合整治理念，在生态功能区、矿产资源开发集中区、海岸带和海岛、精准扶贫区进行的土地、能源、资源的开发利用和保护活动，也应纳入国土综合整治的范畴。从国家层面进行考察，主要包括自然资源整合、水土保持与环境治理、海岸带与海岛利用保护、精准扶贫四大类。

（一）自然资源整合

中国幅员辽阔，地理地形条件较为复杂，东西南北之间资源禀赋差异较大，中西部地区矿产资源丰富，水资源时空分布不均匀，南多北少，夏涝冬旱。然而，中国的城镇与人口主要集中在东南部沿海地带，而夏季较冬季经济活动也更为频繁。为了促进区域间的协调发展，中国推动建设了一系列大大小小的工程和项目，对自然资源进行时空重组，其中南水北调工程和西气东输工程最为典型。此外，这一类型还包括水利工程、西煤东运等。

1. 南水北调工程——水资源的时空整合

南水北调工程是指把长江流域水资源自其上游、中游、下游，结合中国疆土地域特点，分东、中、西三线抽调部分送至华北与淮海平原和西北地区水资源短缺地区（见表6-1）。南水北调工程规划区涉及人口约5亿。南水北调工程是在各地原有的各时期各类水利设施基础之上展开的，比如丹江口水库、三峡大坝、京杭大运河等，实际上是将全国的水利设施整合

[①] 郧文聚，杨红. 农村土地整治新思考[J]. 中国土地，2010（Z1）：69-71.

[②] 李承煦. 实施土地综合整治，打造城镇化发展平台[J]. 中国科技投资，2013（Z4）：6，16.

在一起，因此不仅是对水资源在空间上进行再分配，还是基于我国水资源在时间上分布不均的状况展开的，这既有利于解决我国北方干旱地区水资源匮乏、水质较差的问题，还能够缓解南方地区的洪涝灾害。

表6-1　　　　　　　　南水北调各线基本情况一览表

工程	线路	开竣工时间	调水量	里程
东线	江苏扬州—京杭大运河—洪泽湖—骆马湖—南四湖—东平湖—黄河—山东、河北、天津—烟台、威海	2002—2013年	148亿立方米	1 857公里
中线	湖北丹江口—长江—黄河—海河—北京、天津	2002—2014年	145亿立方米	1 432公里
西线	通天河、雅砻江、大渡河—巴颜喀拉山隧洞—黄河	未开工	170亿立方米（设计）	一期260公里（设计）

但是，南水北调工程自提出后就引起了社会广泛的争论，争论内容涉及工程资金投入过大问题、移民安置问题、调水量与经济和生态效益的平衡问题、对长江中下游地区的生态和航运影响等。

2. 西气东输工程——天然气资源的跨区域调配

改革开放以来，中国能源工业发展迅速，但结构很不合理，煤炭在能源生产和消费中占比过高，致使大气环境不断恶化，转变能源结构迫在眉睫。西气东输工程以干线管道、重要支线和储气库为主体，横贯中国西东，将新疆塔里木盆地、鄂尔多斯盆地和中亚丰富的天然气资源跨区域调配到中国长江三角洲和华南沿海等地区（见表6-2）①。西气东输工程最早是在1998年提出的。国家对西部地区的塔里木盆地、柴达木盆地、陕甘宁盆地和四川盆地的天然气资源进行全面勘察后，发现这些地区蕴藏着约26万亿立方米的天然气资源，2000年，国务院批准了西气东输项目的立项。

表6-2　　　　　　　　西气东输各线基本情况一览表

工程	线路	规模	开竣工时间	主要气源
一线	途经新疆、甘肃、宁夏、陕西、山西、河南、安徽、江苏、上海以及浙江	年输气量达到120亿立方米	2002—2004年	中国新疆地区

---

① 陈晓倩. 中国经济发展与区域差异[J]. 中国集体经济，2012（21）：24-25.

续前表

工程	线路	规模	开竣工时间	主要气源
二线	西起新疆霍尔果斯，东达上海，南抵广州、香港	年输气量达300亿立方米	2009—2012年	中亚、中国新疆地区
三线	西起新疆霍尔果斯，途经新疆、甘肃、宁夏、陕西、河南、湖北、湖南、江西、福建和广东10个省区	—	2015年竣工	中亚
四线	起于新疆伊宁，止于宁夏中卫，途经新疆、甘肃、宁夏3省区	—	2015年开工	中国新疆地区、中亚
五线	起于新疆乌恰县，终点计划输往江苏、浙江一带	计划年输送量450亿立方米	勘察设计中	中国新疆地区、中亚、俄罗斯

西气东输工程对中国的能源结构和产业结构升级极为重要，促进了大气环境的改善、对人民生活质量的提高也具有十分积极的意义，是一项经济效益与社会效益并存的项目。另外，西气东输工程最早作为西部大开发的一项重点工程展开，目的之一就是要促进西部地区的发展。西气东输工程实施以来，带动了新疆地区以及中西部沿线地区的经济发展，相应地增加了当地政府的财政收入。

此外，西气东输因为是地下管道工程，对沿线生态和环境破坏相对较小。负面的影响主要集中在施工过程中的野生动物和植被保护上，尤其是野骆驼的保护一直都是工程建设中重点关注的问题。管道工程中的挖土回填对中国西部地区本就脆弱的植被也造成一定程度的破坏，回填土壤是否能保证植被再生长存在争议。

（二）水土保持与环境治理

新中国成立后，中国对经济发展进行了多次尝试，改革开放后，中国经济发展更是进入了飞跃期。但是，由于意识不到位、技术不够先进、发展方式粗放，在一定时期内过分追求经济利益而忽视了社会、环境效益，造成了较为严重的环境破坏，尤其是在生态条件本就脆弱的地区，生态失衡、水土流失、水污染、土地荒漠化和盐碱化情况严重。这种对生态的消耗和对环境的破坏，已经开始影响城市生活和工业生产。在这样的状况下，中国开始推行一系列大大小小的环境治理活动，以"三北"防护林和各流域水污染治理最为典型。

1. "三北"防护林

"三北"防护林体系总面积 406.9 万平方公里，占中国陆地面积的 42.4%。从 1979 年到 2050 年，分三个阶段七期工程进行，规划造林 5.35 亿亩。到 2050 年，"三北"地区的森林覆盖率将由 1977 年的 5.05% 提高到 15.95%。根据"三北"防护林总体规划要求，要在保护好现有森林草原植被基础上，采取多种技术方法，营造防风固沙林、水土保持体、农田防护林、牧场防护林以及薪炭林和经济林等，形成乔、灌、草植物相结合，林带、林网、片林相结合，多种林、多种树合理配置，农、林、牧协调发展的防护林体系。

中国要实现到 2050 年达到 26% 的战略目标，增值空间重点在"三北"地区。"三北"工程对于改善"三北"地区的生态环境、提高农业生产力、增加农民收入、促进区域发展、发展现代林业、推进生态文明、提高中国在生态环保领域的地位具有十分重要的战略意义。总的来说，"三北"防护林的积极意义主要集中在五个方面：风沙治理、水土流失治理、农业生产条件改善、森林资源快速增长、促进农村经济的发展。

"三北"防护林体系工程的建设，在一定程度、一定时期和特定区域取得了一定成果，但负面评价声音并未间断。"三北"防护林虽然对固沙治土、改善环境有一定的作用，但是植被生长对水资源匮乏地区的消耗也相当大，因此其综合作用一直存在极大的争议。同时，因为一个地区的土地承载力是有限的，"三北"防护林的重要目的之一就是提高当地的土地承载力以养育更多人口，让居民能够正常生活繁衍。但是，一个地区的土地承载力和当地降水量是呈正相关关系的，目前干旱地区的承载极限为 7 人/平方千米，半干旱地区为 20 人/平方千米，人为地进行植树造林并不能缓解土地退化、提高土地承载力。以科尔沁沙地为例，20 世纪 80 年代有 5 472.31 平方千米的沙地还林，但同时土地退化面积超过 14 000 平方千米，是还林面积的 2.5 倍。

2. 各流域水污染治理

河流的治理千百年来都是中华民族的重要工作。在农耕社会时期，河流治理主要集中在洪涝灾害方面，修筑水利设施是为了疏通河道、引水灌溉。新中国成立后，尤其是改革开放以来，工业化、城市化不断发展，各流域水污染治理成为黄河治理的重要内容。国务院颁布的《重点流域水污染防治规划（2011—2015年)》明确了要对全国各个流域进行水污染方面的防治工作，包括长江、松花江、珠江、海河、黄河等。其中，以黄河治理最为典型。黄河一直被喻为中华民族的母亲河，主要流经中国北方地区，流域内环境较为脆弱，水资源较为匮乏，对黄河水的利用与保护一直都是水污染治理工作的重中之重。《重点流域水污染防治规划（2011—2015年)》要求对黄河中上游流域进行水污染防治，涉及青海、甘肃、宁夏、内蒙古、陕西、山西和河南7个省区。黄河中上游水污染防治工作以省级行政区为基础划分为7个控制区，每个控制区内又划分为47个控制单元，内容包括COD排放量、氨氮排放量、工业污染防治、城镇污水处理、饮用水水源地污染防治、畜禽养殖污染防治、区域水环境综合整治7个方面，按防治内容划定项目清单进行监测和管控。在防治过程中，明确责任，结果计入相关部门和政府的年度考核内容。在实施过程中，要求建立跨行政区划、跨部门的协调机制，鼓励运用科技手段防污治污，实施信息公开，鼓励公众参与①。该规划已经进行了终期考核，流域内水质明显提高。重点流域水污染防治专项规划2015年度实施情况汇总见表6-3。

表6-3 重点流域水污染防治专项规划2015年度实施情况汇总

流域	考核断面达标比例（%）	项目建设情况（%）			
		完成（含调试）	在建	前期	未启动
松花江	82.9	58.1	20.2	15.8	5.9
淮河	84.1	88.2	6.0	3.7	2.1
海河	64.0	83.3	8.9	3.5	4.3
辽河	96.0	65.2	13.2	6.0	15.6
黄河中上游	72.5	73.2	12.3	10.8	3.7
巢湖	50.0	85.0	11.4	3.0	0.6
滇池	63.6	66.3	24.8	8.9	0.0
三峡库区及其上游	75.5	50.3	19.9	23.5	6.3
长江中下游	78.7	79.2	10.9	3.6	6.3
合 计	75.4	72.8	12.5	8.8	5.9

---

① 姜妮. 深化重点流域水污染防治 保障水环境安全：访环境保护部污染防治司副司长凌江[J]. 环境经济，2012（6）：15-19.

(三) 海岸带与海岛利用保护

国土综合整治与国土整治相比，不仅在整治内涵和方式上更丰富，而且整治对象更广泛。中国拥有总长度3.2万公里的海岸线，其中大陆海岸线为1.8万公里，岛屿海岸线为1.4万公里。另外，中国拥有面积大于500平方米的海岛7 300多个，距大陆岸线10千米之内的海岛数量占总数的70%。针对海岸带与海岛的利用与保护也是中国国土综合整治的重要组成部分。其中，海岛生态破坏尤为严重，开发秩序混乱，缺乏统一的规划和利用，经济社会发展严重滞后。在这样的情况下，中国制定了《全国海岛保护规划（2011—2020）》，计划对海岛进行全面保护与合理利用。为保障规划目标的实现，解决海岛开发、建设、保护中的重大问题，该规划提出了要建设十项重点工程，具体包括：海岛资源和生态调查评估、海岛典型生态系统和物种多样性保护、领海基点海岛保护、海岛生态修复、海岛淡水资源保护与利用、海岛可再生能源建设、边远海岛开发利用、海岛防灾减灾、海岛名称标志设置和海岛监视监测系统建设。

(四) 精准扶贫

改革开放以来，中国在农村经济建设方面取得了巨大的成就。但与此同时，中国农村经济发展总体形势不容乐观，其基础仍然薄弱，农村经济发展需要进一步加强。新时期扶贫工作面临的挑战主要表现在以下方面：一是扶贫治理机构尚待完善，扶贫资源传递内耗过大；二是贫困主体对接能力不足，资源配置机制亟须调整；三是普惠式扶贫政策瞄准机制存在偏差，中间力量的利益阻隔明显[1]。《中国农村扶贫开发纲要（2011—2020年）》在对未来十年扶贫开发工作做出部署时，多处提到要加强土地整治，充分表明土地整治已经成为中国扶贫开发工作的重要举措。但是，基于精准扶贫目标的国土综合整治与一般土地整治存在一定的差异。精准扶贫中的国土综合整治更加强调解决贫困问题，重点关注农民的收益。

1. 土地指标流转

通过国土综合整治，土地质量提升了，农民通过土地流转获得收入，

---

[1] 杨定玉. 少数民族地区精准扶贫问题研究述评 [J]. 民族论坛，2016 (2)：99-103，109.

土地收益也顺利返还给了农民。例如福建省实施的"挂钩"政策。有别于国家层面的增减挂钩政策，福建省的政策有其独特的内涵，其实质是立足耕地占补平衡和城市反哺农村，通过经营性房地产用地占用耕地的占补平衡，推进旧村复垦、促进耕地保护、推动新农村建设。

2. 基础设施建设

推进农业产业化的升级，提高土地的利用率和产出率，大幅度增加农民收入，改善区域生态环境，增产增收。典型案例有河北省行唐县北河乡南河村的精准扶贫项目和湖南省以建设农业基础设施为重点进行的国土综合整治项目。

3. 产业转型升级

转变农业发展方式，拓展农业发展空间，一、二、三产联动，增强农村地区的内生发展动力。以河南和贵州为例，河南省原阳县成立了稻鳅生态共作标准化生产基地，稻鳅共作，实现一地多用、一季双收、一水双用，稻田为泥鳅提供天然饵料，泥鳅为稻田提供优质肥料，生态共养，节约种养成本；贵州省赫章县平山乡把电商平台作为推进扶贫开发的重要引擎。

4. 社会生活转变

结合新村建设，打造新型社区，实行规划设计、配套基础设施、施工和安置统一，提高公共服务水平。山东省济宁邹城市孙厂村借助增减挂钩政策，按照"拆除平房建楼房、合村并点建社区、节约土地建园区"的思路，在镇上建起了崭新的城前社区。甘肃省靖远县把土地开发项目与扶贫攻坚相结合，国土综合整治后，7661名移民入住项目区，县委、县政府高度重视项目区移民扶贫，积极开展项目区科教扶贫、移民扶贫。

中国国土面积辽阔，地形地貌丰富，人口众多，各地区间经济社会发展水平差异较大，面临的实际情况复杂多样。因此，国土综合整治不应局限为基础的土地整治活动，应该将凡是涉及空间、资源等国土管辖范围内的内容都囊括到国土综合整治的内涵中，拓展国土综合整治的适应范围，在全空间探索各类国土综合整治活动，这样才能使国土综合整治产生更广泛的经济价值和社会效益，真正达到国土综合整治的目的，促进更加健康和积极地开发、利用和保护国土资源。但是，在这个过程中，尤其是涉及跨时空的活动时，应该更加谨慎和更加全面地评估整治活动对社会和环境的影响，维护社会公平正义，促进社会和谐发展，尽可能降低对生态环境的消耗和负面影响，坚持可持续发展。

第七章
不同尺度下的国土综合整治区域统筹分析

一、国土综合整治区域统筹的宏观尺度分析：国家层面

(一) 基于"五区一带"国土综合整治格局的拓展

国土综合整治格局需要完善多元化的主体机制，倡导政府、社会与公众协同参与，综合整治重大工程，修复国土功能，在国土开发利用的同时考虑资源环境的承载力，提高国土开发利用的效率和质量[1]。根据国家发展战略、精准扶贫需求和区域发展特点在"四区一带"国土综合整治格局的基础上进行内涵延拓，进行城市化地区、农村地区、重点生态功能区、矿产资源开发集中区、精准扶贫区、海岸带和海岛的"五区一带"宏观尺度整治格局延拓分析。

1. 实施城市化地区综合整治

（1）推动低效建设用地再开发。

一是推进城镇用地的集约化利用，重点改造棚户区和城中村。分布在城市周边的城中村改造要坚持以人为本，统筹规划，逐步沿街改建，局部改造和成片改造相结合，不仅要改善生活居住条件，还要增加建设用地的有效供给。二是盘活低效用地，坚持规范治理、明晰产权的原则，依法开发处置闲置用地，对污染用地实施无害化处理再利用。三是要保

---

[1] 《全国国土规划纲要（2016—2030年）》印发[J]. 环境保护与循环经济，2017，37（2）：72.

留保护具有历史文化和景观价值的传统建筑，保持城乡特色风貌。

（2）加强城市环境综合治理。

综合治理城市大气、水、土壤污染，严格控制大气污染物的排放量，改善空气质量，完善城市的污水处理和垃圾填埋焚烧处理等基础设施，改善城市的生态环境质量，构建适宜人类生活居住的生态绿色环境。加快城市山体、水体、湿地、废弃地的生态修复，发展提倡城市绿化立体化，增加城市绿地公园的面积；加强地质灾害综合防治，实施城市地质安全防治工程，运用"互联网＋"加快构建地质灾害综合防治的信息系统，实施动态监测和管理，修复城市地质环境，保障人民群众生命财产安全。

2. 推进农村地区国土综合整治

（1）加快"田水路林村"综合整治。

始终坚持政府主导、产权明晰、维护权益的方针，保持耕地面积的稳定，提高现有耕地的质量，减少建设用地的总面积，综合整治乡村"田水路林村"，改善农村的耕作条件和农民的生活和生态环境。加强乡村土地利用的规范管理，盘活城乡建设用地增减挂钩的指标，规范整治闲置用地，盘弄农村低效用地，调整优化农村居民点的布局，整治"空心村"，推进旧房危房的改造，建设美丽宜居的乡村生活环境。

（2）推进高标准农田建设。

开展国土综合整治工程，改善农田基础设施，推进高标准农田的建设，综合统筹各类农田建设资金，完善项目的衔接，在华北平原、山西汾河谷地、河套平原、长江中下游平原、四川盆地等有关地区，完善建设规划，建设统一标准，加强监管考核，适度开发宜耕后备土地，提高耕地质量，巩固提升粮食综合生产能力。

（3）实施土壤污染防治行动。

开展土壤污染调查，及时掌握土壤污染程度，对未污染土壤加强保护，防范污染源的流入。对已经受到污染的耕地要及时开展治理修复，加强对污染土壤的动态监控。对农用地进行分类管理，严格防范农业生产的环境污染，对建设用地进行准入管理，保障人居环境的安全[1]。

---

[1] 《全国国土规划纲要（2016—2030年）》印发［J］. 环境保护与循环经济，2017，37（2）：72.

3. 加强重点生态功能区综合整治

（1）强化水源涵养功能。

在重点水源涵养区，保护修复现有的生态系统，积极推进各项还湿工程的开展，退耕还湿、退田还湿，提高水源的涵养功能，恢复湿地功能，严格限制影响水源涵养功能的各类开发活动。开展水和土壤污染协同防治，综合防治农业面源污染和生产生活用水污染。

（2）提高防风固沙水平。

提高重点功能区的防风固沙水平，推进功能区沙漠化的分类治理，有风沙源的地区要加强防护林建设和对草地植被的保护，对退化和沙化的地区做到禁牧休牧。在适宜地区推进植树种草，防风固沙，加强综合治理。在轻度沙漠化地区，推进退耕还林还草，加强沙化土地的治理。在少数沙化地区，实施风沙源的综合治理，促进生态修复。在重度沙漠化地区，构建完整防护体系，严禁可能导致生态破坏的各类生产活动进入[①]。

4. 加快矿产资源开发集中区综合整治

（1）实施矿山环境治理。

开展矿山地质环境恢复和综合治理，推进历史遗留矿山综合整治，稳步推进工矿废弃地复垦利用，到2030年历史遗留矿山综合治理率达到60%以上。严格落实新建和生产矿山环境治理恢复和土地复垦责任，完善矿山地质环境治理恢复等相关制度，依法制定有关生态保护和恢复治理方案并予以实施，加强矿山废污水和固体废弃物污染治理。

（2）加快绿色矿山建设。

进一步完善分地区分行业绿色矿山建设标准体系，全面推进绿色矿山建设，在资源相对富集、矿山分布相对集中的地区，建成一批布局合理、集约高效、生态优良、矿地和谐的绿色矿业发展示范区，引领矿业转型升级，实现资源开发利用与区域经济社会发展相协调。到2030年，全国规模以上矿山全部达到绿色矿山标准。

5. 推进精准扶贫区综合整治

（1）精准识别、建档立案。

精准扶贫工作的开展要重视基层群众的话语权，在精准识别的过程中积极发扬基层民主，发动群众参与识别过程，保证识别过程的公平。

---

① 《全国国土规划纲要（2016—2030年）》印发［J］. 环境保护与循环经济，2017，37（2）：72.

在精准识别到建档立卡的过程中，群众评议、入户调查、公示公告、抽查检验、信息录入等一系列环节始终要保持透明公开，同时要形成扶贫工作的闭环，从群众开始到群众结束，争取落实每一项扶贫工作，真正消除贫困情况[①]。

(2) 开展"田水路林村"综合整治，改善农业生产条件。

国土综合整治项目指标优先考虑农业区中基础设备差、产业结构不合理、环境脆弱的贫困地区，引入资金和项目对贫困地区的"田水路林村"进行综合整治，多管齐下，既可以建设高效益农田，也可以开发新增耕地用于耕地占补平衡指标，很大程度上改善了农村的基础设施和贫困地区的环境，同时又引进了新的资金和项目，提高了农民的收入。将生产能力低下的良田变为高标准农田，有利于提高土地质量，改善生产条件，利于农民增产增效，有利于机械化运作，有效推进产业化、规模化，改进土地利用方式，保护生态环境[②]。

(3) 完善基础设施建设以改善群众的生活条件。

以提高村民的生活质量为重点，突出抓好重点项目建设，着力改变贫困村贫穷落后的面貌。加大村基础设施建设，完善生活配套基础设施，实现人畜分离，优化村庄布局；修建生态防护工程，完善生活污水治理工作，美化乡村环境；积极修建村级活动场所，建造休闲公园、村居家养老照料中心。

(4) 优化产业结构，发掘脱贫主导产业，提升区域人均收入。

根据区域自然资源禀赋和社会资源禀赋，因地制宜，调整、优化当地产业结构，解决盲目发展带来的效率低下、产出贫瘠的传统问题，对于因自然条件限制、社会风俗制约而经济条件不良的产业进行适当调整。可以改良的积极通过国土综合整治项目开展优化改良；存在内生痼疾的则适当调整产业比重，选择区域相对优势产业进行投入，引导当地产业结构转型；农业生产条件较好，或者农业生产禀赋可改良的应当积极发展农业；有丰富的旅游资源且有良好生态环境的可以发展生态旅游业；在能源、矿产、生物等资源方面具有优势的可以发展工业和制造业，因地制宜，选择具有当地特色的优势产业进行投入，同时通过国土整治项目实现配套实施的配置，优化特色产业发展环境，提升区域人居和自然环境，提升人均收入。

---

① 柯振华. 如何实施精准扶贫 [J]. 学习月刊，2014 (14)：111-112.
② 余文波，蔡海生，张莹，等. 农村土地精准扶贫/脱贫研究综述及展望 [J]. 江西农业学报，2017，29 (4)：117-122，129.

6. 开展海岸带和海岛综合整治

（1）推进海岛保护整治。

大力推进海岛基础设施建设和整治，保护无居民海岛，适度开发，合理利用，重点治理有居民的海岛，重视海岛资源和生态环境，治理海岛环境污染和水土流失。对于已经遭到破坏的海岛要加快修复，对于领海基点海岛的保护工程要加强建设。

（2）加强海岸带修复治理。

对于海岸带功能退化严重的地区要加强综合整治：一方面，控制陆源污染，削减入海污染，严格控制执行废水排放指标；另一方面，推进近岸海域的生态恢复，对受损严重、生态功能严重退化、利用效率低下、生态功能脆弱的海岸线整治修复，推进海岸带功能退化地区综合整治，恢复海湾、河口海域生态环境。到2030年完成整治和修复海岸线长度2 000千米以上[①]。

二、国土综合整治区域统筹的中观尺度分析：以河北与海南为例

（一）以区域定位与潜力测算为导向的河北省国土综合整治区域统筹

河北省分区域加快推进国土综合整治，修复与提升城市化地区、农村地区、生态功能区、矿产资源开发集中区、精准扶贫区及海岸带和海岛的国土功能。

1. 城市化地区潜力测算及综合整治模式研究

（1）城市化地区空间整治潜力测算和分区。

1）城市化地区空间整治潜力分析。

2015年河北省总人口为7 424.92万，常住城镇人口为3 811.21万，人均城镇建设用地为154平方米/人，远高于国家规划人均建设用地标准上限（120平方米/人），根据人均建设用地标准法计算出城镇建设用地潜力为12.96万公顷。

---

① 国务院. 全国国土规划纲要（2016—2030年）[Z]. 2017.

基于现状的人均建设用地标准法计算潜力：

$$\Delta S = S_{现状} - Sn \times P1$$

式中，ΔS 表示基于现状的城镇建设用地治理潜力，$S_{现状}$ 表示评价区域现状城镇建设用地面积，Sn 表示人均建设用地标准，$P1$ 表示现状常住城镇人口数量。

深化内涵挖潜，到 2030 年力争实现盘活利用存量建设用地不少于 4.5 万公顷。积极探索城镇土地集约利用的途径，科学开发利用城市地上和地下空间，城镇积极推进旧区和城中村改造，优先利用闲置土地，机关事业单位推行建综合办公楼，企业推行建综合写字楼，减少对土地的占用。

2）河北省建设用地整治潜力分区。

城市建设用地整治重点潜力区：主要分布在唐山市区、秦皇岛市区及周边，京唐秦发展轴沿线区域，保定市区及东部部分区域，京保石发展轴沿线区域，沧州市区及周边区域，石家庄鹿泉区、正定县、元氏县等部分区域。这些区域开发强度适中，资源环境限制性相对较低，有一定的适宜建设空间，社会经济发展基础较好，整治潜力较大。

城市建设用地整治中等潜力区：主要分布在石家庄栾城区，廊坊市固安县、永清县、承德市区及周边滦平县、承德县部分区域，张家口市区及周边万全区、宣化区部分区域，邯郸市区和邢台市区。张家口和承德开发强度虽然不高，但区域内有大量生态功能区和生态较为脆弱、地质灾害频发的区域，不宜进行大规模开发建设，因此要控制区域内新增建设用地规模，稳定环首都地区土地开发强度。

城市建设用地整治一般潜力区：主要分布在石家庄长安区、桥西区、新华区、裕华区。石家庄作为省会城市，土地开发利用强度较大，建设用地面积已有一定规模，区域内适宜开发建设的空间有限，不宜再进行高强度大规模建设，因此以存量建设用地结构和布局调整为主，推进城镇低效用地再开发，提高用地效率。

(2) 城市化地区空间综合整治模式。

1）城镇工矿建设用地整治。

城镇工矿建设用地整治涉及 87 个县（市、区），主要集中在河北省主体功能区划确定的优化开发区和重点开发区（县、市）。本区国土综合整治突出建设用地内涵挖潜、集约利用，重点推进旧城区、旧厂区、旧街区及"城中村"改造。科学编制旧城区、旧厂区、旧街区、棚户区等修建性详细规划，实行统一收储、成片开发，加大开发改造力度。通过对拆迁土地收储，切实提高城市土地供应能力，拓展城镇发展空间，减少新增占地，促进土地节约集约利用，提升土地价值，改善人居环境，保障城镇化健康发展。严格执行土地利用总体规划和城市总体规划，加强新增用地审批和供应管理，防止"城中村"扩大。科学编制"城中村"改造规划和计划，将"城中村"改造规划纳入城市详细规划，统筹考虑"城中村"居民安置，房地产开发和城市公共服务设施用地配置，不断提高公共服务水平，不断改善居住条件和居住环境。

城镇工矿整治区域主要分布在：石家庄市：长安区、桥西区、新华区、井陉矿区、裕华区、藁城区、鹿泉区、栾城区、正定县、高邑县、无极县、元氏县、新乐市，唐山市：路南区、路北区、古冶区、开平区、丰南区、丰润区、曹妃甸区、滦县、滦南县、乐亭县、遵化市、迁安市，秦皇岛市：海港区、山海关区、北戴河区、抚宁区、昌黎县，邯郸市：邯山区、丛台区、复兴区、峰峰矿区、肥乡区、永年区、成安县、磁县、武安市，邢台市：襄都区、信都区、临城县、内丘县、沙河市，保定市：竞秀区、莲池区、满城区、清苑区、徐水区、望都县、顺平县、涿州市、高碑店市，张家口市：桥东区、桥西区、宣化区、下花园区、万全区，承德市：双桥区、双滦区，沧州市：新华区、运河区、沧县、青县、海兴县、盐山县、孟村回族自治县、任丘市、黄骅市，廊坊市：安次区、广阳区、固安县、永清县、香河县、大城县、文安县、大厂县、霸州市、三河市，衡水市：桃城区、冀州区，定州市，辛集市。

2）城市综合环境治理。

重点做好大气污染综合治理，严格控制大气污染物排放总量，逐步消除重污染天气，推动分布式太阳能、风能、生物质能、地热能多元化规模化应用和工业余热供暖，推进既有建筑供热计量和节能改造，改善大气环境质量；做好水污染治理，加大城市污水的治理力度，加快城市污水处理厂的建设，实现废水资源化利用；推行生活垃圾分类收集、运输和处理，完善生活垃圾收运体系，建立与垃圾分类收集、资源化利用及无害化处理相衔接的生活垃圾收运网络。完善城市绿地系统布局，加强公园、游园、道路绿化、生态隔离带和绿道绿廊建设。

2. 农村地区潜力测算及综合整治模式研究

（1）农用地整理。

根据2015年土地利用变更调查，河北全省农用地面积1 308.43万公顷，占土地总面积的69.38%，农用地在土地总面积中所占比重最高。但在土地利用过程中，农用地利用率和产出率低；自然灾害毁坏，耕地面积减少，有必要大规模开展农用地整理以补充耕地。

1）潜力分析。

农用地整理增加耕地来源主要有以下几个方面：通过对田坎进行优化布局，降低田坎系数，增加耕地系数，进而增加耕地面积；优化田、水、路、林等基础设施，使田块更加规整，消除妨碍机械耕作的限制因素，增加耕地面积；通过归并零散地物增加耕地面积。采用单指标法，将新增耕地系数作为潜力测算的依据，将农用地整理潜力划分为四个等级：Ⅰ级潜力区，增加耕地系数超过3%；Ⅱ级潜力区，增加耕地系数2%~3%；Ⅲ级潜力区，增加耕地系数1%~2%；Ⅳ级潜力区，增加耕地系数小于1%。测算出的结果为理论潜力，农用地整理过程中耕地率很难达到预期目标，整治难度较大。农用地整理潜力分级见表7-1。

表7-1　　　　　　农用地整理潜力分级

分区	范围
Ⅰ级潜力区	唐山市丰南区、曹妃甸区，秦皇岛市卢龙县、抚宁区、昌黎县、青龙满族自治县、山海关区，保定市涿州市、满城区、清苑区、徐水区、定兴县、高碑店市，张家口市崇礼区、赤城县、怀安县、下花园区、涿鹿县、怀来县、尚义县、宣化区、张北县、万全区、蔚县、阳原县，承德市围场满族蒙古族自治县、宽城满族自治县、滦平县、鹰手营子矿区、丰宁满族自治县、隆化县、兴隆县、平泉市
Ⅱ级潜力区	石家庄市井陉矿区、井陉县，唐山市迁西县，秦皇岛北戴河区、海港区，保定市蠡县、安国市、望都县、高阳县、曲阳县、阜平县，张家口市沽源县，沧州市盐山县、献县、南皮县、东光县、任丘市、沧县、泊头市、吴桥县、孟村回族自治县、黄骅市、肃宁县、河间市、海兴县、青县
Ⅲ级潜力区	石家庄市平山县、灵寿县，邯郸市武安市、涉县、复兴区，保定市唐县、涞源县、易县、顺平县、涞水县、博野县，廊坊市霸州市、大城县、文安县、安次区、永清县、固安县、三河市、大厂县、香河县、广阳区，衡水市深州市、故城县、辛集市、定州市

续前表

分区	范围
Ⅳ级潜力区	石家庄市鹿泉区、元氏县、栾城区、赞皇县、行唐县、藁城区、新乐市、赵县、晋州市、正定县、高邑县、无极县、深泽县，唐山市丰润区、玉田县、迁安市、乐亭县、滦县、古冶区、遵化市、开平区、滦南县，邯郸市峰峰矿区、临漳县、磁县、邯山区、曲周县、永年区、广平县、魏县、肥乡区、馆陶县、大名县、成安县、鸡泽县、邱县，邢台市临城县、南河区、宁晋县、巨鹿县、内丘县、威县、清河县、临西县、隆尧县、广宗县、南宫市、任泽区、新河县、沙河市、平乡县、柏乡县，张家口市康保县，衡水市枣强县、桃城区、阜城县、饶阳县、武邑县、景县、冀州区、武强县、安平县

2) 农用地整理模式。

第一，高标准农田建设。

根据《中共中央 国务院关于加强耕地保护和改进占补平衡的意见》，可将高标准农田建设项目区内可供开发的零散分布的未利用地整理成高标准农田，促进高标准农田建设项目集中连片、集体推进，增加有效耕地的质量和数量。建设田间基础设施，能够提高土地质量，增加农业产量，普通耕地有潜力建设为高标准农田。

按照"田成方、树成行、路相通、渠相连、旱能灌、涝能排"的标准和"布局合理化、农田规模化、农业科技化、生产机械化、经营信息化、环境生态化"的要求，农用地整治重点区内98个县（市、区），作为高标准农田建设项目的重点建设区；将分布在山前气候湿润、水资源条件较好、光热充足的34个县（市、区）作为一般建设区。

重点建设区：涉及98个县（市、区），涵盖了41个国家高标准农田示范县（市）、示范区，84个河北省粮食生产核心县（市），19个太行山农村土地整治示范项目县（市）。以粮食生产核心区为重点，大力实施旱涝保收高标准农田建设工程。通过工程实施，农业生产条件和环境质量明显改善，抵御自然灾害能力明显增强，基本形成"田成方、路成网、树成行"，农田水利设施完善配套的新农田景观和社会主义新农村的格局。

一般建设区：涉及34个县（市、区），主要分布在冀西北山间盆地区、太行山山地丘陵区、燕山山地丘陵区及冀东南平原地区。以提高土地质量为核心，大力建设高标准农田。平整土地，合理划分和适度归并田块，利用客土改良质地过沙土壤，实现耕作田块集中连片；实施测土配方施肥、保护性耕作和秸秆还田，发展节水农业，深耕深松耕作层，大力推广绿肥种植，治理重金属污染；严格控制深层地下水开采，完善井渠灌溉体系，推广现代节水灌溉技术，大力发展以喷微灌为主的高效节水灌溉工程；整修和新建田间道、生产路和机械下田坡道等附属设施；新建、修复防护林带，保护和改善农田生态环境。形成田块平整，生态良好，配套水、电、路设施完善，耕地质量和地力等级提高，科技服务能力强，项目建后管护机制健全的高标准农田。

第二，农用地整理。

以增加耕地面积、提高耕地质量为目标，围绕标准化基本农田建设、农田防护和生态建设，实施土地平整，更新灌溉设施，建设雨水集蓄、节水灌溉工程，全面提高土地质量和农业生产能力。按照农用地整治潜力分级，以潜力高的地区为重点，完善农用地基础设施建设，结合农村土地综合整治、农田水利建设、农村道路建设和农村环境整治，大力推进土地平整工程，提高耕地质量；加强耕地质量等级调查评价和监测，建立耕地质量等级调查评价与监测制度；加快实施"沃土"工程、"移土培肥"工程，积极推广将建设占用耕地的耕作层土壤剥离用于新开垦耕地；充分发挥国土综合整治对农业结构调整的引导作用，在稳定粮食生产能力的前提下，积极开展多种经营，改进耕地经营管理模式，充分挖掘耕地生产潜力，不断提高耕地生产能力。

(2) 农村建设用地整治。

根据2015年土地利用变更调查，全省农村居民点用地面积为125.8万公顷，占建设用地总面积的66.49%。在开展农村建设的过程中，资源利用不合理，低效闲置用地依然存在；乡级企业布局分散，缺少合理规划；城市经济发展在促进农民工就业的同时，使农村人口向城市流转，产生了大量空心村；农村居民点规模小、数量多、布局分散、环境质量低劣、土地利用率不高，加快农村建设用地整治十分必要。

1) 潜力分析。

截至2015年，河北全省农村总人口3 613.71万，根据人均建设用地标准法计算出人均农村建设用地为348平方米/人，远超国家村镇人均用地控制标准上限（150平方米/人），农村居民点用地潜力为89.63万公顷，具有较大的整治潜力。

基于现状的人均建设用地标准法计算潜力：

$$\Delta S = S_{\text{现状}} - Sn \times P1$$

式中，ΔS 表示基于现状的农村建设用地治理潜力，$S_{现状}$ 表示评价区域现状农村建设用地面积，Sn 表示人均建设用地标准，$P1$ 表示现状农村人口数量。

根据河北省各县（市、区）农村社会经济发展程度、交通便利条件、区位条件和整治的难易程度等因素的综合影响，结合《河北省城镇体系规划（2016—2030年）》，依据农村建设用地可整理规模，将农村建设用地潜力分为三个级别：Ⅰ级潜力区，可开发规模大于 2500 公顷；Ⅱ级潜力区，可开发规模为 600~2500 公顷；Ⅲ级潜力区，可开发规模小于 600 公顷。农村建设用地整治潜力分级见表 7-2。

表 7-2　　　　　　　　　　农村建设用地整治潜力分级

分区	范围
Ⅰ级潜力区	安平县、阜城县、故城县、冀州区、景县、深州市、桃城区、武邑县、枣强县、丰润区、乐亭县、平泉市、迁安市、清苑区、辛集市、徐水区、安次区、霸州市、泊头市、沧县、昌黎县、承德县、大厂县、大城县、定兴县、东光县、抚宁区、高碑店市、高阳县、固安县、广阳区、河间市、黄骅市、蠡县、卢龙县、南皮县、青县、任丘市、三河市、顺平县、肃宁县、唐县、文安县、吴桥县、献县、香河县、盐山县、永清县、涿州市、青龙满族自治县
Ⅱ级潜力区	大名县、沽源县、晋州市、临漳县、鹿泉区、栾城区、滦平县、饶阳县、蔚县、武强县、永年区、张北县、正定县、莲池区、磁县、丰南区、丰宁满族自治县、复兴区、开平区、路北区、路南区、滦南县、迁西县、山海关区、曹妃甸区、魏县、武安市、竞秀区、玉田县、遵化市、安国市、博野县、阜平县、海港区、海兴县、宽城满族自治县、涞水县、涞源县、隆尧县、满城区、孟村回族自治县、宁晋县、清河县、曲阳县、容城县、沙河市、望都县、威县、围场满族蒙古族自治县、易县
Ⅲ级潜力区	成安县、赤城县、崇礼区、肥乡区、高邑县、藁城区、广平县、行唐县、怀安县、怀来县、鸡泽县、井陉矿区、井陉县、康保县、灵寿县、平山县、尚义县、深泽县、万全区、无极县、下花园区、新乐市、宣化区、阳原县、元氏县、赞皇县、张家口桥东区、张家口桥西区、赵县、涿鹿县、峰峰矿区、古冶区、馆陶县、隆化县、滦县、邱县、曲周县、涉县、兴隆县、柏乡县、北戴河区、定州市、广宗县、邯山区、巨鹿县、临城县、临西县、南宫市、南河区、内丘县、平乡县、任泽区、新河县、沧州新华区、襄都区、信都区、运河区

基于现状的人均建设用地标准法是中国测算农村建设用地整治潜力常用的方法，但是这种测算方法也存在许多问题，主要表现在以下两个方

面：一是忽视了农村宅基地同时作为存放农机具、养殖牲畜家禽等附属生产用地的现实，二是忽视了农户数量及家庭人口规模变化对农村宅基地面积的影响。由此可能导致农村居民点整治潜力测算结果偏大，使用此种方法测定的农村居民点整治潜力为理论潜力。

2) 农村建设用地整治模式。

农村建设用地整治可以按照"厘清层次、划分类型、分区建设"的主体框架，依据以人为本、依法推进、因地制宜、按部就班的原则，继续深入开展农村建设用地整治。

科学编制乡村土地利用规划和村镇体系规划，加快美丽乡村和新农村建设，优化乡村用地布局。以村庄合并拆迁、"空心村"改造、中心村建设为重点，合理开发低效用地、闲置土地，逐步推进农村建设用地整治。加强农村基础设施与公共服务设施建设，严格控制城乡建设用地增减挂钩规模与范围①，切实维护农民合法权益，缩小城乡二元差距，促进城乡一体化发展。

农村建设用地整治重点区涉及 80 个县（市、区）（见表 7-3），主要集中在环京津、环省会、冀东南等工业化、城镇化水平较高地区和冀北地区。

表 7-3　　　　　　　　农村建设用地整治重点区

范围	县（市、区）
石家庄市藁城区、正定县、高邑县、元氏县，唐山市曹妃甸区、丰南区、丰润区、滦州市、滦南县、迁西县、玉田县、遵化市、迁安市，秦皇岛市抚宁区、昌黎县，邯郸市肥乡区、永年区、成安县、大名县、涉县、磁县、邱县、鸡泽县、广平县、馆陶县、魏县、曲周县、武安市，邢台市临城县、内丘县、隆尧县、任泽区、宁晋县、广宗县、平乡县、威县、临西县、沙河市，保定市清苑区、徐水区、定兴县、唐县、望都县、蠡县、涿州市、高碑店市，张家口市宣化区、万全区、张北县、沽源县、尚义县、阳原县、怀安县、怀来县、涿鹿县、赤城县，承德市兴隆县，沧州市沧县、青县、肃宁县、吴桥县、献县、黄骅市、河间市，廊坊市固安县、永清县、香河县、大城县、大厂县、霸州市，衡水市冀州区、枣强县、武邑县、武强县、饶阳县、安平县、故城县、阜城县、定州市、辛集市	80 个

---

① 国土资源部关于发布实施《全国土地整治规划（2011—2015 年）》的通知 [J]. 国土资源通讯，2012 (13)：25-35.

以城乡建设用地增减挂钩为平台，规范有序推进农村建设用地整治。以新农村建设为突破口，按照"政府引导、公众参与、先易后难、逐步实施"的原则，优先在农村建设用地整治工作基础较好的地区、省级统筹城乡发展试点市县实施农村建设用地整治工程。

(3) 宜耕后备土地资源开发。

2015 年河北省宜耕后备土地资源总面积为 311.18 万公顷，占河北全省总面积的 16.50%，主要包括荒草地、沙荒地、滩涂、沼泽地等，主要分布在山麓平原、冲积平原和滨海平原。坝上、冀西北山间盆地、燕山山地丘陵、太行山山地丘陵以及大清河流域两侧可开垦滩涂面积较大，开发潜力大。

1) 潜力分析。

根据河北省土地利用特点，在充分考虑地形、地貌、自然灾害、土壤类型等因素的前提下，对土地资源进行适宜性评价，建立评价指标体系。根据各县（市、区）可开发规模确定潜力分级和开发的难易程度，基于自然断裂法将河北全省的土地开发潜力分为三个级别：Ⅰ级潜力区，可开发规模大于 2 734.93 公顷；Ⅱ级潜力区，可开发规模为 601.23～2 734.93 公顷；Ⅲ级潜力区，可开发规模小于 601.23 公顷。宜耕后备土地资源开发潜力分级见表 7-4。

表 7-4　　　　　　　　宜耕后备土地资源开发潜力分级

分区	范围
Ⅰ级潜力区	石家庄市灵寿县、行唐县、新乐市，唐山市乐亭县、迁安市、丰南区，秦皇岛市抚宁区、卢龙县，邯郸市涉县、武安市，邢台市邢台县，保定市满城区、涞水县、曲阳县、唐县、阜平县、易县、涞源县，承德市丰宁满族自治县、围场满族蒙古族自治县、承德县，沧州市任丘市、黄骅市，张家口市涿鹿县、沽源县、宣化区、蔚县、怀安县、赤城县、张北县、尚义县，廊坊市大城县
Ⅱ级潜力区	石家庄市元氏县、平山县、赞皇县、藁城区、井陉县，唐山市丰润区、迁西县、古冶区、滦南县、曹妃甸区、玉田县、遵化市、滦州市，邯郸市馆陶县、临漳县、磁县，秦皇岛市昌黎县、青龙满族自治县，邢台市宁晋县、隆尧县、巨鹿县、临城县、沙河市、内丘县、威县、南宫市、临西县、广宗县，保定市涿州市、定兴县、高碑店市、高阳县、清苑区、顺平县，承德市宽城满族自治县、滦平县、兴隆县、平泉市、隆化县，沧州市孟村回族自治县、海兴县、泊头市、吴桥县、青县、新华区、献县、沧县、南皮县、东光县、盐山县、河间市，张家口市崇礼区、下花园区、怀来县、阳原县，廊坊市文安县、霸州市、安次区，衡水市阜城县、深州市、故城县、冀州区、武邑县、武强县，定州市

续前表

分区	范围
Ⅲ级潜力区	石家庄市晋州市、深泽县、无极县、高邑县、栾城区，唐山市路南区、开平区，邯郸市邱县、永年区、峰峰矿区、广平县、鸡泽县、成安县、肥乡区、魏县、曲周县、大名县、邯山区、复兴区，邢台市清河县、新河县、南河区、任泽区、平乡县、柏乡县，保定市徐水区、蠡县、望都县、莲池区、竞秀区、博野县、安国市，沧州市运河区、肃宁县，张家口市桥东区、桥西区、万全区、康保县，廊坊市永清县、固安县、三河市、广阳区、大厂县、香河县，衡水市安平县、景县、饶阳县、桃城区、枣强县，辛集市

河北全省的水资源缺乏，可开发的宜耕后备土地资源大部分分布在严重缺水地区；坝上高原、山区自然灾害较重，滑坡、泥石流多发；宜耕后备土地资源大多分布在省内经济较落后地区，给土地开发带来资金上的压力，开发难度较大，新增耕地能力难以达到预期。

2) 宜耕后备土地资源整治模式。

耕地后备资源开发利用是一项关系到土地综合整治规划和城镇发展规划以及农林牧渔业发展规划的复杂的系统工程，在开发利用的过程中应统筹领导，综合开发。

在生态环境比较脆弱的地区开展的不合理土地开发整理活动，造成了土地退化现象，不同程度上破坏了当地的生态环境。开发耕地后备资源，要严格遵循"在开发中保护、在保护中开发"的用地方针，坚持保护生态环境的理念，在坚持生态保护突出地位的同时合理开发，禁止一切有损生态环境建设的项目，促进土地资源的持续、高效利用[①]。

(4) 农村环境综合整治。

随着农村经济的快速发展，农村居民的生活水平逐渐提高，农村环境问题越来越受重视，用于农村环境治理的资金逐渐增多，环境整治潜力增加。截至2017年，建制村生活垃圾处理率仅为60%，生活污水处理率只有22%，畜禽养殖废弃物综合利用率仅为60%，与规划目标值相比存在一定的提升空间。

3. 生态功能区综合整治模式研究

(1) 生态功能区现状及问题。

1) 生态空间不足，布局不均。

河北全省森林资源总量小，2015年底森林覆盖率为31%，人均林地

---

① 郭玉双，庄玉成，曹永亮. 耕地后备资源利用应考虑多重属性：以哈尔滨市为例[J]. 中国土地，2016（1）：51-52.

面积为1.19公顷，仅为全国平均水平的1/3。人均活立木蓄积1.97立方米，仅为全国水平的1/8。人均水资源量为307立方米，仅为全国人均水平的1/7。人均湿地为0.19公顷，不足全国平均水平的一半，生态空间严重不足。森林、湿地、草地等生态资源主要集中在燕山、太行山、坝上地区和沿海地区，而人口稠密的平原地区生态空间相对不足。

2）水资源严重短缺，污染突出。

平原河流大多断流，生态需水难以保障，洪涝灾害威胁和干旱频发并存。地下水超采严重，近十年年均超采量约为60亿立方米，超采区达6.7万平方千米，由超采引起的地面沉降、地裂、海水入侵等地质问题时有发生。水污染问题依然突出，七大水系水质总体为中度污染，白洋淀水质总体低于Ⅳ类标准，潘家口、大黑汀、洋河等水库富营养化问题仍然严重。

3）大气污染严重，雾霾频发。

河北省是全国空气污染最严重的区域之一，钢铁、化工、建材、电力等重点行业污染较为严重，2015年河北省PM 2.5年均浓度为77微克/立方米。河北全省城市空气质量达标天数平均为190天，其中，石家庄、唐山、邢台空气质量优级天数分别为31天、15天和12天。施工扬尘、矿山开采、机动车排放以及农村秸秆焚烧等污染问题仍未有效遏制，治理任务十分艰巨。

4）农村环境问题凸显，土壤污染趋重。

农村面源、点源污染严重，污水、垃圾处理设施严重短缺，大量污水、垃圾未经处理任意排放，畜禽粪便无害化处理、资源化利用工作需进一步加强。土壤污染问题显现，污水灌溉、农药化肥施用过度、地膜大量残留以及工业行业污染违规排放，对水源地特别是地下水安全构成威胁。河北全省有576.5万公顷农田集中在工矿企业区周边、大中城市郊区等外源污染风险区域，约占农田总面积的6％，河北全省达到三级标准的土壤污染面积有252平方千米。

（2）生态功能区综合整治模式。

综合考虑自然和社会经济条件、生态系统完整性、主体生态功能等因素，以县（市、区）为基本单元，构建生态安全格局。

1）京津保中心区。

本区地处华北平原北部，北京南侧和天津西侧，包括廊坊、保定、沧州市的33个县（市、区）的全部或部分。主体生态功能旨在发挥生态空间保障功能,通过协调耕地和生态用地规模比重,以调节种植结构为抓手合理减少耕地用地,适度增加生态用地。

2)坝上高原生态防护区。

本区地处河北省坝上高原,主体生态功能是防风固沙和涵养水源。主要任务是防风固沙、涵养水源。重视草原、森林的防火和改良,发展节水型农业,加快恢复湖泊湿地。

3)燕山-太行山生态涵养区。

本区包括燕山和太行山山地,主体生态功能是涵养水源、保持水土、生态休闲。推进生态工程建设,大力涵养水源,保持水土,进行风沙治理。恢复矿山区的生态环境,因地制宜发展林业经济。

4)低平原生态修复区。

本区地处华北平原中部,主体生态功能是京南生态屏障。重点实施地下水的治理和恢复,重视地下水的储备和生态功能,节约高效利用水资源,发展节水型农林业。

5)海岸海域生态防护区。

本区地处河北省沿海地带,主体生态功能是提供海洋生态服务,保障海洋生态安全。发展生态健康养殖业,整治改善海洋河口的生态环境,加强沿海防护林和自然保护区等生态环境的建设。

4. 矿产资源开发集中区潜力测算及综合整治模式研究

(1)矿区环境恢复治理潜力测算。

1)潜力测算范围。

矿产资源开发集中区环境恢复治理潜力测算范围为整个矿产开采区域,主要布局在河北省的北部和东部。

2)潜力测算结果及布局。

矿产资源开发集中区环境恢复治理潜力测算依据矿区环境质量评价结果。矿区环境质量评价的严重、较严重区为环境恢复治理潜力区域。

矿区环境恢复治理一级潜力区域是矿区环境质量评价的严重区,主要分布在涞源、迁安、开滦、滦州、昌黎、沙河、滦平、隆化、平泉、隆尧、赞皇。

矿区环境恢复治理二级潜力区域是矿区环境质量评价的较严重区,主要分布在唐山市区、迁西、遵化、武安、宽城、青龙、兴隆、平山、灵寿、行唐、井陉、鹿泉、怀安、崇礼、宣化、怀来、尚义、万全、下花园、内丘、三河、临城。

(2) 矿区环境综合整治模式。

1) 综合整治范围。

河北省矿区环境恢复治理范围为矿产资源开发集中区环境影响评价中的严重区、较严重区以及新建、在建矿山损毁土地区域。其中，环境影响严重区面积占河北省总面积的 4.13%，主要分区在涞源县大湾铅锌矿区、沙河-武安市能源多金属矿集区；环境影响较严重区面积占河北省总面积的 27.99%，主要分区在冀东多金属矿集区、涞源县大湾铅锌矿区、迁安-开滦能源多金属矿集区；新建、在建矿山损毁土地面积占河北省总面积的 0.30%，河北全省各地均有分布。

2) 综合整治模式。

矿区地质环境治理恢复是一个多方面、多层次的复杂系统工程，主要包括恢复地貌景观、保护地下水资源、防止矿山地质灾害和占用土地等①。

在矿区地下水资源保护过程中，对于煤矿、铁矿及石膏矿等地下开采类型的矿山，建立反渗透帷幕，防止地下水流失，使地下水不被污染、不枯竭。在滑坡治理过程中，对于存在开采不稳定边坡的露天开采的矿山及大量矿山固体废弃物堆积区，宜采取削坡措施，使边坡达到稳定状态。矿山开采塌陷治理过程中，开采塌陷灾害治理，要统筹考虑开采沉陷与地裂缝的内在关系。防治结合，综合整治。在废弃物堆放场治理过程中，金属矿山产生的大量固体废弃物可以根据其类型和颗粒大小，将粗粒或大块的铺垫在下部，碾压密实，逐层向上回填；将有毒或者具有放射性的废渣做好防渗处理堆埋在深处。在矸石堆治理过程中，废弃矿山煤矸石由于可能含硫化物，不能直接覆土绿化，应首先考虑作为建筑材料；对非自燃或燃尽后矸石山，绿化为其治理的有效途径。在矿区土地复垦过程中，矿区复垦的目的是达到继续生产和建筑的标准，复垦的选择需要根据周围环境和矿区本身的地质和土壤条件决定。

在燕山北部、太行山北段铁矿、石灰石矿加工及影响区和部分塌陷区，土壤、水肥等条件较好，盐渍化程度较浅，塌陷区内沉陷深度相对较浅，适合恢复为农业生产②。冀西北山间盆地区及太行山南段区铁矿排渣土场、煤矿塌陷区、黏土矿废渣压占区由于矿区挖损对该地区的地

---

①② 李磊. 邢台地区矿山地质环境综合评价与治理恢复研究 [D]. 石家庄：石家庄经济学院，2013.

质环境造成了严重破坏，很难治理。可采取一些必要的措施，将其改造成公园，用于景观旅游。燕山北部区铁矿、石灰石矿采矿区，坝上高原区煤矿排渣土场及塌陷区，为塌陷区和压占区，根据当地实际情况及服务生态系统的稳定性和持续性，土地利用方向为宜林和宜牧。

5. 精准扶贫区综合整治模式研究

（1）河北省精准扶贫区现状。

河北省贫困县主要分布在燕山-太行山区、坝上地区和黑龙港流域，截至2015年，共有45个国家级贫困县和17个省级贫困县（见表7-5）。

在脱贫攻坚战中，在国土综合整治政策的指导下，盘活土地要素，发掘贫困县的发展资源，培养贫困县的资源发展优势。一方面利用占补平衡政策，盘活耕地指标的利用；另一方面释放增减挂钩政策活力，充分保障易地扶贫任务的增减挂钩指标。

表7-5　　　　　　　河北省国家级和省级贫困县名单

级别	贫困县
国家级贫困县（45个）	行唐县、灵寿县、赞皇县、平山县、青龙满族自治县、大名县、魏县、临城县、巨鹿县、新河县、广宗县、平乡县、威县、涞水县、望都县、易县、曲阳县、阜平县、唐县、涞源县、顺平县、宣化区、张北县、康保县、沽源县、尚义县、蔚县、阳原县、怀安县、万全县、赤城县、崇礼县、承德县、平泉市、滦平县、隆化县、丰宁满族自治县、围场满族蒙古族自治县、海兴县、盐山县、南皮县、武邑县、武强县、饶阳县、阜城县（涿鹿县赵家蓬区单计）
省级贫困县（区）（17个）	献县、吴桥县、孟村回族自治县、东光县、任泽区、广平县、涿鹿县、馆陶县、鸡泽县、肥乡县、故城县、枣强县、博野县、南河区、内丘县、临西县、兴隆县

（2）精准扶贫区国土综合整治模式。

1）易地扶贫搬迁。

易地扶贫搬迁是脱贫攻坚的头号战役，也是打赢脱贫攻坚战、提升特困地区民生福祉的关键。至2020年，河北省将完成42万农村人口的易地扶贫搬迁，涉及7个设区市、38个县（区），主要是居住在生存条件恶劣、生态环境脆弱、自然灾害频发等"一方水土养不起一方人"的贫困地区。

以城乡建设用地增减挂钩为平台，将易地扶贫搬迁与生态保护、新型城镇化建设、山区综合开发、美丽乡村建设和乡村旅游相结合，对国家级贫困县和其他有易地扶贫搬迁任务的县所需增减挂钩指标予以全面保障。安排河北全省城乡建设用地增减挂钩指标、工矿废弃地复垦利用计划向易地扶贫搬迁任务重的县（区）倾斜。对于纳入增减挂钩整体搬迁改造的村庄，要坚持维护农民的利益，坚持先建后拆，在建好住宅生活区后妥善引导农户的搬迁，搬迁完成后再进行原址复垦工作。盘活增减挂钩指标在贫困区县的流转，实现补充耕地指标在河北全省范围内的有偿转让。补充耕地指标、增减挂钩指标和工矿废弃地复垦利用计划指标转让收益优先用于易地扶贫搬迁。

实施迁出区国土综合整治与生态修复。对迁出区宅基地等建设用地，以及腾退、废弃土地进行复垦，适宜耕作的优先用于补充耕地资源，尽可能保障搬迁对象农业生产的基本土地（耕地、牧场、林地）等生产资料。迁出区土地适宜恢复成生态用地的，加大造林绿化力度，恢复土地植被。未来，河北省将进一步实施农用地整治56万亩，其中基本农田改造36万亩，新增及改善灌溉面积14万亩，宅基地复垦7万亩。搬迁农户迁出后，结合国家和省实施的京津风沙源治理、太行山绿化、"三北"防护林等重点生态工程，规划迁出区生态修复面积100万亩，有效改善迁出区生态环境。

按照城乡统筹、布局优化、集约用地、规模适度的原则规划建设集中安置区。统筹考虑安置地水土资源条件、经济发展水平、城镇化进程及搬迁对象意愿，采取以集中安置为主、集中与分散相结合的安置方式。

2）基础设施建设。

把美丽乡村建设作为提升贫困地区基础设施水平的综合性抓手，加强贫困地区人居环境整治。每年将不少于1 000个贫困村纳入美丽乡村建设实施范围。增加贫困地区以工代赈投入，支持农村"山水林田路"等建设①。

第一，交通基础设施。

落实建设用地指标，加快贫困地区重点交通项目和配套基础设施建设。推动连接贫困地区的国家铁路网、国家高速公路网等重大交通项目建设，加快贫困地区对外快速公路通道主骨架建设，推进贫困地区普通干线通道建设，加快低等级普通干线提级改造，着力建设对带动当地经济、脱贫致富有突出作用的县域路网，同时加大对贫困地区村级公路的建设力度。积极开拓空中通道，在贫困地区因地制宜布局建设一批区域

---

① 中共中央 国务院关于打赢脱贫攻坚战的决定［J］.中华人民共和国国务院公报，2015（35）：11-21.

支线机场和通用机场,促进航空服务向贫困地区延伸。

以国土综合整治项目建设为契机,以村为单位开展"田水路林村"综合整治。加强农业生产田间路建设,完善农田路网,方便农业生产与管理,方便机械作业耕作和农产品运输。加大对乡村道路建设的支持力度,进一步实施乡村通达、通畅工程。推进村道向村民小组、居民点延伸,逐步解决自然村通达问题。加快推进农村公路和田间道路的后期管护工程,加强道路管理和养护。

第二,水利设施。

落实建设用地指标,推进贫困地区水利设施重点建设项目的实施。大力发展山丘区和平原区农业节水灌溉,完成大型灌区续建配套与节水改造任务。提高耕地有效灌溉率,全力增加、恢复和改善农田有效灌溉面积,提高防洪减灾能力,推进贫困地区防洪薄弱环节建设。积极发展喷灌、滴灌、微灌等节水灌溉技术,提高灌溉保证率。积极推进末级渠系改建工程、山洪灾害防治工程,同步推进贫困区小流域综合治理。

第三,危房改造。

完善村镇体系规划,本着优先帮助住房最危险、经济最贫困农户,解决最基本的住房安全问题,采取就地、就近重建翻建的改造方式,统筹安排农村居民点、农村基础设施、公益事业和产业发展用地,为贫困地区农村住房建设和危房改造预留建设用地空间。

制定贫困地区危房改造计划,继续加大对贫困地区和贫困人口政策倾斜力度。在年度土地利用计划安排上优先保障农村住房建设和危房改造用地。完善现有危房改造信息系统,有步骤地向社会公开。加强对农村危房改造的管理和监督检查[①]。

第四,综合环境治理。

河北省贫困县分布区域均为生态环境脆弱或者生态地位重要地区,在这些地区开展脱贫攻坚,绝不能以牺牲生态为代价换取一时的经济增长。

结合贫困地区的资源禀赋和生态状况,合理安排以生态保护和修复为主要目标的国土综合整治重大工程,推广生态型国土综合整治模式,促进贫困地区的生态环境建设,巩固现有的生态建设成果,恢复受损生

---

① 中共中央 国务院关于打赢脱贫攻坚战的决定[J]. 中华人民共和国国务院公报,2015(35):11-21.

态功能，保护生物多样性，推动国土生态安全屏障建设。加大泥石流、山体滑坡、崩塌等地质灾害防治力度，充分发挥气象防灾减灾在扶贫开发中的作用，建立健全气象预警信息发布系统，重点抓好灾害易发区的监测预警、搬迁避让、工程治理等综合防治措施。优先将贫困村生活垃圾处理、污水处理、畜禽养殖污染防治、农户改厕、村庄绿化等作为农村环境综合整治的帮扶重点，推进"田水路林村"建设及小流域综合治理。在坚持生态优先的前提下探索生态脱贫新路，引导和组织贫困人口从参加生态建设与修复中直接或间接获益①，努力提高贫困人口的参与程度和受益水平。

6. 海岸带和海岛潜力测算及综合整治模式研究

（1）潜力评价与整治修复分区。

1）潜力评价。

应用层次分析法确定海上交通优势度和入海陆源污染物治理能力两个影响因素权重分别为 0.666 7、0.333 3，通过加权求和，计算得出各评价单元潜力指标值。运用"等范围"法将评价指标分等定级，确定各指标强度的阈值标准。根据评价指标的分布规律，将评价指标按照相对两种标准分成三个等级（低：0~0.3，中：0.3~0.6，高：0.6~0.9），依据等级划分，经测算北戴河区、抚宁区、昌黎县和滦南县为低级潜力区，山海关区、海港区、黄骅市、海兴县为中级潜力区，乐亭县、曹妃甸区和丰南区为高级潜力区。

2）整治修复分区。

为促进海岸带和海岛整治修复保护，解决自然景观受损、生态功能退化和环境质量恶化等资源环境问题，应努力提升海洋资源价值，改善海洋生态环境，提高区域的防灾减灾能力，建设美丽海洋，助推沿海地区率先发展。依据自然、社会、经济等条件相似性，资源与生态环境问题相近性，整治修复保护目标一致性，结合潜力分析，将河北全省3个沿海设区市的海岸带和海岛区域划分为9个整治修复保护区。

第一，山海关整治修复保护区。

该保护区位于冀辽海域界至沙河口之间，属山海关区海域，面积为13 023.72公顷，海岸线长20.78千米，有海岛1个，岛陆面积为82.38

---

① 中共中央 国务院关于打赢脱贫攻坚战的决定［J］.中华人民共和国国务院公报，2015（35）：11-21.

公顷。主要海洋功能定位为港口航运、旅游休闲娱乐和工业与城镇用海。针对砂质岸滩侵蚀退化、海岛景观受损和海岛周边海域淤塞等资源环境问题，重点实施石河南岛及周边海域整治与修复和哈动力至铁门关岸段沙滩资源整治与修复。

第二，海港区整治修复保护区。

该保护区位于沙河口至汤河口之间，属海港区海域，面积为 57 542.29 公顷，海岸线长 29.54 千米。主要海洋功能定位为港口航运和旅游休闲娱乐用海。针对砂质岸滩侵蚀退化问题，重点在海港区西浴场实施沙滩资源整治与修复。

第三，北戴河整治修复保护区。

该保护区位于汤河口至新开口之间，属海港区、北戴河区和抚宁、昌黎县海域，面积为 55 270.59 公顷，海岸线长 66.80 千米。主要海洋功能定位为旅游休闲娱乐和农渔业用海。针对砂质岸滩侵蚀退化、海岸自然景观和防护林受损、海洋生物资源衰退和河口海域淤塞污染等资源环境问题，重点开展戴河口至大蒲河口岸段开敞式受损沙滩资源的整治与修复，金山嘴岸段受损海蚀地貌景观修复与保护，洋河口至新开口岸段受损海岸防护林修复，大蒲河口附近海域和团林海岸带海水养殖区改造示范，人造河和饮马河等入海河口海域综合整治修复；继续实施汤河口至戴河口岸段岬湾式受损沙滩资源的整治与修复。

第四，昌黎黄金海岸整治修复保护区。

该保护区位于新开口至滦河口之间，属昌黎县海域，面积为 54 690.03 公顷，海岸线长 45.55 千米。主要海洋功能定位为海洋保护和农渔业用海。针对潟湖、河口等天然湿地退化，沙丘海滩侵蚀退化等资源环境问题，重点开展七里海潟湖和滦河三角洲滨海湿地整治修复与恢复。

第五，乐亭滦河口整治修复保护区。

该保护区位于滦河口至浪窝口之间，属乐亭县海域，面积为 54 349.08 公顷，海岸线长 34.34 千米，有海岛 5 个，海岛面积为 107.88 公顷。主要海洋功能定位为海洋保护和农渔业用海。针对天然湿地萎缩、潟湖-沙坝生态系统退化等资源环境问题，重点在乐亭滦河三角洲开展滨海湿地整治修复与恢复、潟湖-沙坝生态系统保护，对潮上带和海域海水养殖区实施综合整治和生态化改造示范。

第六，唐山湾国际旅游岛整治修复保护区。

该保护区位于湖林新河口至小清河口之间，属乐亭、滦南县海域，面积为95 627.58公顷，海岸线长50.57千米，有海岛4个，海岛面积为3 408.74公顷。主要海洋功能定位为海洋保护、旅游休闲娱乐、农渔业和矿产与能源用海。针对岛体侵蚀、海域淤积、砂质岸滩退化和河口海域淤塞、生态功能衰退等资源环境问题，重点开展大清河河口海域的综合整治，开展海岸带区域综合整治修复，实施月岛、祥云岛等海岛及周边海域的综合整治和河北乐亭菩提岛诸岛省级自然保护区的生态恢复。继续开展菩提岛、月岛、祥云岛等海岛及周边海域的综合整治。

第七，曹妃甸至丰南整治修复保护区。

该保护区位于小清河口至涧河口之间，属曹妃甸区、滦南县和丰南区海域，面积为193 838.95公顷，海岸线长104.85千米。主要海洋功能定位为港口航运，工业与城镇、矿产与能源和农渔业用海。针对河口海域淤塞污染、海岸生态景观价值低下和潮流通道受阻等资源环境问题，重点实施曹妃甸工业区海岸景观修复，双龙河口和陡河（涧河口）入海口河口海域综合整治修复，曹妃甸生态城海岸生态廊道建设。

第八，黄骅整治修复保护区。

该保护区位于歧口至前徐家堡之间，属黄骅市海域，面积为58 335.07公顷，海岸线长36.23千米。主要海洋功能定位为海洋保护、农渔业和矿产与能源用海。针对滨海湿地功能退化、河口海域淤塞污染、海岸生态景观价值低下和养殖空间资源利用粗放等资源环境问题，重点实施岐口东部海域开展滨海湿地恢复和海域生态修复，南排河入海口海域综合治理，南排河镇区海岸生态廊道建设，张巨河附近海水池塘养殖区空间资源整理和生态化改造。

第九，渤海新区整治修复保护区。

该保护区位于前徐家堡至大口河口之间，属沧州渤海新区和海兴县海域，面积为37 225.19公顷，海岸线长56.23千米。主要海洋功能定位为港口航运和工业与城镇用海。针对海岸带景观价值低下、河口海域淤塞污染和空间资源利用粗放等资源环境问题，重点在渤海新区冯家堡至黄骅港开展海岸景观修复，在沧州渤海新区实施淤泥质海岸带生态修复。

(2) 综合整治模式。

包括滨海湿地退养还滩、海岸生态保护和生态廊道建设、海湾及河口生态恢复和修复共3类8项工程。

1) 滨海湿地退养还滩。

采用清退养殖池塘和人工清淤等手段，修复因养殖池塘开发而丧失原有自然生态功能的海岸潟湖和河口潟湖-沙坝生态系统，恢复海岸自然属性。共设置七里海潟湖湿地生态修复保护和滦河口海域整治修复工程2项，退养还滩、还海面积1 450公顷，选划滦河口湿地海洋特别保护区（海洋公园）。

2）海岸生态保护和生态廊道建设。

采用清理拆除影响海岸景观的构筑物、构建观光廊道等手段，修复保护海蚀地貌和沙丘海滩自然景观；采用培育适生观赏植物、构建"乔-灌-草"搭配的人工植被生态系统等手段，修复受损海岸防护林，建设海岸生态廊道，改善海岸自然景观。共设置北戴河海蚀地貌景观修复保护、北戴河新区受损海岸防护林修复、曹妃甸及渤海新区淤泥质海岸生态修复工程4项，清理修复海岸4千米，更新改造海岸防护林100公顷，建设生态廊道8公顷，选划北戴河金山嘴海蚀地貌海洋公园。

3）海湾及河口生态恢复和修复。

采用人工清淤治污、增殖放流和海藻场自持繁育等手段，恢复修复海湾及入海河口海域生物多样性，改善海域生态环境。共设置大蒲河口海域整治修复和黄骅滨海湿地生态修复工程2项，清淤海域100公顷，建设底栖贝类增养殖示范区10公顷，选划黄骅滨海湿地海洋特别保护区（海洋公园）。

7. 河北省国土综合整治区域统筹路径：区域定位与潜力测算统筹

以改善国土质量、提高利用效率、优化空间结构和布局为目标，依据《全国国土规划纲要（2016—2030年）》，河北省在全域依照区域定位，结合河北省实际首先确定"五区一带"，即城市化地区、农村地区、重点生态功能区、矿产资源开发集中区、精准扶贫区、海岸带和海岛，进而开展不同区域整治项目的潜力测算，构建"五区一带"国土综合整治区域统筹格局，以匹配实施综合整治重大工程，修复国土功能，增强国土开发利用与资源环境承载力之间的匹配程度，提高国土开发利用的效率和质量。

其中，在城市化地区关注城市化地区空间综合整治，集中推进旧城区改造、"城中村"改造、城镇工矿用地整治和城镇环境综合治理；在农村地区关注农村空间综合整治，积极开展农用地整治，大规模推进高标准农田建设，规范开展农村建设用地整治，有序推进农村空间分区整治；在重点生态功能区，积极推进重点生态功能区综合整治，推进国土生态环境分类治理、重点生态功能区整治和生态功能区整治重大工程建设；

在矿产资源开发集中区，有序推进矿产资源开发集中区综合整治，重点实施矿山环境恢复治理，积极推进矿山环境综合整治重大工程建设；在精准扶贫区，加强贫困地区生态综合整治，完善精准扶贫区交通基础设施建设，推进水利扶贫、危房改造等多元整治融合；在海岸带和海岛区域，重点推进海岸带综合整治保护分区治理，促进海洋生态保护修复。

（二）以自然禀赋与功能分区为导向的海南省国土综合整治区域统筹

海南省陆地国土面积为3.54万平方公里，授权管辖海洋面积约200万平方公里，海南岛面积为3.4万平方公里，为中国第二大岛屿。自1988年建省办经济特区以来，海南已从昔日落后的边陲岛屿发展为初步繁荣的经济特区。海南作为中国唯一的热带岛屿省份，比较优势突出，发展潜力巨大。作为中国第二大岛屿，海南岛自然条件优越，拥有富饶的海洋资源、森林资源、地热资源、热带作物资源等自然资源；区位优势明显，地处热带，拥有沿海、沿边、岛屿等地缘优势，地理位置和气候状况具备发展旅游业和现代服务业的良好条件，位于东亚和东南亚的中心位置，靠近国际海运主航道，地理战略意义不言而喻；作为全国最大的经济特区，海南全省实行省直管市县的行政管理体制，中央赋予其特区立法权，尤其在国际旅游岛建设发展方面给予了一系列先行先试的政策支持。

2009年12月，《国务院关于推进海南国际旅游岛建设发展的若干意见》（简称《意见》）正式印发，标志着海南国际旅游岛建设上升为国家战略，海南发展面临新的历史机遇。为全面贯彻落实好《意见》精神，海南省委、省政府组织编制了《海南国际旅游岛建设发展规划纲要》，这项被视为海南国际旅游岛建设的基本蓝图和行动纲领，于2010年6月18日在海南国际旅游岛建设领导小组（扩大）会议上，获国家发改委正式批复。虽然在发展国际旅游岛进程中，有相关政策的引领、自然条件的支持、区位优势的保障、社会发展的驱动，但是具体在发展国际旅游岛中存在的制约因素不胜枚举。在国际旅游岛的发展中，要以"合理规划先行，适度先行"的原则，同时协调农业、工业、旅游业的发展。

从国土资源地理位置来讲，海南岛呈现中部高、四周低的趋势，以山地、台地、海岸带为主要地势。而山地、台地、海岸带的发展各有限制因素，土地利用现状亟待改善，主要表现在：山地旅游建设用地容量小、供需矛盾突出，生态环境易损和难恢复，旅游资源不合理开发导致生态环境破坏、自然资源浪费等问题；热带台地区域基本农田质量低、布局分散、农用地散乱、土壤质量差异大、局部地区水土流失和灾毁严重、产出水平不高、农业规模经济优势尚未充分发挥，整治目标过于单一等问题；海岸带城镇发展扩张过快、供地紧张、生态功能退化，海岸带西部工业走廊扩张过快、低水平重复建设和生态环境破坏严重，海岸带村庄建设粗放无序、布局散乱、利用粗放等问题。

1. "海岸带-台地-山地"地势分布特征

海南岛总体上呈现出中部高、四周低的地势特征，从中心向四周依次分布为山地、台地和海岸带三种地势，海拔逐渐降低、坡度逐渐变缓。

海南省中部山区主要包括海南岛中南部地区中300米等高线以上的丘陵山区，并且根据区域民族构成、生产生活方式、植被类型和区位条件等对范围内乡镇有一定删补，其行政区划包括五指山市、琼中黎族苗族自治县、保亭黎族苗族自治县的全部以及白沙黎族自治县、昌江黎族自治县、乐东黎族自治县的部分乡镇，共包括36个乡镇（见表7-6），区域涉及的市县是黎族、苗族聚居区域。

表7-6　　　　　　　　山地区域乡镇统计表

市县名称	乡镇名称
五指山市	通什镇、南圣镇、毛阳镇、番阳镇、畅好乡、毛道乡、水满乡
琼中黎族苗族自治县	营根镇、湾岭镇、黎母山镇、和平镇、长征镇、红毛镇、中平镇
保亭黎族苗族自治县	保城镇、什玲镇、加茂镇、响水镇、新政镇、三道镇、六弓乡、南林乡、毛感乡
白沙黎族自治县	牙叉镇、打安镇、细水乡、元门乡、南开乡、青松乡
昌江黎族自治县	七叉镇、王下乡
乐东黎族自治县	抱由镇、万冲镇

海岸带区域根据海南省国土环境资源厅2014年下发的《海南经济特区海岸带土地利用总体规划（2013—2020年）》，定义海南经济特区海岸带陆地范围涉及海口市、三亚市、文昌市、琼海市、万宁市、儋州市、东方市、陵水黎族自治县、乐东黎族自治县、昌江黎族自治县、临高县、澄迈县沿海12个市县，其中，包括海口市的龙华区、秀英区、美兰区、

琼山区、76个镇级行政单元及洋浦经济开发区。结合上述海岸带范围、研究区域实际情况及研究需求，经多次综合分析，确定了表7-7所示海岸带范围。其余区域为台地区域。

表7-7　　　　　海岸带范围涉及的市县及乡镇个数统计表

序号	市县名称	乡镇个数	备注
1	昌江黎族自治县	2	
2	东方市	5	
3	海口市	28	
4	乐东黎族自治县	6	
5	临高县	6	
6	陵水黎族自治县	6	本研究设定的海岸带范围，包括沿海12个市县，99个乡镇
7	琼海市	3	
8	三亚市	8	
9	万宁市	8	
10	文昌市	14	
11	澄迈县	4	
12	儋州市	9	

2. 环境友好型海岸带国土综合整治模式研究

（1）海岸带建设区域社会经济条件。

长期以来，中国经济的高速发展是以粗放式的生产、过度的资源利用为代价的，当人民生活水平逐步提高，随之而来的是对生态环境的巨大压力。随着海南岛海岸带地区城镇化、工业化及新农村建设快速发展，建设用地供需矛盾尖锐，不合理的过度建设利用对海岸带地区的生态环境形成破坏，造成海岸带各种用地资源严重退化，最终导致海岸带地区产生一系列的资源和生态环境问题。生态环境的不可替代性、不可逆转性、生态价值、景观价值、人文价值、经济价值决定了其在未来经济发展中越来越重要的地位，因此如何在维持生态系统基本功能的前提下，发展资源节约型、环境友好型的产业形式，变得十分关键。

从实践意义上说，生态环境友好型海岸带建设用地国土综合整治不仅能帮助海岸带建设用地合理布局，促进海岸带土地利用走向节约集约，提高土地利用效益，也能推动区域土地利用总体布局趋向合理，促进区域经济社会快速发展。对海岸带区域城乡建设用地以及工业用地进行差别化集约利用，符合经济转型时期产业集约化、精细化、规范化发展的主导思想，是在以环境为优先的前提下，对沿海经济带发展路径的探索，是对差别化的土地集约利用技术的探索，对土地集约利用内涵的重新审视。

(2) 海南海岸带建设区域国土综合整治模式划分。

1) 生态环境友好型海岸带城镇建设用地及工业用地集约整治模式。

针对国际旅游岛建设中海岸带城镇发展扩张过快、供地紧张、生态功能退化等问题，进行生态环境友好型海岸带城镇建设用地集约整治。针对建设用地节约集约利用状况类型，实行过度集约、集约、适度集约、低度集约四种类型。对于城镇工业用地，针对海南海岸带西部工业走廊扩张过猛、用地结构和布局不合理、产业聚集度低、生态环境屡遭破坏等问题，进行海岸带工业用地差别化集约利用。从生态环境约束、工业发展现状、工业发展潜力三个角度将各乡镇进行分类，即生态环境安全区、生态环境敏感区、生态环境脆弱区，现状集聚区、现状优势区、现状零散区，高潜力区、中潜力区、低潜力区，最终完成对各乡镇的工业环境容量及工业综合实力评价。

针对分区特征，从宏观、中观、微观三个层面设立以工业用地比重、工业用地结构、工业产出率及工业用地破碎度为主要内容的工业用地集约利用差别化发展目标，完成工业用地控制标准的确立，并以相同的指标作为工业用地集约利用现状评价体系。《开发区土地集约利用评价规程》提出海南省工业用地集约利用潜力测算方法，并计算扩展潜力、结构潜力、强度潜力和管理潜力，推算尚可供地年数。从宏观层面考量海岸带各乡镇的集约利用发展目标，确定各个乡镇工业用地总体规模、效益、结构和形态，再从微观层面分析确立各个乡镇内部工业企业效益体系、数量结构及空间结构优化技术，为实现工业园区和开发区土地资源集约利用提供支撑。空间布局应结合当地的地形地貌、交通条件、区位条件、经济基础等条件做有意识的集中，最后发展的目标不是所有工业用地的绝对集中，而是在符合基本的工业用地布局规范的基础上的相对集中，达到方便管理、发挥产业集聚效应、减少环境污染、节约土地资源的目的。

海南省提出生态环境友好型海岸带城镇建设及工业用地集约整治模式如下：

空闲地挖潜。中心城区近期土地开发应以利用闲置土地、盘活低效存量用地为主。根据城镇存量建设用地及工业用地情况专项调查，得出闲置用地及其对应的土地面积。闲置土地均闲置超过两年以上，应全部消化，作为建设用地供应的来源之一。

部分改造挖潜。此模式主要针对琼海市低效城市建设用地及工业用地。更新改造并提高容积率是提升其集约利用水平的重要途径，因此，可通过预测容积率的提高来测算其现实潜力。通过调查得到区域低效利用的城市建设用地及工业用地面积，初步估计其平均容积率。参考《琼海市土地利用总体规划（2006—2020）》《琼海市国民经济和社会发展统计公报（2011—2016）》等，本研究认为，经更新改造后，原低效建设用地及工业用地容积率应至少达到 1.0。

整体拆除重建挖潜。根据对海岸带城市废弃、重置建设项目情况进行专项调查，得到拟整体拆除重建土地数量及其面积，应将这部分所占建设用地作为潜力挖掘的来源之一。

海岸带作为景观优势资源的核心地带，所需考虑的因素比一般区域的建设用地及工业用地布局更加复杂。海岸带生物多样性丰富，生态环境脆弱，同时也是防御自然灾害、保护人民生命财产的重要屏障，因此发展经济不能以牺牲环境为代价，应避免过度消费海岸带资源。因地制宜地使用建设用地，避免工业用地的无序扩张。差别化的经济用地发展，有助于各个乡镇快速发展适宜产业，明确发展目标，同时又减少对环境的危害。建设用地及工业用地集约利用是一项涉及土地、产业、人口等因素的综合工程，需要国土部门与城市规划部门、工业部门及环保部门等部门共同合作才能完成。在将来的发展中，随着各个乡镇社会经济环境的变化，应适时调整海岸带建设用地及工业用地控制标准，以确保地区经济的高速高质发展。

2）生态环境友好型海岸带农村建设用地集约整治模式。

针对海岸带农村居民点规模小、布局散乱、随意性大，造成土地资源严重浪费、环境功能下降的问题，开展生态环境友好型海岸带农村建设用地集约整治。受不同村庄发展阶段、资源禀赋差异和生态环境的影响，各地土地集约利用水平也大有差异。因此，本研究根据镇域土地利用总体规划中的建设用地管制分区、各村庄土地生态敏感性评价及土地集约利用差异，总结探讨基于生态分区的差别化土地集约整治模式。

首先通过土地利用总体规划中建设用地管制分区所确定的允许建设

区、有条件建设区和限制建设区，统计出这三种地类在各行政村中所占的面积比例，然后结合土地生态敏感性评价，根据空间管制理论和可持续发展理论，在统筹考虑区域生态环境承载力、人类生存粮食安全保障、社会经济持续发展的基础上，通过从空间上对保护性生态资源和风险性生态资源进行合理控制，进而实现资源的永续有效利用。在进行土地利用生态化分区时，既要考虑土地的需求能满足当前社会经济建设的发展，又要充分考虑土地的最大资源环境承载力。

基于各行政村管制分区中各类型土地面积占比和以上理论进行定性分析，得到以行政村为单位的基于生态敏感性的建设用地管制分区，进而引导村庄土地利用方向，管制村庄用地建设活动。将镇域内所有行政村分为三类：适宜建设区、有条件建设区、限制建设区，结合集约度评价建立土地集约利用的生态化分析体系（见图7-1），并对三个分区内的村庄的土地集约利用进行不同方向的指导（见表7-8）。

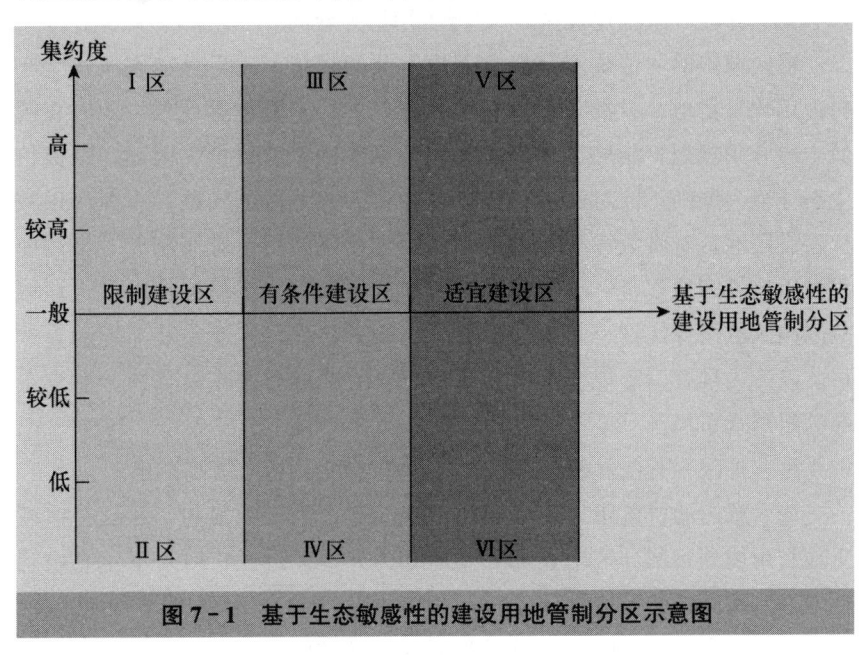

图7-1 基于生态敏感性的建设用地管制分区示意图

表7-8　　　　　　　　　　生态化分区发展目标

区名	分区	建设用地比重	建设用地面积变化	土地经济效益	村庄用地平均斑块面积
Ⅰ区	较高集约度-限制建设区	低	适量减少	中	中

续前表

区名	分区	建设用地比重	建设用地面积变化	土地经济效益	村庄用地平均斑块面积
Ⅱ区	较低集约度-限制建设区	低	减少	低	小
Ⅲ区	较高集约度-有条件建设区	中	小范围波动	高	大
Ⅳ区	较低集约度-有条件建设区	中	小范围波动	中	中
Ⅴ区	较高集约度-适宜建设区	高	增加	高	大
Ⅵ区	较低集约度-适宜建设区	高	适量增加	高	大

Ⅰ、Ⅱ区（限制建设区）：以减少用地为导向。

该区域内的受传统聚落影响无序发展的村落，通常存在农居及空心村占用大量耕地、少批多占宅基地和一户多处宅基地等现象，同时在镇域土地利用规划管制分区中大部分用地划为限制建设区。因此，以保护生态环境为原则，针对此类村庄用地经营方式分散的问题，应该尽量减少建设用地，对耕地特别是基本农田实行严格的用途管制制度，集约使用村镇建设用地资金，综合布局与集中使用基础服务设施，以一定地域范围内区位条件优越、实力强的自然村为中心，合并迁建其邻近的自然村，以形成具有一定规模、功能齐全的新的聚落形式或以某种产业为主导的组团式布局。

Ⅲ、Ⅳ区（有条件建设区）：综合考虑减少用地与提高产出。

该区域内的村落用地土地利用情况相比之下较为集约，并且在镇域土地利用规划管制分区中大部分用地划为允许建设区，但由于生态敏感性较高，因此首先要特别注意控制村庄建设对生态环境的影响，区域内村庄用地的集约利用应当通过科学规划引导村用地整理，对各村庄农民建房进行限制，规划几个集中安置点，减少空心村的占地，使得农田规模化、住房城镇化，防止村庄无限、无序向外扩张。其次，此类村庄经济社会发展水平较高，具有较完善的基础设施和社会配套设施，所以在控制建设用地的同时还应注意提高经济产出与农户收入水平，实现经济社会的可持续发展。

Ⅴ、Ⅵ区（适宜建设区）：以提高产出为导向。

该区域内的村落用地在镇域土地利用规划管制分区中划为允许建设区或有条件建设区的用地面积占到较高比例，同时生态敏感性低，集约度评价显示结果也在中等水平，区位及生态环境条件优越，因此其土地利用的集约化应在保持生态平衡的前提下，调整农业用地结构和布局，因地制宜安排耕地、园地、林地等各类用地，同时加强农业基础设施建设，改善农业生产条件，促进农用资源质量的提高。围绕实现人口与建设用地协调增长，科学发展建设用地规模，提高土地利用效率。引导工业用地向园区、城镇内工业小区集中，农用地向规模经营的农户和企业集中。适宜建设区的村庄要立足构建良好的生态环境，倡导与生态环境建设相协调的土地利用模式，以此提高土地经济效益并保障土地资源的可持续利用。

通过区域土地生态敏感性、现状集约度评价和发展潜力分析三个子系统组合，共同构成生态环境友好型海岸带村庄建设用地的评价指标体系。综合生态敏感性与发展潜力，将所有村庄分为四类（见图7-2），以提高集约度为目标，针对每一大类，提出土地利用优化模式，具体指导各行政村的生产生活生态建设，进行多目标优化。

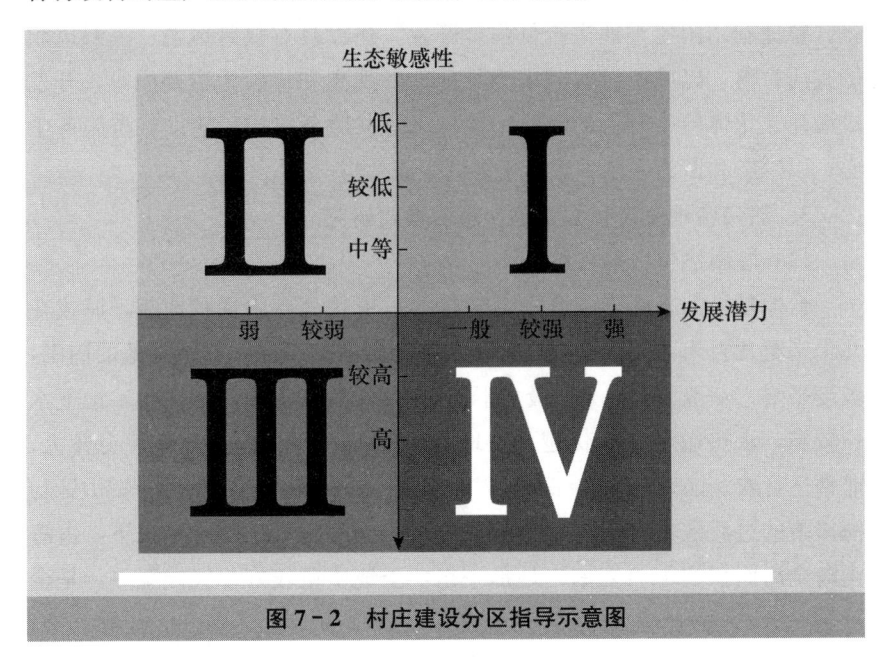

图7-2　村庄建设分区指导示意图

Ⅰ区：重点开发模式，建设旅游服务型村庄。此区域内的村庄发展潜力在整个镇域的中上水平且生态敏感性中等偏低，应进行重点开发建设，借"大景"（海洋旅游资源）建"小景"，丰富村庄旅游的内容；完善村庄公共服务设施、市政配套设施；对村庄绿地系统进行规划布局，体现村庄特色，增强田园趣味。

Ⅱ区：一般保护模式，建设产品加工型村庄。此区域内的村庄发展潜力在整个镇域范围内比较弱且生态敏感性中等偏低，应在保护生态环境的前提下进行开发建设，可以发展农产品、海产品、经济作物加工及工艺品生产项目；划片分区，围绕中心村布置公共服务配套设施；保护耕地与生态用地，控制建设用地无序扩张。

Ⅲ区：重点保护模式，建设生态农业型村庄。此区域内的村庄发展潜力在整个镇域范围内比较弱且生态敏感性较高，应该重点保护，进行低强度开发，利用荒地、非农田用地，进行种植，积极发展当地特色水果、林木等果林业；减少居民点用地，集中规划住房与配套设施；走生态农业和现代农业道路，建设优质、高产、低耗的农业生态系统。

Ⅳ区：适度开发模式，建设休闲游憩型村庄。此区域内的村庄发展潜力在整个镇域的中上水平但生态敏感性较高，因此要控制建设用地扩张，整理利用闲置土地进行低强度开发，建设具有热带风情、滨海风貌的宜居村落，以城市游客需求为导向，以观光和体验为主要内容，开发成海洋文化体验旅游目的地；完善村庄公共服务设施，建设旅游服务中心；以生态和谐为原则，致力于提高生态效益。

3. 热带台地生态化国土综合整治模式研究

（1）海南热带台地自然条件。

台地是沿河谷两岸或海岸带隆起的呈带状分布阶梯状地貌，海拔在几十米至几百米之间，往往分布在人口较集中的平原和盆地谷地的周围，坡度平缓，一般为5°~7°，最大不超过15°，其气温高，光热足，地下水位较高，水热组合较为优越；土地利用类型多样，土地生产潜力较大，非常适合农、园、林、牧综合开发利用①。海南岛台地主要分布在山区与海岸带的过渡区域，一般海拔低于100米，相对高度在80米以下，占海南岛全岛面积的40%左右，地形平坦，土地质量较好，气候湿热，是全

---

① 唐秀美，潘瑜春，郝星耀，等. 海南省热带台地生态化土地整治分区与工程设计[J]. 北京大学学报（自然科学版），2016，52（6）：1093-1101.

岛重要的粮食产区和全国重要的热带农业基地,同时也是基本农田划补的核心区。

1)气候特点。

海南岛属于热带季风气候区,气候特点明显,全年气候湿热,雨量充足,干湿季节明显。海南岛的气候条件有以下特点:

第一,日照充足,终年高温,偶有寒害。

海南岛年平均日照时数多在2 000h以上。太阳年辐射能量为460～590千焦/平方厘米,由于热带气候的特点,海南岛农作物全年生长,海南岛年平均气温除中部山区为22～23℃外,其他地区皆高于23℃,海南岛全年热量都能满足作物生长要求。海南岛积温条件形成了两季稻或"稻-稻-薯"等三熟制。日平均气温高于10℃日数,绝大部分地区都是365天。日平均气温高于10℃期间为植物活跃生长期,本岛大部分地区植物终年皆可活跃生长,中国仅有台湾南部可以与之媲美。日平均气温高于18℃期间为大多数热带作物活跃生长期,此期积温和日数在本岛分别为7 400～8 800℃和310天,能满足多数热带作物的需要[①]。

对于热带农业和热带作物而言,南部条件要优于北部,一方面是由于纬度低,另一方面是由于海南岛中部横贯山脉对北部寒潮的屏蔽,所以南部可以发展三季稻,冬种花生、玉米以及对热量要求高的腰果树、橡胶树等热带作物[②]。

第二,降水丰沛,分布不均,东湿西干。

海南岛降水存在着明显的时空差异。岛上各地平均年降水量大都在1 500～2 000mm,降水量充沛,但是东西降水量分布不均匀,呈现出"东湿西干"的特点,这主要是由于中部山脉阻挡了东部海上的气流,加之山脉对气流的抬升作用,所以东部能满足热带作物对水分的要求,土地开发利用程度高;而西部降水少,蒸发旺盛,并不能满足大量热带作物对水分的要求,因而有大量的荒地未开发。同时海南岛干湿季分明,降水在时间上分布不均,每年的5月至10月降水量大为雨季,11月至翌年4月降水量少为旱季。

第三,常风与台风。

海南岛年平均风速,中部山区为1～2m/s,西部及西南部沿海最

---

①② 蔡运龙. 海南岛土地资源的利用条件与开发方向[J]. 自然资源,1994(2):1-8.

大，为 3.8～4.7m/s，其地区为 2～3m/s。当年平均风速大于 2.0m/s 时，对热带作物无不良影响，当大于 3.0m/s 时，将对其生长有抑制作用，甚至可使其受害。因此海南岛中部和南部内陆最适宜热带作物生长，北部平原台地地区则须营造防护林才能种植热带作物。海南岛是中国受台风影响最多的地区，平均每年有 2.6 次台风登陆，7.9 次台风影响，台风有很大的破坏力，严重危害热带作物。台风影响呈现东强西弱的特点①。

2）地形地貌。

海南岛呈穹隆状，其地势从中部山体向外，呈环状按山地、丘陵、台地、阶地、平原的顺序逐级递降，构成层状垂直分布。由于深受地质构造和热带气候的影响，海南岛多级层状地貌显著，火山地貌和沿海堆积平原广布②。首先采用科学出版社 2009 年出版的《中华人民共和国地貌图集（1∶100 万）》中海南岛的地貌划分结果对海南省地貌及台地进行分析。

沿海台地平原带包括环岛四周的浅海沉积阶地玄武岩和花岗岩台地、河流冲积平原、河口三角洲平原和海积平原滨海沙滩等各类平地，北部玄武岩台地多防护林网庇护下的橡胶园，南部西部浅海沉积阶地分布有大片耐旱腰果树、油棕树等，沿海一带椰林和人工防护林分布广泛，海滩上还有红树林盐田，发展海水养殖条件也好，港口码头和主要大城市亦分布于此带③。

台地作为海南最主要的农耕区，地势低矮平坦，集中连片，土层深厚，便于耕作，机耕条件良好。沿海台地平原带土地利用以农耕为主，但方式多样化，未来土地开发潜力巨大。

台地是地貌的概念，台地地区与台地概念不同，本研究中"台地地区"作为功能分区概念，根据海南省海岸带和山地带的划定结果，确定海岸带和山地带之间的区域作为"台地地区"。

针对海南省台地地区耕地质量较低、布局分散、地块凌乱、水土流失严重等问题，在对基本农田以及基本农田划补概念、内涵研究的基础上，首先，考虑耕地的生态属性，构建包含耕地自然质量、生态质量和

---

① 蔡运龙. 海南岛土地资源的利用条件与开发方向［J］. 自然资源，1994（2）：1-8.
② 袁建平，余龙师，邓广强，等. 海南岛地貌分区和分类［J］. 海南大学学报（自然科学版），2006（4）：364-370.
③ 同①.

区位条件在内的耕地入选基本农田评价指标体系；其次，在对评价指标进行权重确定和标准化处理的基础上，以耕地图斑为评价单元，采用综合评价法进行评价；再次，结合土地利用总体规划和相关政策，基于综合评价得分进行基本农田划定；最后，通过核实的占用（减少）基本农田和拟补划耕地的现状信息，进行基本农田补划，最终形成面向热带台地地区的生态化基本农田划补与集中区划定成果，拓展了"国土整治潜力-国土整治可行性-国土整治迫切性"三位一体的国土综合整治时空配置模式。

（2）海南台地国土综合整治模式划分。

通过以上分析，结合热带地区的气候特点、台地的土地利用特点及海南省农业发展方向与农业功能分区，对海南省的台地国土整治模式进行划分，共划分为四种整治模式。

1）琼东现代农业整治模式。

该模式主要分布于海口、文昌、琼海、万宁等市，琼东地区的农业发展模式具有农业发展经验丰富，降水丰沛、林地湿地多但农产品供给能力弱、就业保障能力弱的主要特征。

这一整治模式主要受两大限制因素的制约：一是土地垦殖率高，宜农后备土地资源缺乏；二是非农产业发达，农民对耕地的依赖性弱。通过采取用地多功能整合与提升技术、土地景观生态功能提升技术等关键技术，开展国土综合整治，既要保持耕地生产能力的稳定，又要发展特色果蔬生态农业，开发生态旅游、观光农业、休闲农业等重点项目[①]。

2）琼南农旅一体化整治模式。

该模式主要分布于乐东、保亭、陵水、三亚等市，琼南地区的农业发展相对于其他地区较差，土地资源少，人均占有量小，农产品供给能力弱，森林覆盖率高，旅游资源丰富，旅游产业发达，适宜发展旅游文化产业，但社会经济发展和基础设施落后。开展国土综合整治，通过土地质量提升技术、土地景观生态功能提升技术和台地生态防护技术，增加耕地面积，开发沿海瓜菜、水稻、特色水果、水产品和特色经济作物，重点实施"南繁育种工程"和农业高新技术示范区，提高森林覆盖率，建设生态农业示范区、休闲农业示范区，发展观光农业。

---

① 唐秀美，潘瑜春，郝星耀，等. 海南省热带台地生态化土地整治分区与工程设计[J]. 北京大学学报（自然科学版），2016，52（6）：1093-1101.

3) 琼西生态整治模式。

该模式主要分布于儋州、东方、昌江等地区，区域内虽然拥有丰富的土地资源和森林资源，但是农产品和粮食的供给能力弱，当地出现的水土流失和土地沙化情况比较严重，生态调节功能突出。区域内土地平整性差，土壤质量低下，水利设施不配套，存在部分水利设施老化退化得不到及时维修以及粗放的灌溉方式等问题，严重制约了当地经济的发展。通过国土综合整治，大力发展设施农业，构建有特色的现代农业体系：重点发展节水型农业和优质果蔬产品，提高农业灌溉技术水平，进一步平整土地，优化种植结构，形成独具特色的琼西现代农业体系。

4) 琼北高产高效整治模式。

该模式主要分布于临高、澄迈、安定、屯昌、琼中。该区域降水量充足，粮食产量高，拥有丰富的农业资源和农业文化资源，但存在严重的水土流失问题，生态调节功能突出。因此，当地农业应着重发展特色果蔬农业，开发农业旅游资源，形成果蔬粮食作为载体的生态旅游和观光休闲农业带，重视农业结构的升级和规模的扩张。国土综合整治强调提高生产效率，在土地适宜性评价的基础上发展提高农业灌溉技术，解决区域内水土流失问题，提高坡耕地的土地质量，合理进行农业布局，完善灌溉设施[1]。

4. 山地生态旅游开发的国土综合整治模式研究

(1) 海南山地旅游开发环境背景。

海南岛中部山区在海南生态立省战略和国际旅游岛战略的实施过程中具有重要的生态意义，是海南和中国的生物多样性丰富区，是海南岛的生态屏障，是海南岛主要江河发源地、重要水源含蓄区和水土保持的重点预防保护区。海南岛中部山区发育并保存着中国仅有的两大热带林区之一，拥有中国最大面积的热带雨林，拥有极丰富的生物种类，具有极高的生物研究价值，是生物多样性发展最具潜力的地方，是中国的"生物基因宝库"，对于保护中国和全球生物多样性具有重要意义[2]。

---

[1] 唐秀美，潘瑜春，郝星耀，等. 海南省热带台地生态化土地整治分区与工程设计[J]. 北京大学学报（自然科学版），2016, 52 (6)：1093-1101.

[2] 李立勋，辜桂英. 基于公共理性的区域规划体制创新：以海南城乡总体规划为例[J]. 规划师，2011 (3)：26-32.

海南省长期以来重视开发滨海旅游，由于中部山区的生态条件、技术条件和基础设施等条件的限制，中部山区的旅游发展一直滞后，是海南旅游业改革发展、帮助山区人民脱贫致富的一大阻碍。在将海南旅游业上升为国家战略的背景下，"绿色山地游"已经逐步成为海南生态旅游的新热点，2017年3月1日，海南省政府发布了《海南省全域旅游建设发展规划》，要求围绕海南"生态环境、经济特区、国际旅游岛"三大优势开展全域旅游建设，其中对中部山区也给出了"蓝绿互动、山海互补"的定位，该区域旅游开发已经势在必行，但是海南省在生态型山地旅游的概念、资源、评价和开发体系方面的研究还存在不足。在保护中发展山地区旅游业，进而带动区域经济发展成为迫切需要解决的现实问题，落到土地上，就构成了旅游建设用地保障与生态有效管护间的"两难"问题，具体到研究方向上，则反映在由于山地空间差异性而体现出来的山地生态旅游建设用地开发选址和集约利用问题上。

（2）海南省生态型山地旅游建设用地集约利用模式。

以海南省五指山市为例，五指山市是海南省山地旅游资源最丰富的地方，是海南热带山生态风光旅游的中心城市。拥有具有海南之"肺"之称的五指山，五指山风光秀美，热带雨林风景神秘莫测。境内独特的自然风光和极具特色的异域风情为海南岛的旅游开发提供了天然的条件。

生态环境是五指山市红峡谷山地区最大的竞争优势和发展潜力所在，因此，将"生态保护"作为五指山红峡谷山地区土地利用结构调整的依据以及未来发展的方向。

将五指山红峡谷景区旅游用地的土地利用现状，按照生态旅游用地分类体系进行规划安排，将景区中原来未涉及的土地利用类型，进行重新分类添加新增地类；对已有的土地类型进行分类和归并，将景区土地利用类型细化，利于集约管理。将相同的土地利用类型，尽量安排在一起进行集约化管理，像洗手间这些需要分散在景区内部的公共设施，应该合理安排每一项设施之间的距离，既要方便游客，体现景区的服务功能，又要注重景区土地的集约利用，合理安排土地利用类型，尽可能地将不同土地利用类型集约紧凑布局，合理利用土地。山地旅游用地生态系统复杂多变，要根据山地地形，因地制宜地进行空间规划布局。通过当地部门提供的环境评价报告——《五指山市红峡谷旅游景区项目现状评估报告》以及五指山市统计年鉴、《景区最大承载量核定导则》、《海南省旅游条例》、旅游行业统计数据等来确定指标；采用层次分析法确定权重，最终得到五指山红峡谷旅游风景区综合得分（见表7-9）。

表7-9　　　　　五指山红峡谷旅游风景区综合得分表

人均旅游用地面积	单位建设用地投入产出比	单位面积收益	地均投资强度	经济层综合分数	
0.00	0.22	0.17	0.08	0.11	
旅游业收入占GDP比重	单位面积旅游从业人数	旅游资源吸引力	交通便捷度	社会效益层综合分数	
0.00	0.16	0.02	0.00	0.06	
绿地率	环保投资强度	空气环境质量	水环境质量	声环境质量	生态效益层综合分数
0.15	0.23	0.00	0.02	0.00	0.05
合计					
0.22					

根据综合评价法计算结果得到五指山红峡谷旅游风景区的综合得分为0.22。咨询专家将五指山红峡谷景区旅游建设用地集约利用的等级划为集约利用的水平，评价结果显示，五指山红峡谷景区旅游建设用地属于集约利用，应该保持现状发展，以下为促进游乐休闲型旅游用地集约利用模式的建议：

1) 营造多样化旅游体验环境。

首先，依托当地优美的自然资源和丰富的人文社会资源，结合当地的历史古迹、人文风情营造多样化的旅游体验环境，吸引更多的游客体验当地的热带雨林、水上漂流等。作为景区，要积极开发丰富多样的旅游体验服务，积极开发不同的游乐体验模式，增加水上漂流的游乐性。同时，要提高服务质量，加强景区工作人员的服务意识，多进行培训，积极引导游客体验当地文化，满足游客旅游体验需求。旅游服务是旅游产品的核心，因此应秉承以游客体验为本的服务理念，提升景区民俗旅游体验产品质量，充分利用游客在游玩过程中的各类载体实施个性化服务，增强游客愉悦的旅游体验。旅游景区只有转变经营管理与服务观念，不断围绕游客需求创新旅游产品才能可持续发展。其次，完善景区内各种娱乐设施设备，营造旅游休闲气氛，尽量给游客带来舒适、放松旅游的感受，多举办民族风情活动，吸引游客更深入地了解旅游度假区。

2）加强区域旅游合作。

加强区域旅游合作是实现海南省可持续发展的必经之路，这种合作方式不仅加强了不同区域之间经济文化的交流而且对于促进双方甚至多方的经济发展有着互惠互利的作用：第一，加强市场和资源之间的合作。海南省地理位置优越，旅游资源独特，省内和周边有许多高质量的旅游资源，容易实现区域旅游合作。第二，联合促销，比如海上丝绸之路等，整合周边优质旅游资源，打造国际化生态旅游城市。

3）打造特色游乐休闲旅游品牌。

五指山红峡谷旅游景区应着力打造传统与现代、动感与恬静、西式与中式相结合，内涵丰富的餐馆、休闲、体育、商业文化综合区。打造既具有中国传统特色，又具有现代都市人的时尚运动体验特征的特色多功能旅游区。根据红峡谷旅游区景观资源分布和特色，充分考虑游客不同层次活动的需求，充分利用区域内丰富的生物资源，带动本地区经济的发展，同时，也要提高开发条件，注重对环境的保护。另外，旅游定位要注意差异化，不可过于雷同，以突出自身的亮点，打造独有的五指山红峡谷旅游区，加强和国家旅游景区的交流合作。以生态承载力为基础，以各项特色旅游产业为主题，打造独特的旅游名片。

5. 海南省国土整治区域统筹路径思路：自然禀赋与功能分区统筹

开展土地生态综合评价、城镇建设用地集约利用评价和潜力测算等各类现状评价和潜力测算，了解海南省土地自然禀赋、土地利用情况、建设用地集约利用情况、基本农田补划条件和国土整治情况，由此将其划分为海岸带、台地和山地三种国土综合整治区，发挥三种区域工业发展和建设用地集约用地、农业生产和生态旅游等独特的功能定位。

海南省是全国唯一一个四面环海的省级行政区，拥有典型而丰富的海岸带资源，但海岸带保护效率不高、海岸带经济的开发进展缓慢，此次针对海南省海岸带工业用地差别化集约利用控制技术的研究，就是要探索如何在海岸带环境保护的压力下对工业用地的利用进行合理管控，提高工业用地的利用效率，从而既保证当地工业发展的需求又将对环境的影响降至最低。此外，不同于过去"一刀切"式管理的弊端，采取差别化的管理方式，制定差别化的发展目标，充分考虑了海岸带各个地区自然条件、经济条件、发展潜力的不同，加强了相关研究结论的适应性和可操作性。同时海南的经验也可为其他沿海地区经济带的工业用地管理方法提供范例。

针对海南台地地区的生态环境和农业发展问题，海南台地的国土综合整治开展了土地利用结构优化，将景观重建作为国土综合整治的目标，通过格局优化调整，提升热带台地地区的生产、生态功能，调整农业用地的布局和规模，修复完善交通体系[1]；改善基础设施配套情况，修整新建田间道路；开展整治工程生态化设计，在已有国土综合整治设计技术及生态化利用研究基础上，选择适合台地区域的生态设计技术，对土地的表面进行土壤改良；增强土地利用效率，引导农民种植苦瓜、花生、地瓜、蔬菜等高收益经济作物；发展多功能农业，保障国土综合整治措施与农业发展方向的一致性，通过路网绿化、水土保持、特色果品采摘等，促进当地现代农业与旅游业的协调发展。

结合土地生态综合评价及其他成果，针对国际旅游岛建设中海岸带城镇发展扩张过快、供地紧张、生态功能退化等问题，进行生态环境友好型海岸带城镇建设用地集约利用；针对海南海岸带西部工业走廊扩张过猛、用地结构和布局不合理、产业聚集度低、生态环境屡遭破坏等问题，进行生态环境友好型海岸带工业用地的集约利用；针对海岸带农村居民点规模小、布局散乱、随意性大，造成土地资源严重浪费、环境功能下降的问题，进行生态环境友好型海岸带农村居民点集约利用，指导海岸带生态环境友好型建设用地开发与建设，提升本岛居民点生产、生活、生态安全水平。依据海岸带、台地和山地三个区域的评价结果在区域内划分各种潜力区块、整治区块等各类区块，如重点开发区、一般保护区等，并且在此基础上进行示范区研究，开展国土整治示范设计，提出整治意见。

三、国土综合整治区域统筹的微观尺度分析：以北京市海淀区为例

（一）研究区域概况

1. 海淀区整体情况

北京市海淀区位于北京城区西部和西北部，总面积为 43 076 公顷，

---

[1] 唐秀美，任艳敏，潘瑜春. 基于景观格局与限制性因素分析的土地整治规划设计[J]. 北京大学学报（自然科学版），2015（4）：677-684.

占北京市总面积的2.6%。香山北面的打鹰洼主峰山峦呈东西走向，习惯上以此山为界，把海淀区分为两部分，山之南称为山前，山之北称为山后。

海淀区是承载首都功能的核心区域，不仅拥有明显的区位和资源优势，而且是首都科技、人才、文化的聚集地，在国内外都具有重大的影响力。海淀区还是国家高新技术产业基地之一，区域内高校和科研院所云集，著名的北京大学、清华大学、中国人民大学等高校都位于海淀区。除此之外，许多国内外著名的风景名胜和文化教育旅游基地都位于海淀区，如著名的圆明园和颐和园，该区是体现国家形象与风貌的重要历史文化教育区。

至2016年，海淀区实现地区生产总值5 036.8亿元，占北京市比重达20.2%，经济总量位于北京市十六区之首。人均地区生产总值14.0万元。

2. 土地利用概况

（1）土地利用结构特征。

海淀区土地利用具有明显的区域特点：一是农用地呈现出"多林地，少耕地"的特点，林地占据了全区61%的规模，仅有的以旱地为主的耕地十分稀少且集中分布在北部地区，农用地内水资源的匮乏正影响着海淀区的农作物结构。二是建设用地以城市用地为主，呈现出"南城北乡"的土地空间分布，南部地区多建设用地，北部地区多农村居民点。三是土地利用程度高达98.51%，后备土地资源匮乏。

（2）土地利用空间布局特征。

海淀区空间特征上受山区的分割，导致山前山后的连续性不强，具有很大的独立性。山前部分是城市建成区；山后的空间特征独立于山前，山后分布着集中地、农用地和新增建设用地，且呈现出建设用地逐步从山前向山后推进的布局；山边周围是重要的绿色生态保护节点，分布着"生态加密"的建设用地和"三山五园"皇家园林、郊野公园等绿色空间。

（二）微观尺度上基于"三生"空间的国土综合整治

1. "三生"空间统筹

"三生"空间统筹的概念是以空间为研究对象，在区域法的支持下，保证资源环境承载力，根据对生产、生活的结构需求，通过建立和谐的人地关系，调整"三生"空间的比例结构和空间布局，以实现"三生"空间的稳定、可持续发展的过程。"三生"，即生产空间、生活空间和生态空间，三者密不可分，互相影响，互相作用（见图7-3）：生产空间的主要功能是提供农产品、工业品和服务产品，生产空间是决定生活空间、生态空间状况的根本；生活空间的主要功能是提供人类居住和公共活动空间，生活空间是空间优化的最终目的；生态空间的主要功能是提供生态产品和生态服务，它是为生产空间、生活空间提供健康保障的重要维度。

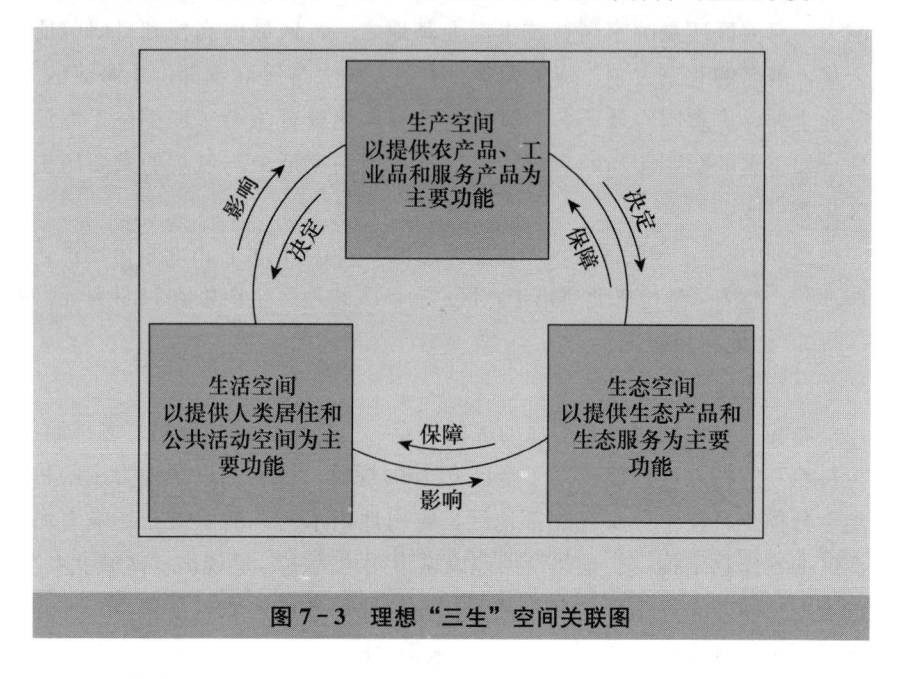

图7-3 理想"三生"空间关联图

2. 海淀区国土整治功能区划分

结合海淀区的土地分布现状和国土整治潜力情况，在全区域内根据不同导向的整治功能进行划分，山前的建成区主要发展存量建设用地的增效挖潜，山后的农村地区主要发展集体建设用地的集约节约，山周边的绿色空间区域主要发展生态文明的优化提质。

海淀区有着独特的战略地位，是承载首都功能的核心区域，拥有明显的区位和资源优势，而且是首都高新产业和科教创新的聚集地。考虑到海淀区的土地总体情况和土地利用格局，结合区域内的整治格局，确定整治多元化和功能化相结合的目标，结合"三生"协同发展程度，划分三大功能区。

生产导向：北部生态科技新区国土整治功能区。

北部生态科技新区国土整治功能区紧紧围绕生态科技创新基地的定位进行发展，明确其发展为国际交往中心和科技创新中心的目标，培育城乡统筹发展的示范基地，重视建设优良的生态环境。

生态导向：中部"三山五园"历史文化景区国土整治功能区。

中部"三山五园"历史文化景区国土整治功能区紧紧围绕创建具有国际影响力的文化历史名城定位，在尊重历史的前提下，统筹管理区域内各项文化生态资源，保护历史文物，维系古都风貌，整合各项文化资金，增加现代高新技术和文化资源的融合。

生活导向：南部中关村科学城国土整治功能区。

南部中关村科学城国土整治功能区紧紧围绕打造有国际影响力的科技新城定位，引领全区的科技文化创新和科研服务，打造创新发展的增长极，建立拥有巨大发展潜力的生态智能城区。

3. 海淀区国土整治功能亚区划分

在国土整治功能区的基础上，进一步细化国土整治功能区整治目标，根据整治需求划定国土整治功能亚区。

(1) 北部国土整治功能亚区确定。

结合海淀区土地利用的空间发展战略，发挥中部地区"T"形科技绿心的辐射作用，建设低碳生态科技新城，西边建设西山生态涵养区，与农田生态建设一起构筑北部地区重要的生态涵养区，从南到北增强南沙河与北沙河景观生态线，同时加强京密引水渠绿色生命线，以提高北部资源承载力，推进产业聚集区的空间拓展，并增强其生态休闲功能。

(2) 中部国土整治功能亚区确定。

1) 多规融合空间布局分析。

依据海淀区土地利用规划，将"三山五园"历史文化景区分为香山片区环境治理、园外园景观提升、教育科研文化提升三部分。西部生态休闲游憩区内含香山、植物园、西山国家森林公园、绿隔地区等，以休闲游憩为主，主要服务于本地居民和散客；中部历史文化旅游区是颐和园、圆明园等核心旅游文化资源集中区域，以旅游文化体验为主，主要服务外地游客，兼顾本地居民；东部教育科研文化区内清华大学、北京大学、中科院等高校和科研机构密集，以教育科研为主。

在此基础上，可进一步确定每一分区的主导功能，以疏解或整合提升与主导功能不符的功能。在西部片区可分为休闲游憩区、旅游服务区、生态保护区和科研功能区；中部片区可分为核心旅游区、旅游综合服务区、生态保护区和教育功能区；东部可分为清华大学、北京大学及其周边区域的教育功能区和中科院及周边区域构成的科研功能区。

2) 三大国土整治功能亚区划定。

依据亚区划分结果确定具体目标导向。中部片区分为香山片区环境治理亚区、园外园景观提升亚区、教育科研文化提升亚区。在香山片区环境治理亚区内，通过地区环境整治，实现"一条绿化带，两条步行街"的规划构想；在园外园景观提升亚区，改善地区生态环境，提升综合品质，实现慢行系统串联郊野公园的规划构想；在教育科研文化提升亚区，加快颐和园和圆明园地区周围环境综合整治和开发建设，提高大院大所土地利用效率。

(3) 南部国土整治功能亚区确定。

1) 多规融合空间布局分析。

依据《海淀区"十二五"时期中关村科学城功能区发展规划》，将南部分为两大创新服务核心区域和九大综合服务功能区，两大创新服务核心区域是指以中关村西区-东区为主体的科学城北部创新服务核心区和以中关村玉渊潭科技商务区为主体的科学城南部创新服务核心区，是科学城地区乃至整个海淀区和北京市的高端创新和创新服务要素的集聚区；九大综合服务功能区按主导功能方向分为三大类型：综合创新服务功能区，包括四道口-大钟寺创新服务功能区、清华-五道口创新服务功能区、西直门创新服务功能区；综合商业服务功能区，包括世纪城商业服务功能区、公主坟商业服务功能区、五棵松商业服务功能区；综合创意文化功能区，包括北影厂创意文化功能区、民大创意文化功能区、西山创意文化功能区。

因此，基于"三区联动、中心辐射"的整体空间发展战略，立足于中关村科学城地区近期建设和远期发展的不同需求，提出重点推进"两核多区、两大网络"的总体空间布局。"两核"指中关村西区-东区、中关村玉渊潭科技商务区"两大创新服务核心区"，多区指"综合创新服务功能区、综合商业服务功能区、综合创意文化功能区"，"两大网络"指创新服务网络、生态景观网络。据此，将依据中关村科学城相关规划，规划西山创意文化亚区、创新服务亚区、商务服务亚区和科技创新亚区。

2) 南部四大国土整治功能亚区。

依据亚区划分结果确定具体目标导向。南部分为西山创意文化亚区、创新服务亚区、商务服务亚区和科技创新亚区。依托四季青地区分指挥部、中知学地区分指挥部、玉渊潭地区分指挥部、东升地区分指挥部，在西山创意文化国土整治单元内，以杏石口路和旱河路交叉口周边地区改造为核心，推进 47 块低效用地再开发；在创新服务国土整治单元内，以中知学创新服务轴带建设为核心，推进 118 块低效用地再开发；在商务服务国土整治单元内打造中关村玉渊潭科技商务区、五棵松商业服务功能区和公主坟商业服务功能区，推进 77 块低效用地再开发；在科技创新国土整治单元内部，稳妥推进集体高科技产业园区节地，实施 47 块低效用地再开发。

4. 海淀区国土整治功能单元划定

为满足国土整治区域统筹在微观层面上的需要，基于"三生"空间统筹理念，在国土整治功能区与国土整治功能亚区结果的指导下，通过确定可持续发展三棱锥多元目标、建立整治功能魔方、构造整治功能玫瑰图、"三生"空间格局优化修正几个步骤，划定整治功能单元。

国土整治功能单元是在行政区划体系的基础上，结合国土整治功能进行修正，具有清晰的范围边界，边界不重叠、不交叉，实现区域的全覆盖。值得注意的是，国土整治功能单元本身并不是一个新的行政层次，而是一个整治"共同体"的概念，是搭建的一个制度性的合作博弈平台，以期促进各共生行政单元的协同发展和抑制负外部性对区域的影响。

5. 海淀区国土综合整治功能单元功能实现机制

（1）"万亩良田"国土整治功能单元功能实现机制。

1）实施农田综合保护管理。

实现农田保护管理机制由增加耕地数量向数量质量综合提高的转变。使用耕地开垦费等补充耕地资金积极在国土综合整治项目区内推进落实新增耕地，以农用地整治为依托，鼓励发展规模经营，细化生产设施农用地分类，鼓励利用现代化高科技手段，允许配置可促进农业生产效益、提高基本农田产量质量、不破坏耕作层的生产设施及附属设施，简化审批流程，由区政府具体制定相关办法；对进行农业调整的耕地，耕作层未被破坏的，按可调整地类进行管理，充分发挥基本农田的生态功能。

2）实施"万亩良田"示范工程集中投入制度。

按照《新增建设用地土地有偿使用费资金使用管理办法》等相关文件的规定，区财政局有效整合新增建设用地土地有偿使用费、土地出让金、耕地开垦费等国土整治资金。新增建设用地土地有偿使用费垂直下拨到海淀区财政，用于"万亩良田"国土整治项目。

3）实行耕地和基本农田保护经济补偿。

在海淀区耕地保护责任目标任务完成的基础上，整合发改、国土、农业、水利等部门的农地保护资金，加大补助力度，整治项目验收以后，由区政府增加对基本农田、耕地保护补贴，具体标准由区政府另行制定，农林地保护补贴资金由镇政府统一管理，归具有土地所有权的集体经济组织所有，专款专用。

4）规范推行农用地流转。

在稳定家庭承包责任制的基础上，坚持依法、自愿、有偿的原则，鼓励承包经营权以转包、转让、入股、租赁等多种形式向经营主体流转，出台海淀区农用地流转办法，具体办法由区政府制定，调动社会资本参与都市型现代农业积极性，发展多种形式规模经营。

5）强化高标准基本农田监管。

在国土资源综合监管平台的基础上，构建"农地整体功能管理信息系统"，借助全国第二次土地调查和农村集体土地登记确权成果，根据土地利用总体规划和国土整治规划等专项规划，统筹安排区域内"山水林田湖"格局，搭建农地整体功能管理平台，开展土地承包经营权合同清理、确权登记发证和流转三层次工作。

(2) 乡村人居环境提升国土整治功能单元功能实现机制。

1）改革完善宅基地管理制度。

严格执行农村宅基地标准，确保农村居民住有所居。城镇用地建设范围内的住宅应该集中建设，统筹安排。对于在城镇建设用地范围外的零散的宅基地地块应按照规划向集中住宅区靠近。

2）实行农村宅基地差别化审批。

建立新农村建设中的新增连片宅基地的差别化审批制度，对于保留村原址翻建、宅基地未扩建的，经依法确认后，可直接确权发证。对搬迁腾退或新村改造过程中形成的集中连片新建宅基地实行批次审批制度，由镇政府负责组织申报材料，经国土海淀分局审核后按批次报区政府批准，由乡镇政府落实到户。对保留村五小工程建设，从镇（村）公共设施、公益事业使用集体建设用地审批手续上进行简化，可采取按照批次方式上报区政府审批，切实改善农村居民生活便捷程度，改善居住环境，严格类别审查（五小工程范围），加强项目批后监管。

3）建立集体建设用地流转市场。

鼓励以镇集体经济组织自筹资金、村集体经济组织参股模式进行开发，最大程度保障集体利益。重大科技成果研发和产业化项目可采取租赁、入股和联营联建等方式使用集体建设用地。在不改变土地权属、充分保障集体利益前提下，可与区属开发公司或专业园区开发公司合作开发建设。根据北部统一开发大平衡的要求，建立立项主体和使用主体为镇集体经济组织联合体的新模式。

(3) 城镇更新国土整治功能单元功能实现机制。

1) 创新多元化主体参与城镇更新。

结合国家和北京市出台的棚户区改造相关政策，涉及改变土地用途的经营性用地采取招拍挂方式出让。鼓励原国有土地使用权人利用原有土地，通过协议出让的方式开发建设小微企业创业园，扶持中小微企业迅速成长，推动"十百千"企业做大做强。

农村集体经济组织开展低效用地再开发。土地利用总体规划确定的城市建设用地范围内，需要将集体建设用地改变为国有建设用地的，可由原集体经济组织按照集体经营性建设用地有关规定，采取自占而不征模式，推进城镇低效用地开发建设。

联合体参与城镇低效用地再开发。已经取得合法产权的项目用地，除再开发为经营性房地产项目外，鼓励同一低效用地片区内原国有土地使用权人进行自行再开发、联合再开发。

2) 整合利用零散土地。

搭建低效用地片区收储平台。在城乡协作规划的平台上，统筹区域空间资源，探索城镇低效用地项目之间的联动开发。结合地区功能定位、环境改造诉求与空间资源潜力，探索项目之间的联动开发，进行平衡开发资金、配置资源，推动低效用地的再开发，实现产业发展、城市功能、居民利益和生态建设的有效融合。

(4) 产业园区节地国土整治功能单元功能实现机制。

1) 完善产业用地准入退出机制。

建立产业园区准入机制，在严格限定土地产出强度标准的同时，研究制定鼓励优先发展的"高精尖"产业目录及配套政策措施，在有偿供应各类建设用地时，在建设用地使用权出让、出租合同中明确节约集约用地的规定，将工业项目控制性指标纳入土地使用条件；建立产业园区节约集约用地评价和动态监测机制，根据各种产业园区发展导向，通过规模引导、布局优化、标准控制、市场配置等手段，确定海淀区高科技产业园区土地产出强度、项目产出强度，合理确定产业用地规模，实行绩效评估，强化功能统筹；建立项目用地退出机制、产业用地开发利用全过程的跟踪检查制度，对项目投资率、产出率、容积率、低碳率等内容进行严格控制。

2）实现产业用地弹性供应机制。

产业用地根据企业性质不同，采取先出租后出让、在法定最高年期内实行缩短出让年期等方式，出让土地采取弹性年限制①，10～30年为宜，最高不超过50年。

3）建立高科技产业园区土地批后监管机制。

根据海淀区高科技产业园区项目用地的特点和对高科技产业园区项目用地监督管理的需要，依托北京市国土资源局出让土地批后监管系统，由区政府编制海淀区高科技产业园区用地监管办法，利用土地出让合同验收机制、产业用地诚信机制和缴纳土地利用监管资金等手段，对高科技产业园区项目用地的主体建设、开竣工情况、是否存在闲置土地、固定资产总投资、开发投资总额、投资规模或投资强度等进行监督管理。建立对项目用地抓前端、管中端、控后端的监管机制，确保产业项目集约用地，高效利用。

（三）海淀区国土整治区域统筹路径思路：微观单元引领

海淀区国土整治区域统筹是在"三生"空间统筹的基础上进行的基于现状评价，开展功能定位分析，对区域进行不同层次上（功能区、亚区）的区块划分，完成细部设计。

开展海淀区现状评价，根据评价结果，结合区域发展现状、产业集聚情况、生态资源禀赋、农业生产条件等因素②，将海淀区分为北部生态科技新区、中部"三山五园"历史文化景区和南部中关村科学城三大区域。

通过分析区域功能目标导向、区域内功能划分，明确区域功能定位。依据海淀区的功能定位，对海淀区传统的三大功能区进行基于"三生"空间的国土整治功能区确定，根据区域土地利用特征、"三生"空间发展协同度计算进行国土整治功能区确定，确定三大功能区生产导向、生态导向和生活导向的多元目标导向。在多规融合的视角下开展功能亚区布局分析。服务于发展梯度中各区域的功能定位，进行整治区块划分。在此基础上完善细部设计，开展"万亩良田"国土整治、乡村人居环境提升国土整治、"山水林田湖"国土整治、城镇更新国土整治和产业园区节地国土整治。

---

①② 朱志军. 河南省产业集聚区提质转型创新发展的思考［J］. 中共山西省直机关党校学报，2016（2）：28-31.

第八章
基于"四区一带"的国土综合整治区域统筹实施路径探索

根据国家发展战略、精准扶贫需求和区域发展特点在"四区一带"国土综合整治格局的基础上提炼区域国土综合整治特色，分析国土综合整治区域内部统筹实施路径。"四区一带"即为城市化地区、农村地区、重点生态功能区、矿产资源开发集中区、海岸带和海岛，下文将具体分析各个区域具有代表性的案例点。

一、城市化地区的国土综合整治统筹路径

（一）上海郊野单元与"土地整治＋"综合整治模式

上海经济在改革开放以来一直位居中国城市经济总量的前列，经济发展速度飞快，作为中国为数不多的大城市，上海存在着"人口众多、资源紧张"的供需矛盾，如何发展资源节约型和环境友好型的大城市已经成为上海城市发展的重要课题。面对优化土地利用、保持经济活力、建设宜居都市的任务，根据中央关于"生态文明建设"和"推进新型城镇化"的新要求，紧密结合上海人口众多和土地资源紧缺的现实矛盾，在"有效补充耕地、确保国家粮食安全"的基本要求下，上海取得了一定成果，逐渐探索出一条符合上海实际的国土综合整治之路。

1. 以郊野单元规划为引领

2012年以来，上海在城市规划和土地利用规划"两规合一"的一系列基础上，以土地整治规划为承载，以配套政策和组织编制创新为支撑，

以郊野地区的区域平衡和综合调控为目标,引导郊野地区镇域层面全域统筹战略安排和城乡宏观发展战略目标在微观层面实施落地。推进"多规整合、政策融合、资金叠合和项目集合",是乡镇级的全域全地类的实施性策略性空间规划体系。

2. 以"土地整治+"为创新路径

"土地整治+"是指在土地整治的过程中,结合"互联网+"的理念,融合各种国土空间土地治理的技术和手段,合理利用分配要素和资源,实现土地利用价值提升的方式。"土地整治+"的首要特征是开放共享、跨界融合,将土地整治内容由"田水路林村"拓展到"田水路林村厂文",土地整治推进机制由政府主导、农户参与为主转变为政府引导,农民、市民及艺术、体育、金融、科研机构等各类创新主体共同参与,土地整治投入模式由政府政策、资金投入为主转变为整合政策、资金、人才等各类资源要素向农村集聚。"土地整治+"还具有明显的平台特征。"土地整治+"的平台思维,就是要整合社会资源,搭建资源要素配置平台和构建理念价值传播平台。基于基本乡村元素开展再加工、再创作,吸引第三产业进驻,不仅可以带动区域内经营方式的转变而且还可以带动居民共同创业,共同富裕①。

3. "减量化"重构城乡建设用地格局

建设用地"减量化"要达到治理改善、发展转型等效应②,全面落实上海土地管理策略。建设用地减量化是在建设用地总量规模锁定的前提下,土地利用重点从增量转向存量的必然选择和唯一路径。减量对象为集中建设区外低效建设用地。近期减量主要体现在两个方面:一是集中建设区外现状工业用地(总量约为198平方公里,简称"198"工业用地),重点对全市基本农田保护区、高标准基本农田保护区、永久性基本农田保护区范围内的"198"工业用地集中开展整治减量;二是"三线"(高压走廊、高速公路、铁路)地区、水源地保护区、郊野公园、垃圾处理场等大型市政项目规划控制范围内的农村宅基地。

拓宽城乡建设用地增减挂钩内涵,允许周转指标在区县范围内适度流转,特别针对"198"区域的减量化工作提供市级减量化专项扶持性

---

① 顾守柏,刘伟,夏菁. 打造"土地整治+"的新格局:上海的创新与实践[J]. 中国土地,2016(9):42-44.
② 顾守柏,龙腾,刘静. 全域土地整治创新与实践:以上海市为例[J]. 中国土地,2017(9):52-55.

资金①。

(二) 成都"创新投融资、全民参与"综合整治模式

从2004年开始,成都市着手实施农村土地综合整治,并取得了显著成效。成都市农村国土综合整治发展实践主要呈现出以下几个特点:

1. 以政府推进为主导

成都市从政府服务着手,助推农村国土综合整治的开展。成都市政府在推进农村国土综合整治过程中,先后编制了一系列政策法规,为农村国土综合整治的开展及推广提供了政策上的支持。与此同时,国家对"三农"问题的重视,以及对于"三农"问题的各项相关政策使得农村国土综合整治工作一脉相承,具有很强的系统性、整体性。成都市政府一直致力于更好地解决"三农"问题,始终以"三农"问题为抓手发展农村国土综合整治②。

2. 创新综合整治投融资模式

成都不再实行之前政府大包大揽的国土综合整治方式,而是通过创新投融资模式如土地租赁模式、农村集体建设用地招拍挂模式、股份合作社模式等,畅通多元化参与渠道,更多地吸引各类主体积极参与。

3. 发挥居民群众主体作用

首先,对农村国土综合整治进行大力宣传,让农民群众更加深入了解相关的政策法规,理解国土整治工作。其次,解决农民自主实施国土综合整治项目的资金问题,激发农民群众的参与意愿,积极引导项目所涉及农户,促进项目实施。最后,在监督环节要重视农民群众的集体作用,把监督权交给农民群众自主管理③。

(三) 城市化地区国土综合整治实现路径

城市化地区的国土综合整治区域统筹主要侧重于对城乡建设用地的

---

① 刘静,闫玉玉. 建设用地双控背景下的农村土地综合整治策略转型:以上海为例[J]. 上海国土资源,2018,39 (1): 22-26.

② 李倩,翟坤周. 我国农村土地综合整治运行逻辑与实证研究:成都试验解析[J]. 经济体制改革,2013 (2): 75-79.

③ 张鹏. 创新土地综合整治融资方式 推进幸福美丽新村建设:以成都市双流县为例[J]. 管理观察,2016 (4): 146-148.

集约利用开发和环境整治。

1. 融合民生、融合城乡

城市化地区的国土综合整治要惠及全体人民，维护综合整治所涉及的利益相关者的根本权益，在制度层面上健全公民参与的具体机制，激发公民的价值认同与积极的主观意愿；在整治过程中，要调动各方积极性，鼓励社会资本的参与，加大资金投入力度，拓宽资金融资渠道，加快金融创新，引导农村金融对国土综合整治的支持。同时，国土综合整治要注重融合城乡，扩大城乡融资渠道，有效整合来自国土、农业、水利、交通等部门的涉农资金，发挥资金的叠加效应。在较大地域尺度上改善地区的生态环境，提高区域耕地占补平衡的自给水平。

2. 关注土地供给侧存量整治

与土地供给侧结构性改革相结合，关注土地的存量整治，如低效用地整治、闲置用地的再开发等。在改造路径上，推进旧村组团改造，开展连片的同时实施改造，充分整合周边可利用土地资源，提高土地节约集约利用效益；鼓励集中成片开发的同时加强整体规划统筹，严格控制改造开发的范围；鼓励土地权利人、集体经济组织等市场主体和社会力量参与存量土地的改造开发，形成多元化的改造开发模式；建立平等协商机制与信息公开透明制度，提高开发改造工作的公开性和透明度，保证群众的参与权和监督权。

3. 强化"国土综合整治＋"理念

强化"国土综合整治＋"理念，利用地区经济与产业结构优势，融合发展"互联网＋"，发挥各种相关要素资源过程中的基础作用，推动土地利用综合价值不断提升。同时，充分发挥国土综合整治的平台和基础作用，适应新形势、新要求，不断进行高科技改革创新，实现国土综合整治和现代化农业发展、新农村建设、扶贫攻坚一脉发展[1]，更好地服务和保障经济社会发展。

4. 结合高科技手段，创新整治路径

要实现城市化地区国土综合整治的全面提档升级，创新科技的内在驱动十分重要。充分运用高科技手段，实施国土科技创新战略，着力研发土地生态修复、闲置土地利用、建设工程节地等工程技术体系，形成

---

[1] 陶思远，刘静. 上海市郊野地区土地整治战略实施优化研究［J］. 低碳世界，2017（9）：275-276.

一批高科技工程模式和标准规范；加强监测监管技术体系建设，以信息化带动综合整治工作管理方式的根本转变，加快实时动态监管，形成"天、地、网"一体化的监管技术体系，实现国土综合整治工作管理的科学化和工作方式的现代化。

二、农村地区的国土综合整治统筹路径

(一) 重庆"先建后补"综合整治模式

1. "先建后补"模式

重庆市农村土地整治"先建后补"是由实施项目的产业主、农民联户或集体经济组织自主负责工程建设，工程竣工后，由重庆市政府验收合格，按一定比例给予资金补助的项目建设模式。

2. "先建后补"模式已有成效

(1) 耕地面积增加，农业规模化经营。

在耕地破碎化严重、灌溉条件差和农业生产条件落后的地区，项目通过综合治理进行了土地平整作业，有效增加了耕地面积。在进行土地整治后的地区实现了水利设施等农业附属设施的完善利用，形成了规模效应，促进了农业产业化、规模化经营。

(2) 土地利用效率提高，农民增收。

项目实施前，土地经济效益低下，大多数土地被闲置弃耕，农村劳动力大都外出谋生打工，留守老人基本靠天吃饭，人均收入低下。项目实施后，土地规模扩大，土地规模经营，不仅解决了劳动力的就业问题，而且大大提高了土地的产出效率，提高了当地居民的收入。

(3) 新的土地整治模式激发农民积极性、主动性。

土地整治项目坚持"以人为本"，摒弃了之前由政府选择项目的方式，充分考虑到农民的参与意愿，按照农民群众的生活实际和当地土地利用的实际情况进行编排设计，全程农民都是自愿申请，主动参与，在农民参与的全过程中，不仅取得了之前就存在的农业土地流转租金，而且增加了在项目区打工、土地整治过程中投工投劳收入，农民生活质量得到明显改善。此做法充分调动了农民参与的积极性和主动性，提高了农民群众对国土综合治理的认可度，实现了真正的建、管、用层面一体化建设。

(二) 海南屯昌县"田水路林园"一体化模式

1. 海南屯昌县基本概况

本研究选择屯昌县南吕镇基本农田整理项目作为项目示范应用区。南吕镇基本农田整理项目区位于屯昌县南吕镇西南面，建设规模面积为1 013.47公顷（15 202.05亩）。南吕镇位于县城南部，距县城15公里，面积201平方公里，2010年人口普查有2.6万余人。该镇盛产红藤、白藤，藤织业较发达，农业主产水稻，兼种番薯、花生、甘蔗、橡胶树、槟榔树等，是屯昌县主要产粮区之一。项目区紧邻南吕镇，主要涉及鹿寨、三岭、五星洋、里佳、大成五个村委会，耕地面积约16 000亩，村民主要以种植水稻、橡胶树等经济作物为生，年人均收入2 800元。

（1）自然条件。

项目区地形以低丘、台地为主，地势起伏较小，大致从西南向东北逐渐降低。农作物种类主要有水稻、薯类等粮食作物，甘蔗、花生、蔬菜等经济作物[①]。另外还有一些次生杂木群落和灌木。

项目区自然灾害主要为三种类型：一是冬、春旱。每年11月至次年4月项目区降雨量仅占全年的20%左右，这是造成项目区历史性冬、春旱的主要原因。二是强热带风暴和台风。每年5—11月项目区常受到强热带风暴和台风的影响，造成晚稻产量不稳定以及人民生活财产的损失。三是暴雨洪涝灾害。每年8—11月，伴随着热带风暴和台风而来的暴雨引起的洪涝灾害，对农业种植和水产养殖很不利，极易造成农作物以及人民生活财产的损失。

（2）土地利用现状。

项目区的建设规模为1 013.47公顷。项目区内主要为耕地占地，占据了总面积的56.11%，其次为城镇村及工矿用地，园地、林地、草地、水域及水利设施以及交通运输用地占比很小。

针对海南省屯昌县台地的气候和地貌特点，进行"田水路林园"一体化的台地生态化综合整治规划设计研究。生态化土地整治规划设计的目的是在对项目区土地利用现状和限制性因素进行调查、分析、评价的基础上，通过研究土地利用格局及其演变规律，优化土地利用空间格局和景观单元内部结构，同时紧抓生态建设，提高项目区生态系统的生产

---

① 唐秀美，任艳敏，潘瑜春. 基于景观格局与限制性因素分析的土地整治规划设计[J]. 北京大学学报（自然科学版），2015（4）：677-684.

力和稳定性。土地利用与整治工程布局规划是在宏观层面上对土地整治项目区的空间格局进行布置，目的是合理配置土地利益结构，提高项目区的生态系统服务功能。

2. "田水路林园"一体化综合整治规划路径

在对项目区土地利用现状进行评价的基础上，兼顾土地利用的生态功能和生产功能，将热带台地地区景观重建作为土地整治目标，通过格局优化调整，调整耕地、园地、林地布局和规模，使项目区内的农田、水域、林地、园地及道路等构成一个较为完整的乡村生态单元，提高道路连通度，完善农田水利设施，恢复传统景观特色（见图8-1）。

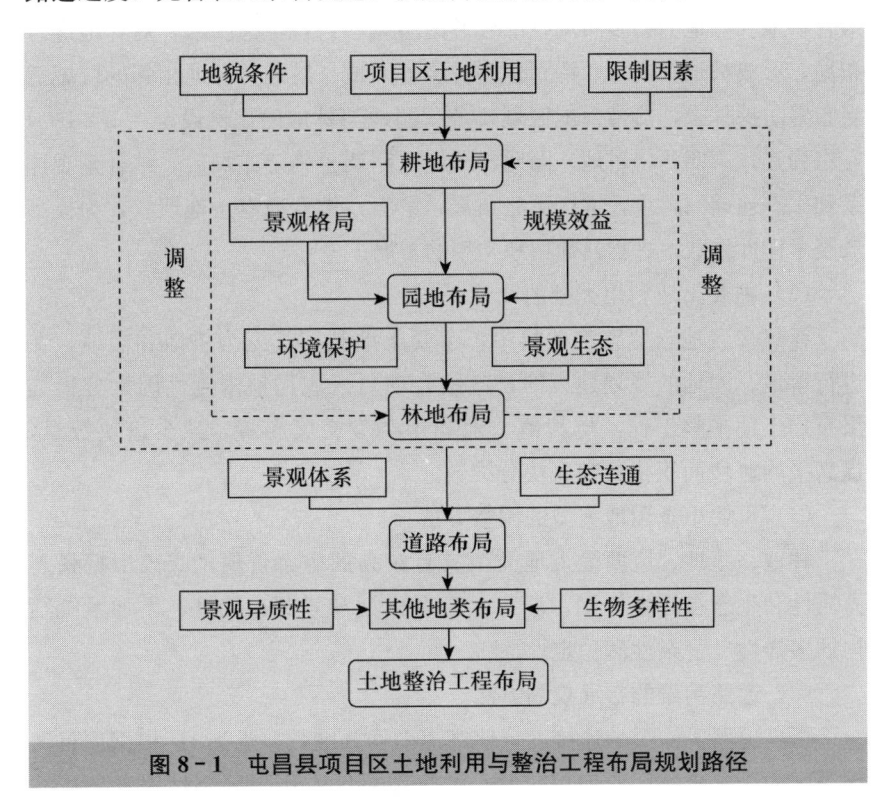

图 8-1 屯昌县项目区土地利用与整治工程布局规划路径

（1）确定规划布局的总体目标。

项目区土地整治的总体目标和方向要根据区内的土壤、水文、社会经济情况等条件确定[①]。调整土地利用结构，优化布局，提高项目区生

---

① 唐秀美，任艳敏，潘瑜春. 基于景观格局与限制性因素分析的土地整治规划设计[J]. 北京大学学报（自然科学版），2015（4）：677-684.

态功能，合理规划项目区土地利用类型，优化项目区农业生态系统的结构，在修复热带台地地区典型的传统景观特色的同时，提高土地资源利用率和产出率。

（2）总体布局与配置。

考虑项目区的实际情况，在对项目区土地利用现状分析的基础上，对项目区土地利用进行总体安排布局与调整，第一，结合地貌条件和限制性因素进行耕地布局，优先布局耕地，将耕地布局在项目区地势平坦区域，并尽量集中布局；第二，在耕地初步布局完成后，在已有园地利用现状基础上调整园地布局，尽量集中布局园地使其达到规模效益；第三，结合耕地和园地的初步布局，综合考虑防风和景观生态要求，对林地进行布局，形成林地景观带，特别是在耕地与园地、耕地与林地相邻的区域适当布置防护林带，热带台地区域耕地、园地与林地的比例设定在 2∶1∶1 左右为宜；第四，将耕地、园地、林地不断调整确定布局后，结合景观体系和生态连通的要求，进行道路布局；第五，结合原有土地现状，为提高景观多样性指数，进行其他用地类型的布局。

（3）主要土地利用类型的调整。

在热带台地土地整治项目中，主要土地利用类型为耕地和园地，在进行耕地、园地的规划建设时，应结合项目区农用地限制性因素分析结果布局土地平整工程，与其他土地利用类型交叉布置，减少斑块数量，提高平均斑块面积指数和斑块分维数。

（4）重要生态用地类型的调整方法。

林地、草地、坑塘等土地类型具有较高的生态价值，应该根据景观异质性和生态多样性原则，增加生态多样性和景观连接度，增加系统结构的多样性、复杂性和稳定性。

（5）道路沟渠的布局规划方法。

提高道路、沟渠的连接度，使廊道平均分维数接近于 1。根据项目区水源区和排水承泄区的地理位置，结合项目区农用地限制性因素分析结果，将田块沿布置成梯田格局；将灌渠规划布置在山脊处，满足自流灌溉的要求；沿汇水山谷线规划布置排水，并沿梯田长边方向布置蓄水沟蓄积多余降水，防止水土流失。

（6）整治工程具体组合设计类型。

各种工程的组合在不同情况下有所差异，为了体现生态化的理念，尽量节省工程成本，现总结分析台地地区不同情形下的工程组合类型及其适宜情况。

1）田-护坡-路-护坡-田。

若道路两侧田块高差小于20cm且两侧土地类型非水田，路两侧无灌溉渠道或者排水沟，采用"田-护坡-路-护坡-田"的形式。

2）田-砌石挡土墙-路-护坡-田。

若道路两侧田块高差小于20cm且一侧土地类型为水田，路两侧无灌溉渠道或者排水沟，采用"田-砌石挡土墙-路-护坡-田"的形式。砌石挡土墙能够保护路基不被冲刷，同时能够生长植物，有一定的生态作用。

3）田-浆砌石挡土墙-路-护坡-田。

若道路两侧田块高差大于20cm且一侧土地类型为水田，路两侧无灌溉渠道或者排水沟，采用"田-浆砌石挡土墙-路-护坡-田"的形式。高差大于20cm的情况需要用浆砌石挡土墙防止路基被冲刷。

4）田-护坡-路-护坡-渠-护坡-田。

若道路两侧高差小于20cm，道路一侧修建有灌溉渠，且灌溉渠一侧土地类型为水田，采用"田-护坡-路-护坡-渠-护坡-田"的形式。道路一侧的渠道对路基有一定的保护作用。

5）田-砌石挡土墙-路-护坡-渠-护坡-田。

若道路两侧高差小于20cm，道路一侧修建有灌溉渠，且灌溉渠两侧土地类型为水田，采用"田-砌石挡土墙-路-护坡-渠-护坡-田"的形式。砌石挡土墙能够保护路基不被冲刷，同时能够生长植物，有一定的生态作用。

6）田-浆砌石挡土墙-路-护坡-渠-护坡-田。

若道路两侧高差大于20cm，道路一侧修建有灌溉渠，且灌溉渠另一侧土地类型为水田，采用"田-浆砌石挡土墙-路-护坡-渠-护坡-田"的形式。高差大于20cm的情况需要用浆砌石挡土墙防止路基被冲刷。

7）田-护坡-路-护坡-沟-护坡-田。

若道路一侧修建有排水沟，且排水沟一侧土地类型为水田，采用"田-护坡-路-护坡-沟-护坡-田"的形式。道路一侧的排水沟对路基有一定的保护作用。

8）田-砌石挡土墙-路-护坡-沟-护坡-田。

若道路两侧高差小于20cm，道路一侧修建有排水沟，且排水沟两侧土地类型为水田，采用"田-砌石挡土墙-路-护坡-沟-护坡-田"的形式。砌石挡土墙能够保护路基不被冲刷，同时能够生长植物，有一定的生态作用。

9) 田-浆砌石挡土墙-路-护坡-沟-护坡-田。

若道路两侧高差大于20cm，道路一侧修建有排水沟，且排水沟两侧土地类型都为水田，采用"田-浆砌石挡土墙-路-护坡-沟-护坡-田"的形式。高差大于20cm的情况需要用浆砌石挡土墙防止路基被冲刷。

3. "田水路林园"一体化综合整治工程布局

综合整治工程生态设计对项目区内整治工程进行的生态设计包括：对田块的形状、大小、朝向等的确定，对工程的形状、廊道的质地、材料、工艺及工程措施等的设计。在已有整治工程设计的基础上，结合海南屯昌县热带台地地区不同模式的特点，进行热带台地地区土地整治工程设计。

（三）长春市城乡建设用地"增减挂钩"模式

1. 长德经济开发区发展背景

长春新区覆盖长春高新技术产业开发区、北湖科技开发区、长德经济开发区、空港经济开发区，位于长吉图开发开放先导区核心腹地和中国东北地区地理中心，是哈（尔滨）大（连）经济带和中蒙俄经济走廊的重要节点。根据新区资源环境承载力、现实基础和发展潜力，围绕战略定位和产业布局，构建"两轴、三中心、四基地"的发展格局，打造创新经济发展示范区。充分发挥国家技术转移东北中心功能，建设东北地区重要的科技创新中心，培育形成集科技研发、成果转化和生产于一体的科技创新集群，着力提高区域创新水平能力，以创新发展带动经济转型升级，打造新一轮东北振兴重要引擎。长德经济开发区处于长吉图的内陆端口，是东北亚经济圈的地理几何中心，设立、建设长德经济开发区，有助于打造长春新区"丝绸之路"北线的新平台、新门户和新通道，助推长吉图开发开放先导区更好融入国家"一带一路"倡议。长德经济开发区位于哈大经济带一级轴线上，处于东北三条发展轴线的主轴，是一个重要的经济节点。

长德经济开发区地处长春市区东北部，属于东北平原山前冲洪积台地，地势平坦。长德经济开发区属于季风区温带半湿润地区，积温年平均为2 916.2℃，多年平均降水量为520.13毫米。全年太阳辐射量为496.86千焦/平方厘米，无霜期为114天。土壤以黑钙土和黑土为主，冲积土、沼泽土、泥灰土以及风砂土则分布其间，区内土地主要为农田，土质肥沃，对发展农业生产、大力推进农业产业化进程有着得天独厚的优势。在水文方面，开发区共有三条南北走向的季节性河流和两处水库，其中西侧有伊通河以及红旗水库，东侧有雾开河、干雾海河和七一水库，资源禀赋得天独厚。

长德经济开发区使用通榆县节余的城乡建设用地增减挂钩周转指标，在确保全省耕地数量有增加、质量有提高的前提下，优化用地结构和布局，可以有效缓解建设用地指标紧张的局面，保障长德经济开发区发展建设，助力长春新区建设，加快东北新一轮振兴和吉林全面振兴发展。

2. 米沙子镇项目区位置及规模

米沙子镇距省会长春市22公里，处于长春大都市半小时经济圈中的黄金发展带，京哈铁路、102国道、同江—三亚高速公路，这三条交通大动脉平行横贯全镇30多公里。米沙子镇辖3个街道办事处和30个行政村，全镇总人口为8.8万，其中非农业人口为2.1万。土地利用变更调查数据显示，全镇土地总面积为30 590.76公顷，以水田、旱地和村庄为主，三者总和占全镇土地总面积的83.56%。其中水田面积为3 342.89公顷，占全镇土地面积的10.93%，旱地面积为19 963.51公顷，占全镇土地面积的65.26%，村庄面积为2 255.12公顷，占全镇土地面积的7.37%。

根据当地发展的需要，结合《长德经济开发区产业发展规划》《米沙子镇土地利用总体规划（2006—2020年）》《米沙子镇总体规划（2011—2020年）》等相关规划，并经国土、规划等相关部门筛选、认定，确定建新地块涉及米沙子镇的梁家村、四家子村、天吉村、五家子村、兴顺村和跃进村6个行政村。项目区地块规模总计100公顷。项目区土地以耕地为主，其中旱地面积为93.42公顷，水田面积为0.39公顷，国家利用质量等别均为10等。其他地类面积总计6.18公顷，以农村道路、林地和沟渠为主。

依据《长德经济开发区产业发展规划》，项目区地块位于长德经济开发区规划先进制造业基地内，是亚太农业和食品安全产业园、东北亚工程机械城、精优食品产业园三大发展园区重要组成部分。根据《米沙子镇总体规划（2011—2020年）》，项目区建新地块为镇域内的商服用地和工业用地，符合长德经济开发区发展规划和城乡总体规划的要求。

3. 项目区挂钩周转指标情况

《吉林省人民政府办公厅关于印发吉林省城乡建设用地增减挂钩试点管理办法的通知》（吉政办发〔2015〕59 号）规定挂钩周转指标实行"总量控制、封闭运行、定期考核、到期归还"。规划使用的挂钩周转指标应用拆旧地块整理复垦的耕地或与建新地块对应的其他农用地面积归还，面积不得少于下达的周转指标，归还期限不超过 3 年。根据《国土资源部关于用好用活增减挂钩政策 积极支持扶贫开发及易地扶贫搬迁工作的通知》（国土资规〔2016〕2 号）的指导，规划用通榆县兴隆山镇交尔格庙蒙古族村易地扶贫搬迁城乡建设用地增减挂钩试点项目节余挂钩周转指标 100 公顷，补充的耕地国家利用等别为 9 等。

项目区涉及的村庄有梁家村、四家子村、天吉村、五家子村、兴顺村、跃进村 6 个村庄。整治实施前，项目区总面积为 100 公顷，主要以耕地为主，面积为 93.82 公顷，其中梁家村规划前旱地耕地为 2.40 公顷，四家子村规划前耕地面积为 7.14 公顷，天吉村规划前耕地面积为 3.41 公顷，五家子村规划前耕地面积为 6.50 公顷，兴顺村规划前耕地面积为 55.39 公顷，跃进村规划前耕地面积为 18.98 公顷；实施后项目区土地调整为城镇村及工矿用地和划拨的交通运输用地，城镇村及工矿用地面积为 89.75 公顷，交通运输用地面积为 10.25 公顷。

（四）农村地区国土综合整治实现路径

农村地区的国土综合整治区域统筹侧重于农村居民点整理、农地利用优化和耕地保护。在整治方向上，国土综合整治应向提高耕地质量和改善农村生产生活条件转变；在整治目的上，加大对村和林的整治力度，实行"田水路林园"综合整治；在整治类型上，除了考虑增加耕地、改善农村基础设施和农业生产条件，对于生态环境治理、国土整治安全的考虑也应当包含在内。总体来看，农村地区国土综合整治应当围绕以下几个方向：

1. 与乡村振兴相结合

进行农村地区国土综合整治要充分了解不同农村地区的实际发展特点，根据村庄的资源禀赋和地区差异化特征进行完备齐全的综合整治规划功能定位，将不同的需求落实到具体的村庄整治实践当中。将国土综合整治与乡村振兴相结合，要坚持农业农村优先发展，按照产业兴旺、生态宜居、乡风文明、治理有效、生活富裕的总要求，建立健全城乡融合发展体制机制和政策体系，促进农村一二三产业融合发展，巩固和完善农村基本经营制度，深化农村土地制度改革。

2. 与农业产业现代化相结合

农村地区国土综合整治的目的是改变农村面貌、促进农业相关产业发展，而将农村地区国土综合整治与农业产业现代化相结合，会提升农业产业的综合生产能力，推动农业产业相关经营方式的转变，从而从根本上解决农业和农村发展过程中的较深层次矛盾。目前中国农用地整治的目标相对比较单一、模式较为固定，农用地的整治与农业产业化升级和发展没有很好地产生互动。将国土综合整治与农业产业现代化相结合，必将成为中国推进土地整治工作的主导方向，必将推动土地整治事业更好发展，突破普遍的"一家一户"式的农用地整治模式，即在待整治区域通过一些整治项目，将原本分散的土地整理成片，通过合理的权属调配，实现土地集中管理，促进生产集约化，促进多种产业结合，提高效率和收益，延长产业链，实现产业现代化转型，最终实现区域可持续发展的目标。

3. 加强农民的切实参与

农村地区国土综合整治要深度动员农民参与，充分发挥村集体的力量，更好地化解综合整治过程中可能带来的利益调整矛盾。同时，要赋予农村集体经济组织一定的调整土地的权力，由乡镇一级来发挥上引下联、设计项目、实施项目和监督管理的作用，引导农民通过村组织有序参与制度设计。同时，发挥涟漪效应作用，通过农村地区国土综合整治促进农民从务工、教育、产业等方面全面升级，达到改变思想、改进生产、改善生活的目标。

4. 促进"田水路林园"一体化

农村地区国土综合整治要以有优势和特色、规模和潜力的乡村和产业为基础，以"农田田园化、城乡一体化"为路径，以村落和片区为单元，全局统筹开发；落实绿色发展理念，积极推进山水田林湖整体保护、综合治理，通过格局结构优化调整区域耕地、园地、林地布局和规模，使区域内的农田、水域、林地、园地及道路等构成一个较为完整的乡村生态单元，提高道路连通度，完善农田水利设施，尽力恢复农村典型的"田水路林园"一体化的传统景观特色。

5. 探索多元化灵活路径

农村地区国土综合整治应吸取并改进各地已有经验，探索多元化的灵活路径，如"先建后补""两分两换""城乡建设用地增减挂钩"政策等，对不同的实施模式要注重建立规范化制度。在融资模式上，也应探索建立多元化资金来源渠道，吸引社会资本参与，充分利用社会资金，建立以财政为主，以金融支持、市场运作和社会共同参与为辅的多元化资金投入机制。采用不同融资模式，如 BOT 模式、PPP 模式、土地银行模式、土地基金模式等，同时整合各类涉农资金，建立以自然资源部门土地整治专项资金为主，水利、农业、交通等涉农部门的资金为辅的模式，将农田水利、农村道路、农业开发等一并纳入专项资金账户，统一安排调度，发挥资金的叠加效用，使得资金产生聚集效应和放大效应。

三、重点生态功能区的国土综合整治统筹路径

（一）京津风沙源"生态修复、大气改良"模式

作为中国北方生态屏障的重要组成部分，京津风沙源治理工程的主要目标是减轻京津冀地区的风沙危害，改善生态环境。自 20 世纪 80 年代以来，京津冀地区先后开展了"三北"防护林、退耕还林、京津风沙源治理等工程建设，生态环境逐年改善。2014 年 2 月，习近平总书记在京津冀协同发展主题座谈会上指出，要把大气污染联防联控作为优先发展领域，扩大环境容量生态空间，加强生态环境保护合作，完善防护林建设。2015 年 4 月，国务院发布《京津冀协同发展规划纲要》，指出推动京津冀协同发展是重大国家战略，并将京津冀整体定位为"生态修复环境改善示范区"。国家积极推进京津风沙源治理、退耕还林、太行山绿化等一系列生态工程建设。

以北京地区为例，2017 年前，北京启动京津风沙源治理工程，全市五大风沙危害区得到彻底治理。其中，一期工程造林营林 690 万亩，植树 1.5 亿株，工程区森林面积达到 861.3 万亩，山区森林覆盖率达到 52％。2000 年至 2002 年，北京市的沙尘天气发生日数均在 13 天以上，而 10 年后的 2012 年只有两次。2013 年，二期工程在门头沟、昌平、平谷、怀柔、密云、延庆、房山以及大兴 8 个区全面铺开。针对森林树种比较单一、林分结构不合理、林木蓄积量低的问题，二期工程启动了低效林改造工程，将使北京山区造林营林实现量增到提质的转变。京津风

沙源治理工程是典型的"生态修复、大气改良"综合整治模式。

（二）"三北"防护林"跨区域、长周期"综合整治模式

"三北"防护林地处中国北部，主要包括东北西部、华北北部以及西北广大地域，习惯上称"三北"地区。该区域光温、能源、矿产、草场资源丰富，同时也有一定的农业土地资源和水资源，是未来经济建设的重点区域。虽然该区域有一定的开发基础，但生态环境脆弱，加上不合理的开发，使得该区域自然环境恶化，资源再生能力减弱，成为中国环境亟待治理的区域。为了从根本上遏制环境退化，1978年中国设置"三北"防护林建设局，制定防护林体系建设规划，核心内容是建立"因地制宜、因害设防、林灌草结合"的防护林，并特别强调：中国"三北"地区风沙和水土流失状况十分严重，木料、燃料、肥料缺乏，农业生产低而不稳。大力种树种草，特别是有计划地营运带、片、网相结合的防护林体系，是改变这一地区农牧生产条件的一项战略措施。

现在的"三北"防护林工程是一个巨型生态体系建设工程，工程地跨东北西部、华北北部和西北大部分地区，包括陕西、甘肃、宁夏、青海、新疆、山西、河北、北京、天津、内蒙古、辽宁、吉林、黑龙江13个省（自治区、直辖市）的551个县（旗、市、区），建设范围东起黑龙江的宾县，西至新疆的乌孜别里山口，北抵国界线，南沿天津、汾河、渭河、布长汗达山、喀喇昆仑山，东西长4 480公里，南北宽560～1 460公里，总面积为406.9万平方公里，占国土面积的42.4%。按照工程建设总体规划，从1978年开始到2050年结束，分三个阶段，八期工程，建设期限为73年，共需要造林5.34亿亩。

经过30多年的建设，"三北"防护林工程取得了重大阶段性成果，超额完成了"三北"防护林体系一期（1978—1985年）、二期（1986—1995年）、三期（1996—2000年）、四期（2001—2010年）工程建设：在从新疆到黑龙江的风沙危害区种植防护林1亿多亩，使大约20%的沙漠化土地得到有效治理；在黄土高原、华北丘陵山地等重点水土流失区域，实行生物和工程相结合的方式，共造林18 460万亩；累计完成造林保存面积2 446.9万公顷，工程区森林覆盖率由5.05%提高到10.51%，治理沙化土地27.8万平方公里，控制水土流失面积38.6万平方公里，促进了区域经济社会可持续发展。按照《国务院办公厅关于进一步推进三北防护林体系建设的意见》，力争到2020年，"三北"地区森林覆盖率达到

12%，沙化土地扩展趋势基本得到遏制，水土流失得到有效控制，建成一批区域性防护林体系。"三北"防护林建设是典型的"跨区域、长周期"综合整治模式。

(三) 贵州毕节市"生态扶贫融合"综合整治模式

毕节地区辖毕节、大方、黔西、金沙、织金、纳雍、威宁、赫章8个县市，地处滇东高原向黔中山原丘陵过渡的斜坡地带，海拔457～2900米，总土地面积为26853平方公里，其中山地、丘陵占93%。在毕节地区这种生态脆弱的岩溶山地，随着农业人口增加，迫于生活的压力，人们将便于耕种的6°～25°缓坡林地、草地辟为耕地，在造成植被资源总量大量减少的同时，形成以农业特别是耕作业为主的单一产业结构。作为岩溶地区腹心地带的毕节，地处长江、珠江上游，土地石漠化和经济贫困互为因果，是岩溶山区的典型和代表。在这种恶性因果循环下，毕节市的森林覆盖率一度降至14.9%，绝对贫困人口高达65.4%。毕节一度成为贫困的代名词。

1988年6月9日，中国第一个也是唯一一个"开发扶贫、生态建设"试验区——毕节试验区建立，由此，毕节进入大规模治理石漠化的重要阶段。据统计，自2008年国家石漠化综合治理试点工程启动实施以来，毕节累计造林117.32万亩，种草17.6万亩。根据2011年全国第二次石漠化监测结果[①]，毕节市石漠化土地面积减少到5984平方公里，比2005年净减少542平方公里，年均缩减率为1.4%。这相当于每年减少12个杭州西湖面积大小的石漠化区域。

比较有代表性的是毕节市七星关区现代高效农业园区。该园区是国家农业科技示范园区，也是贵州省委、省政府确定的全省"5个100工程"省级重点园区之一。园区位于七星关区朱昌镇，距离毕节城区13公里。规划总面积为13874亩，总投资为7.8亿元。园区从2012年开始规划建设，以优质、高效、循环发展、生态可持续发展为目标，突出农业科研集成示范功能、农业成果推广功能、教育培训功能、产业链创新功能、休闲服务功能五大功能，是乌蒙山区集科研示范、生态观光、特色种养、教育培训于一体的现代高效农业园区。

---

① 2011年全国第二次石漠化监测 [EB/OL]. http://www.scio.gov.cn/xwfbh/xwbfbh/wqfbh/2012/0614/zy/Document/1173234/1173234.htm.

在基础设施建设方面，已建园区主干道4条，长4千米；机耕道7千米；生产便道6千米；沟渠12千米；蓄水池数量4个，容量1 000立方米；配套建设供水能力1 000吨/日；喷灌设施5千米；配套供电线路2千米，供电能力900千伏安；移动、联通信号全覆盖。在产业体系建设方面，园区已建集农业科技成果展示和农业观光的智能温室大棚1万平方米，连栋生产大棚244 972平方米；建成养殖场5个，圈舍36栋，面积102 240平方米，现有生猪存栏1.78万头，出栏1.88万头；养殖蛋鸡44.4万羽，日产鸡蛋38万枚；种植蔬菜10 032亩，辐射带动周边种植蔬菜20 000亩。在土地流转及农民从业情况上，园区耕地面积12 874万亩，已流转土地5 300亩，流转率41.17%。园区农民总数为18 600人，覆盖扶贫对象200人。现有从业人员9 223人，从业农民7 152人，合作社聘用农民1 452人，企业聘用农民3 428人，农民参与企业合作社比率为7.81%。

2013年，七星关园区销售收入达1.67亿元，销售利润为5 500万元，农民人均纯收入达6 250元。随着园区入驻企业的正式投产，2014年上半年园区已实现产值1.52亿元，销售利润3 500万元，园区试验示范效应、品牌效应等不断凸显，带动农民增收致富的能力明显增强，成为全区农民技术培训、干部教育培训、青少年科普教育、农业科研成果展示等示范基地。

(四) 重点生态功能区国土综合整治实现路径

1. 建立系统、综合的长远规划体系

生态功能区的国土综合整治区域统筹主要指针对以退耕还林还草、生态修复为主的生态涵养综合整治，重点在生态涵养区的建设，这要求建立一个系统性、综合性的长远规划体系，依靠科学制定的生态功能区划，以制度建设为出发点，以提升生态质量、发挥生态功能为突破口，设立国土资源生态优化的长效机制，大力发展生态服务型经济，促进区域可持续发展。

2. 注重跨区域协同发展

中国各地生态功能区特征不同，资源地域分布不均，所以生态功能区的国土资源跨区域调配显得尤为重要。生态功能区的国土综合整治要注重跨区域协同发展，注重跨区域大规模工程的建设，如西气东输、西电东送等，这有利于改善部分地区能源紧缺状况，优化地区的资源消耗结构，促进区域间生态环境建设的协调发展，缓解中国生态功能区的生态环境压力。

3. 优先实施涵养区生态系统规划

以生态保护为区域发展的前提，对涵养区生态系统进行整体规划。主要任务是加强对生态环境的保护和建设。对山地农田、森林湖泊、湿地林网以及人工绿地进行有效保护，尤其是花卉基地、风景名胜区、休闲公园等。提高生态绿地的系统多样性，使得不同类型的绿色生态斑块结合在一起，形成生态涵养区和综合性的生态系统。加强对涵养区江河岸线、交通道路、森林公园、大中型水库、自然保护区、水土流失易发区的生态公益林建设。对处于特殊生态区域的涵养区，实践中应以大面积生态基质为载体，其中镶嵌城市、乡村、绿化等人工斑块，形成人类活动空间内含于自然生态基质的用地布局。

4. 生态保护、生态修复、环境整治多措并举

严守生态红线，加强对生态系统的维护，规范土地开发格局，完善用地审批制度，严格监控耕地、林地面积以及禁止开发区的面积；减少森林、草场等重点自然保护区内的有关生态系统的经济活动；不断提升监测能力和执法能力；建立完善的预警体系。确保森林覆盖率、湿地保有量、草原植被综合盖度、水资源质量、生物多样性等各项指标处于安全范围。开展综合治理环境工程，第一是推进土地整理工作，集中治理土地荒漠化、水土流失、土壤污染等问题，促进水土自然修复；第二是污染区的环境整治，加大对工业废气、废水排放的管控力度，集中对矿区、制造业厂区等重污染区做好净化、棚化、绿化工作，严格关注已关闭矿区的土地复垦和植被恢复工作；第三是水体环境综合治理工作，要坚持做好小流域的水资源清洁；第四是农村点源污染，应当实施垃圾分类，确保人畜粪便、农作物秸秆、生活垃圾等无害化处理。

5. 绿色产业引导和经济支撑

建设可持续发展的生态涵养区，绿色产业的发展引导是关键。违背生态工艺的生产管理方式会给自然环境造成严重的负担，要以"节约、绿色、低碳、循环"的理念转型发展。加快绿色产业结构调整和优化，逐步淘汰落后产能，积极发展生态服务型绿色产业，不断提升生态资源效益[1]；

---

[1] 牛伟，肖立新，李佳欣. 复合生态系统视域下生态涵养区建设对策研究：以冀西北地区为例 [J]. 中国农业资源与区划，2016, 37 (4), 87-92.

同时，政府和企业要加大对绿色产业发展的资金投入力度，探求社会多元融资渠道，建立强大稳固的绿色产业经济支撑体系，逐步形成生态友好型经济发展格局，实现经济和生态的统一发展。

四、矿产资源开发集中区的国土综合整治统筹路径

（一）太原市矿产"分类整治、有序退出"模式

中国矿产资源丰富，长期的矿产开采，形成了数量众多的矿井。随着煤炭去产能政策的推进，大批不合格煤矿被淘汰，遗留了许多废弃矿井。仅2016年，中国就关闭退出煤矿2 000个左右[1]。大量的废弃矿井对当地环境造成破坏（例如：固体废弃物堆放、采空区土地塌陷、周边房屋开裂和生态植被破坏），成为可持续发展和生态建设的障碍。

以山西太原市为例，太原市矿产资源丰富。全市共发现各类矿产（矿化点）40种，经不同程度地质勘查，已查明资源储量列入省储量表的固体矿产有12种，其中煤、铁、石膏及各种用途的石灰岩为优势矿种。2009年底，全市煤炭保有资源储量171亿吨，铁矿6.05亿吨。现已开发利用的矿产除优势矿种外，尚有铝土矿、白云岩等14种矿产，其中煤矿68座，非煤矿山95座，开采历史悠久。

1. 太原市工矿用地现状

太原市矿产资源丰富，区域分布情况较为明显，主要以开采煤矿、地热、水泥用灰岩、熔剂用灰岩、石膏为主。独立工矿建设用地5 745.69公顷，主要集中在汾河谷地及黄土塬区，在城镇村及独立工矿用地中的比重为8.6%，且大中型工业企业多，单个企业用地规模大，工矿建设用地在全市经济社会发展中具有十分突出的地位。2017年全市共有煤矿68座（含过期9座），持有采矿许可证的非煤矿山有73座（露天开采58座，地下开采15座）。

太原市工矿用地主要有以下特征：

---

[1] 霍冉. 基于"生态型土地整治+"理念的废弃矿井开发利用[J]. 中国土地，2017(7)，38-40.

一是集约粗放并存，经济增长的资源代价较大。2005年，太原市人均城乡建设用地面积为141平方米，平均每公顷城镇工矿建设用地产值为309万元，在同类城市比较中相对集约[①]，但具有经济较快发展地区的典型特征：一方面，旧城区人口高度集中，建设密度高，中低层建筑多，交通等城镇基础设施容量接近饱和；另一方面，城乡接合部和广大农村地区人口密度小，建设布局分散凌乱，闲置、低效和废弃地量大面广。

二是城乡建设用地布局混杂，空间发展的质量亟待改善。近代以来，太原市主要围绕工业特别是资源依赖型的重工业而发展起来，在城乡建设用地布局上具有明显的历史烙印，主要表现为城乡建设围绕大中型工业企业和铁路交通节点等自然蔓延和布局，经过时间推移和多板块、多中心的发展融合，形成今天居民生活用地与工矿企业用地相互穿插、城市建设用地与农村居民点用地相互混杂的建设用地空间格局。

三是具有集约利用潜力。城镇工矿建设用地理论潜力的测算采用规划人均城市建设用地指标基准值，参照值为同等城市规划人均建设用地标准。根据测算，2005年城镇工矿建设用地集约利用理论潜力为3 246.3公顷。

2. 太原市废弃工矿用地分布

太原市二调数据与2012年采矿废弃地调查数据显示，2011年太原市采矿废弃用地面积为1 039.97公顷，占全市土地总面积的0.15%，占全市城乡建设用地面积的2.48%。从县市分布情况看，各乡镇均有采矿废弃用地分布，且主要分布在娄烦县，面积为682.11公顷，占全市采矿废弃用地总面积的65.59%；其次为阳曲县、古交市，面积分别为112.57公顷、106.84公顷，分别占全市采矿废弃用地总面积的10.82%、10.27%；尖草坪区和迎泽区的面积较小，只有4.84公顷、1.56公顷，分别占全市采矿废弃用地总面积的0.47%、0.15%（见图8-2）。

3. 太原市矿产资源土地治理

作为矿产资源开发集中区，有效的土地利用、国土综合整治工作十分重要，按照"谁开发、谁治理、谁受益、谁补偿"的原则，建立健全矿山企业准入制度和矿山生态环境恢复治理制度，壮大矿业经济，规范矿产资源开发秩序，狠抓矿权源头控制，加大重点矿区、矿种的开发整合力度，引导矿产资源向优势企业聚集，推进资源深度开发和就地转发，

---

① 裴珍. 2013龙城地产事件回放[J]. 新晋商. 2013 (12)，92-94.

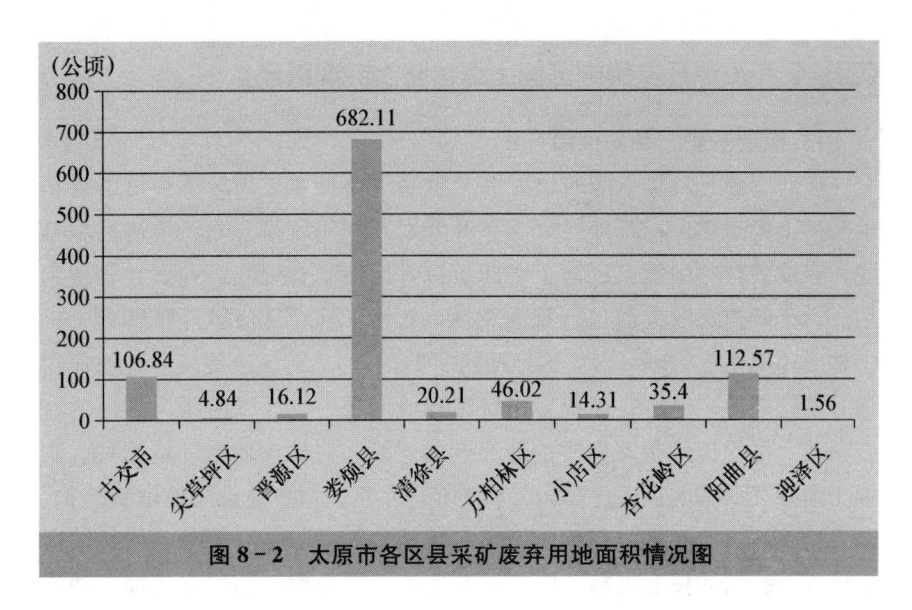

图 8-2 太原市各区县采矿废弃用地面积情况图

拉动地方经济发展。为了减少矿山企业开采对生态环境的破坏，针对中央环保督察反馈的意见，太原市对矿山企业实施分类整治，并要求其逐步退出六城区，实现"禁采区内关停、限采区内收缩、开采区内规范"的目标。

太原市首先对所涉及的矿山企业实施分类整治，有序退出。其中，市级发证的矿山，矿区范围完全在保护区内的停产整顿，采矿许可证到期关闭退出，矿区范围部分在保护区内的，调整矿界范围，将重叠部分割除。优化矿产资源规划。待中小型采石企业到期关闭后，新设采矿权以大型矿山为主，形成台阶式开采，以利于植被恢复治理。

同时，针对慕云山、阳曲县泥屯镇一带开山采石环境污染问题，也出台了整改措施。截至 2016 年底，慕云山一带剩有 2 座采石场，分别属于太原市尖草坪区慕云山石料有限公司和太原市联建石料有限公司，开采矿种均为建筑石料用灰岩。2017 年两座采石场已停业整顿，太原市尖草坪区慕云山石料有限公司的采矿许可证于 2017 年底到期，不再给予延续，到期自行关闭；太原市联建石料有限公司采矿许可证于 2018 年底到期，到期后未给予延续，自行关闭。阳曲县泥屯镇共有采石场 13 座，集中开采区内有 8 座，开采矿种均为建筑石料用灰岩。阳曲县政府采取的措施是，开采储量开采完毕后，自行关闭、逐步退出，拟在 5 年内关闭退出 8 座。2017 年 6 月以来，泥屯镇所有采石场均被要求停产整改，整改后经环保部门验收合格后，方可再生产。

（二）矿产资源开发集中区国土综合整治实现路径

1. 摸清基底，靶向整治

矿产资源开发集中区的国土综合整治主要针对矿山地质环境综合整治和矿山生态建设，需开展废弃矿井开发与利用统筹规划，摸清区域基底，有效整合利用地上、地下空间资源，因地制宜规划、开发、合理利用。对于矿产资源应当进行靶向整治，对症下药，从区域经济转型、矿山地质环境恢复治理（含矿区地质灾害的治理）、矿区土地复垦、农业用地开发整理等多个方面寻找突出资源环境问题，实行以问题为导向的督查整改，可效仿地质灾害防治新机制的建设，将矿山地质环境治理、农业土地开发、基本农田建设、工矿废弃地复垦、城乡建设用地增减挂钩、新农村建设、生态城市建设、城市经济结构转型等结合起来，构建矿区土地综合整治的长效机制，推动矿产资源开发集中区的综合治理工作有效运行。

2. 加强技术，强调修复

将矿区环境保护和土地复垦贯穿矿产资源开发的全过程，大力加强基础研究工作，致力于发展矿山环境保护和土地复垦新技术；强化矿区土地修复工作，确保复垦后的矿山环境和土地质量不低于资源开采前的水平，应在矿产资源开采前对矿区土壤、植被等要素进行取样，作为未来复垦验收是否通过的依据和标准；尽快建立矿山环境保护与土地复垦修复支出统计制度，建议对年度矿产资源开发的环境效应及在治理复垦方面的投入进行统计，建立矿产资源开发环境代价核算制度，为矿山环境保护和复垦资金的投入提供决策支撑。

3. 生态并举，创设绿色空间

矿产资源开发集中区的国土综合整治要高度重视生态环境问题，停止不合理的采矿、采煤和采石活动，加强地质灾害防治；严格管理生态环境安全控制区，优化生态用地内部结构和空间布局，提升耕地的生态服务功能，确保城市的基本生态安全；加强生态脆弱地区的植树育草和小流域综合治理，推进流域水土植被保持和荒山生态建设，有效遏制水土流失，发展绿色生态型产业，促进山区的"富民养山"，创设绿色空间。

4. 探索多元化路径，多管齐下

探索矿产资源开发集中区修复治理的多元化路径，如建设城市景观林、公共绿地和农田防护林带，营造城市绿色开敞空间；加快矿山森林公园建设，实施林相改造工程，以资源经济转型综合配套改革为契机，提升城市区域生态环境质量和生态经济发展水平；完善考核奖惩制度，把矿山生态环境修复工作纳入目标责任考核机制，实行重奖重罚，对相关负责人进行行政追责等。

五、海岸带和海岛的国土综合整治统筹路径

（一）海南东方市"生态环境友好、工业差别配套"模式

1. 海南东方市八所镇概况

对于生态友好型海岸带工业用地集约利用综合整治，选择东方市八所镇作为示范应用区。八所镇位于东方市西北部，毗邻海岸线，距海口约260公里，距三亚约170公里，于2002年由原八所、墩头、新街、罗带四个乡镇合并而成，是东方市委、市政府所在地，是东方政治、经济、文化的中心。八所镇属热带季风海洋性气候，日照充足，年平均气温为25℃，农副产品和矿产资源丰富，芒果、香蕉、西瓜、尖椒等农产品畅销国内外，附近海域油气资源丰富。2016年八所镇面积为303平方公里，人口为176 516，辖34个村委会、11个社区居委会、37个自然村、317个村民小组。汉族、黎族、苗族、壮族、回族等民族混居在此，地方政府也努力营造民族大融合的氛围，以黎族"三月三"传统文化节为基础，建设"三月三"文化生态公园，定位为以文化展示、旅游观光、餐饮美食、商贸休闲为主的综合性和地标性人文文化公园。

八所镇交通网络发达，区位优势明显，高速公路、225国道、粤海铁路、西环高铁穿境而过。区域内有与国内外通航的综合性深水港——八所港和渔港。该港年吞吐量为700万吨，可与中国12个港口和世界17个国家、专区通航，是海南省唯一拥有边贸政策的城市口岸。海南东方工业园区坐落于八所镇南部，濒临北部湾，是国际旅游岛建设规划中明确的两大化工基地之一，也是海南省规划建设的主要工业园区之一。园区已具备一定规划，产业发展分为"四区"，即生产加工区，边贸、物流仓储区，综合服务区，发展备用区，是以油气化工、精细化工、能源产业、海洋产业和海洋工程装备制造业、边贸加工业及物流仓储等产业为主的临港新型工业基地。中国海洋石油总公司旗下的中海石油化学股份有限

公司、中海油东方石化有限责任公司及中国华能集团公司的东方电厂等25家企业相继落户于此。八所镇已成为东方市重要的能源基地和重化工业基地，2016年全镇工业总产值达112.86亿元，占全市工业总产值的70.9%。八所镇也拥有鱼鳞洲、高坡岭水库、西湖湿地公园、红兴温泉、马伏波井等丰富的旅游资源，是旅游度假、居住生活的绝佳之地，商贸、餐饮等服务业发达，三星级以上酒店有泰隆大酒店、云天大酒店、绿宝楼大酒店等。

2. 八所镇工业用地管理分区

(1) 生态环境约束。

以土地生态适宜性为工业用地集约利用评价及优化布局的基础，主要考虑在工程地质、规划管理等方面不适宜进行建设面积的大小。计算得出八所镇范围内不适宜进行工业生产的面积占比38.65%，低于海南省海岸带市县的平均水平（49.41%），属于生态环境安全区。八所镇生态环境约束指标值见表8-1。

表8-1　　　　　　　　八所镇生态环境约束指标值

指标	面积（km^2）
坡度不适宜建设区	123.51
自然保护区	0
水源地保护区	0
海岸线保护区	24.99
基本农田保护区	83.75
河流水系保护区	2.45

(2) 工业现状基础。

东方市大部分的工业都布局于八所镇。八所镇以其便利的交通、优良的地理区位吸引了许多工业企业的入驻，辖区范围内的东方工业园区是省级工业园区。出于数据的可获取性及海岸带各市县的可比性考虑，采用市县一级的工业产值区位商作为工业发展现状的评价基础。八所镇所在的东方市2015年工业产值为687 921亿元，在海岸带12个市县中排名第五，与全国的工业产值相比，东方市的工业产值区位商为1.16，相对集聚；与全省的工业产值相比，东方市的工业产值区位商为2.01，相对集聚。东方市属于工业集聚区。

(3) 工业发展潜力。

从资源的可获得性、市场规模及可达性三个方面出发，以港口等级及自然资源等级对原引力模型进行修正，计算各乡镇的工业发展潜力。以采矿权公司数量衡量八所镇的自然资源等级，对八所镇的4个港口进行分级并赋予等级系数以此作为港口条件等级（见表8-2）。利用本研究所确立的引力模型计算八所镇工业发展潜力得分分值为140 484.31，低于海岸带市县工业发展潜力的平均水平176 529.74，属于中发展潜力区。

表8-2 八所镇自然资源等级与港口条件等级统计表

乡镇	市县	自然资源等级		港口条件等级			
		采矿权公司数量	等级权重	港口名称	港口等级	港口等级系数	港口综合系数
八所镇	东方市	4	1.1	南港港	1	1.1	2.00
				感恩港	1	1.1	
				八所港	5	1.5	
				墩头港	1	1.1	

总的来说，八所镇在土地管理分区中属于生态环境安全-现状集聚-中发展潜力区。

3. 八所镇工业用地集约利用潜力测算

（1）八所镇工业用地集约利用差别化发展目标。

根据海南省海岸带工业用地差别化管理分区，八所镇属于生态环境安全-现状集聚-中发展潜力区。八所镇发展工业的生态环境约束较小，适合发展工业，可以赋予其较大的工业用地比重，产业类型无限制，M1、M2、M3产业均可进入，但仍要防止工业产业对生态环境的破坏。在工业用地地均产出方面，由于对产业类型的包容性大，设定中级发展目标：300万元/亩。同时为适应生产生态环境，方便规划管理，应尽量引导工业产业入园，集中配给公共服务设施，允许工业产业在适宜的区位落脚，设定中等水平的平均斑块面积要求（6~15公顷），以方便工业产业的灵活选址布局（见表8-3）。

表8-3 八所镇工业用地集约利用现状

指标	目标值
工业用地比重	35%~45%
工业用地地均产出	300万元/亩
工业用地结构	产业类型无限制
工业用地平均斑块面积	6~15公顷

(2) 八所镇工业用地集约利用现状评价。

根据八所镇的土地利用现状及经济发展相关统计信息,得出八所镇工业用地集约利用现状评价指标见表8-4。

表8-4　　　　　八所镇工业用地集约利用现状评价表

指标	现状值
工业用地比重	33.4%
工业用地地均产出	51.18万元/亩
工业用地结构	有M3(中海石油化学有限公司、华能东方电厂等)、M2、M1类型工业
工业用地平均斑块面积	7.28公顷

(3) 八所镇工业用地潜力测算。

通过示范区调研,获取八所镇工业用地潜力测算数据,主要包括八所镇尚可供应土地面积、尚可供应工矿仓储用地面积、2011—2015年每年土地供应数据等,结合八所镇工业用地集约利用目标(将各项指标上限作为理想值)与现状评价结果(现实值),完成八所镇工业用地潜力测算,结果见表8-5。

表8-5　　　　　八所镇工业用地潜力测算结果

名称	潜力测算
扩展潜力	尚可供应土地面积 $Q_E=101.55$ 公顷
	尚可供应工矿仓储用地面积 $Q_{E21}=62.25$ 公顷
结构潜力	$Q_{SP}=510.28$ 公顷
强度潜力	$Q_{IP}=1\ 219.22$ 公顷
管理潜力	$Q_{AP}=35.80$ 公顷
可供地年数	尚可供地年数 I: 所有土地尚可供应年限 $Y_I=1.44$ 年 工业用地尚可供应年限 $Y_I=4.25$ 年
	尚可供地年数 II: 所有土地尚可供应年限 $Y_{II}=0.09$ 年 工业用地尚可供应年限 $Y_{II}=1.05$ 年

4. 东方市八所镇"生态环境友好、工业差别配套"模式

合理的工业用地布局既能满足工业发展的要求,也有利于地区的健康发展。无论是从八所镇的社会、经济、政治背景,还是从八所镇的生态环境条件、工业发展潜力、工业发展现状角度,八所镇都是东方市乃至海南省海岸带十分适宜发展工业的区域。对比八所镇工业用地集约利用现状与发展目标，可以看出八所镇的工业用地集约利用仍有很大的发展空间，尤其是在工业用地规模大小、利用强度等方面。针对八所镇所属工业用地集约利用差别化管理分区，确立其工业用地配比及空间布局优化模式，主要包括以下三方面：

第一，增加工业用地配比。八所镇的现状工业用地比重为33.4%，而根据其生态环境条件、工业现状基础及工业发展潜力，工业用地的比重可提高到45%。八所镇的结构潜力为510.28公顷，但尚可供应工矿仓储用地面积仅为62.25公顷，两者差距较大。八所镇内仍存在35.80公顷应收回的闲置土地。因此，在将来的工业用地配给中，可适当增加八所镇的工业用地指标，逐步调整八所镇的土地利用结构，加强土地管理。

第二，提高土地利用效率。八所镇的工业用地地均产出仅为51.18万元/亩，与设定目标300万元/亩差距较大。而300万元/亩的地均产出是2015年广东省省级工业园区的平均水平。同样拥有省级工业园区——东方工业园区的八所镇，地均工业产出不足100万元/亩。由此观之，八所镇内有许多低效产业占据着宝贵的土地资源。因此，在八所镇将来的工业发展中，要注重调整产业结构，筛选出高效率企业进驻，对园区内现有的产业进行整改，实行激励机制，促进企业改善其投入产出效益。

第三，加强"硬环境"建设。与其余乡镇相比，八所镇的生态环境约束较小，工业现状集聚，但是工业发展潜力处于中等水平。工业发展潜力主要从市场容量、可达性、交通运输条件、自然资源等角度进行考察。八所镇有海南省唯一拥有边贸政策的城市口岸——八所港，这使其在运输大型工业产品等方面具有无可挑剔的优势。但在陆路运输、与周边城市联系等方面的不足，使得其发展潜力不足。因此，在优化八所镇的工业发展时，应注重对八所镇工业发展所需"硬环境"的提升，地方政府应加大公共服务设施的投入力度，这不仅可以改善现有企业的发展条件，也有利于招商引资，优化产业结构。

综上所述，八所镇"生态环境友好、工业差别配套"模式是基于八所镇的生态环境、工业现状、工业发展潜力等提出的。在进行具体的政策制定、工业用地落地时，应结合八所镇及东方市的相关城市规划，契合远期的城市发展目标，以工业发展促进城市进步，建设生态环境友好、经济效益突出的工业强镇。

(二) 海南琼海市"生态优化，村庄集约"模式

本研究选取琼海市潭门镇，分析其"生态优化，村庄集约"的海岸带和海岛国土综合整治模式。

1. 海南琼海市潭门镇概况

(1) 总体概况。

潭门镇地处琼海市东部沿海，距琼海市嘉积城区 20 公里，面积为 89.5 平方公里，海岸线总长 18 公里，辖 14 个村委会、220 个村民小组，常住人口约 3.1 万。潭门镇是海南岛沿海村庄的密集分布区域，拥有国家中心级渔港——潭门中心渔港，乡镇社会经济发展相对较好，村庄农林牧渔业均有所发展，同时也面临着旅游发展机遇，但生态保护压力较大，是海南典型的沿海乡镇类型。

(2) 自然条件。

潭门镇属于热带季风及海洋湿润气候区，受季风影响大，光照充足，高温多雨，台风频繁，四季不明显，旱季和雨季分明。年平均气温为 24℃，年平均降雨量为 2 072 毫米，年平均日照为 2 155 小时，年平均辐射量为 498 074 焦/平方米，终年无霜雪。潭门镇主要地貌类型是台地、平原和仍在发育的滩涂。整个镇域海拔较低，在 1.3~95.2 米之间，整体呈西高东低倾向。

全镇共有耕地面积 2.29 万亩，林地面积 4.9 万亩。辖区有全市最大的中型水库——合水水库，总库容量为 3 140 万立方米，最大水面面积为 7.2 平方公里，灌溉农田总面积为 10 636 亩。沿海地区有麒麟菜自然保护区（省级）和红树林湿地。

(3) 社会经济现状。

全镇以农业为主，发展远洋捕捞，沿海养殖对虾、鲍鱼，种植菠萝、荔枝、胡椒、槟榔、椰子、反季节瓜菜和水稻，工业以贝壳加工为主。

2016 年全镇社会总产值达到 35.07 亿元，同比增长 12.4%；农业总产值达到 14.19 亿元，同比增长 9.21%；第二产业总值达到 12.50 亿元，同比增长 11.02%；第三产业总值达到 8.38 亿元，增长 20.92%。农民人均可支配收入达到 1.62 万元，同比增长 8%。

2. 潭门镇生态敏感性评价

根据上文的土地生态敏感性分析，建立潭门镇的土地生态敏感性评价指标体系（见表 8-6）。

表 8-6　　　　　潭门镇土地生态敏感性评价指标体系

影响因素	因子分类	因子指标	权重
自然因素	地形地貌	高程	0.013 0
		坡度	0.026 1
		地表起伏度	0.026 1
	水文环境	河流、水库的距离远近	0.065 2
	植被资源	林地覆盖率	0.017 6
		草地覆盖率	0.009 7
		农田面积比例	0.005 3
生态限制性因素	生态红线	生态红线范围的面积比例	0.216 0
	基本农田保护区	基本农田保护区的面积比例	0.216 0
	自然保护区	自然保护区、水源保护区、风景名胜区的面积比例	0.107 9
海岸带特殊因素	沿海滩涂	沿海滩涂的距离远近	0.148 5
	红树林湿地	红树林湿地的面积比例	0.074 3
	防护林	防护林的面积比例	0.074 3

研究方法采用基于层次分析法和德尔菲法的综合评价法（线性加权综合）。综合评价法是在确定研究对象评价指标体系的基础上，运用一定方法对各指标在研究领域内的重要程度即其权重进行确定，根据所选择的评价模型，利用综合指数的计算形式，定量地对某现象进行综合评价的方法。具体的评价模型为：

$$S(I) = \sum_{i=1}^{m} W_i * C_i$$

式中，$S(I)$ 为综合评价指数，W_i 为第 i 个指标的权重值，C_i 为第 i 个指标标准化处理后的无量纲量化值，m 为评价指标个数。

采用分级给分法，对 2017 年潭门镇各项指标的数据进行标准化处理，然后根据以上公式得到各个网格单元得分，使用 ArcGIS 的分类图示功能，使用自然间断点分级法，将所有单元分为不同敏感程度的五类。

根据潭门镇土地生态敏感性等级分类，发现沿海地区的生态敏感性最高；其次是地形坡度和地表起伏度比较大的区域；基本农田、红树林、防护林和水域分布的地区，生态敏感性也比较高。

对各个网格单元的土地生态敏感性综合分值进行分区统计，可以得到潭门镇各个村庄的土地生态敏感性综合分值（见表 8-7），得分越高，生态敏感性越高。

表8-7　潭门镇各村庄土地生态敏感性得分与排名表

村庄名称	得分	排名
潭门	19.65	1
草塘	19.31	2
日新	14.69	3
林桐	14.28	4
苏区	10.76	5
福田	7.30	6
西村	7.25	7
凤头	6.91	8
北埇	6.89	9
多亩	6.78	10
墨香	6.69	11
社昌	6.41	12
旧县	6.27	13
金鸡	5.93	14

根据土地生态敏感性得分，使用ArcGIS的分类图示功能，使用自然间断点分级法，将所有单元分为五类。根据分类结果可以发现：沿海的村庄生态敏感性最高，包括潭门、草塘、日新和林桐；其次是苏区、福田和西村；然后是凤头、北埇、多亩、墨香和社昌这五个村庄；旧县和金鸡的生态敏感性最低。

3. 潭门镇土地利用集约度评价

根据上文的土地利用集约度分析，建立潭门镇的土地利用集约度评价指标体系（见表8-8）。

表8-8　潭门镇土地利用集约度评价指标体系

目标层	准则层	指标层	权重
村庄建设用地集约利用指数	土地利用强度	人均建设用地面积	0.2679
		人均耕地面积	0.0187
		景观破碎度	0.0709
	社会发展水平	村庄常住人口密度	0.0295
		村庄人口中心度	0.0047
		就业人口比重	0.0409
	土地经济效益	人均纯收入	0.0325
		地均GDP	0.3041
		单位面积农业产值	0.1580
		人均道路长度	0.0729

确定各项指标的标准值。《琼海市土地利用总体规划》规定：发放宅基地使用证的面积为2 720公顷，依据琼海市户籍农业人口36万，求得人均150平方米上限值，人均建设用地的标准值取该平均值。根据《2016年海南省国民经济和社会发展统计公报》，海南人均耕地面积847平方米，为该项指标标准值。根据海南省统计局信息，2016年海南省人口密度为253.47人/平方公里，为该项指标标准值。其他指标的"地方性"更强，不适合用全省的标准，均采用相应指标的极值作为标准值。各项指标的标准值见表8-9。

表8-9　　　　　　潭门镇土地利用集约度评价指标标准值

目标层	准则层	指标层	性质	标准值
村庄建设用地集约利用指数	土地利用强度	人均建设用地面积	负向	150平方米/人
		人均耕地面积	正向	847平方米/人
		景观破碎度	负向	0.063 997
	社会发展水平	村庄常住人口密度	正向	253.47人/平方公里
		村庄人口中心度	正向	399.545 013
		就业人口比重	正向	0.722 789
	土地经济效益	人均纯收入	正向	23 484元/人
		地均GDP	正向	25 769 600元/平方公里
		单位面积农业产值	正向	24 381元/平方公里
		人均道路长度	正向	53.861 301米/人

将土地利用集约度模型和总分值-极限修正模型相融合，进行发展潜力计算。

$$\lambda_j = \sqrt{\sum_{i=1}^{n} \beta_i * S_i^2 * 100}$$

$$S_i = \frac{t_i - a_i}{t_i + a_i}$$

式中，λ_j为第j个评价单元的综合集约度分值，λ_j越大表明土地利用越不集约；β_i为第i项指标的权重，$0 \leq \beta_i \leq 1$；S_i为第i个影响因子的分值；t_i为第i个影响因子的标准值或理想值；a_i为第i个影响因子的实际值；$j=1, 2, 3, \cdots, m$（一共m个评价单元）；$i=1, 2, 3, \cdots, n$（一共n项指标因子）。

利用上述模型，计算得到各个村庄的土地利用集约度综合分值（见表8-10），得分越低，土地利用集约度越高。

表 8-10　　潭门镇各村庄土地利用集约度得分与排名表

村庄名称	得分	排名
潭门	3.44	1
草塘	3.90	2
日新	3.92	3
旧县	4.35	4
林桐	5.52	5
凤头	5.65	6
福田	5.84	7
西村	6.13	8
金鸡	6.29	9
北埇	6.31	10
墨香	6.34	11
多亩	6.37	12
社昌	6.42	13
苏区	6.49	14

根据土地利用集约度得分，使用 ArcGIS 的分类图示功能，使用自然间断点分级法，将所有单元分为五类。根据分类结果，可以发现土地利用集约度呈比较明显的梯度特征，从沿海向内陆，从镇中心向四周，土地利用集约度降低。潭门、草塘、日新 3 个村的土地利用集约度最高，旧县属于第二梯队，其次是林桐和凤头，福田和西村的土地利用集约度在更低一级，金鸡、北埇、墨香、多亩、社昌和苏区 6 个村土地利用集约度最低。

4. 潭门镇村庄发展潜力评价

根据村庄发展潜力分析，建立潭门镇的村庄发展潜力评价指标体系（见表 8-11）。

表 8-11　　潭门镇村庄发展潜力评价指标体系

目标层	准则层	指标层	权重
村庄社会经济发展基础评价	发展规模	人均收入	0.107 7
		行政区划面积	0.035 9
		户籍人口数量	0.017 9
	生产资源	到海岸线的距离	0.327 0
		农业产值比重	0.163 5
	区位条件	距交通干线的距离	0.072 0
		到镇区的距离	0.143 9
		村域范围内县道及以上道路密度	0.072 0
	公共服务	基础设施	0.060 1

第八章 基于"四区一带"的国土综合整治区域统筹实施路径探索

采用极差标准化法，对各个村庄各项指标的原始数据进行标准化。

评价因子指标与评价对象之间有两种情况：一是正向型关系，即因素指标值越大，发展条件越好，如人均收入越高，发展条件越好；二是负向型关系，即因素指标值越小，发展条件越好，如与镇区的距离越近，发展条件越好。

当指标为正向型指标时，使用以下公式进行标准化：

$$Rij* = \frac{Rij - Ri_{\min}}{Ri_{\max} - Ri_{\min}} \tag{1}$$

当指标为负向型指标时，使用以下公式进行标准化：

$$Rij* = \frac{Ri_{\max} - Rij}{Ri_{\max} - Ri_{\min}} \tag{2}$$

在上述标准化（1）（2）公式中，Rij 为第 i 项指标中，第 j 个评价单元的原始数值，$Ri_{\min}$ 为第 i 项指标中全部原始数值的最小值，$Ri_{\max}$ 为第 i 项指标中全部原始数值的最大值，$Rij*$ 为评价单元 j 为第 i 项指标的标准化值。

数据标准化结束以后，采用线性加权综合模型，计算出各个村庄的发展基础评价指数值。

$$Z_i = \sum_{i=1}^{n} W_i * C_i$$

式中，Z_i 为村庄发展基础评价指数值，W_i 为第 i 个指标的权重值，C_i 为第 i 个指标标准化处理后的无量纲量化值，n 为评价指标个数。

将得到的发展基础评价指数值代入潜力模型，计算得到各个村的发展潜力值。

$$R_i = (Z_i * Z_0)/D_i$$

式中，R_i 为评价单元 i 和上一层级经济增长极（区域中心）的经济联系强度；Z_i 为评价单元 i 的发展基础综合分值；Z_0 为上一层极经济增长极（区域中心）的发展基础综合分值，为常数；D_i 为评价单元 i 和上一层级经济增长极（区域中心）之间基于道路网络的最短路程距离。

各个村庄的发展潜力值见表 8-12。

表 8-12　　　　　潭门镇各村庄发展潜力得分与排名表

村庄名称	得分	排名
潭门	9.21	1
旧县	8.63	2
凤头	1.63	3
日新	1.21	4
草塘	0.85	5
墨香	0.63	6
北埇	0.61	7
林桐	0.37	8
福田	0.30	9
西村	0.19	10
苏区	0.17	11
多亩	0.12	12
金鸡	0.11	13
社昌	0.06	14

根据发展潜力得分，使用 ArcGIS 的分类图示功能，使用自然间断点分级法，将所有单元分为五类。根据分类结果，可以发现沿海的村庄发展潜力较高，随着离镇区（潭门渔港）距离的增加，村庄的发展潜力下降。潭门和旧县的发展潜力最高，其次是凤头和日新，草塘、墨香和北埇再次之，林桐和福田在更低一级，在镇域边缘且离海岸线最远的西村、苏区、多亩、金鸡和社昌的发展潜力最低。

5. 潭门镇土地集约利用与优化

以集约度评价和生态敏感性评价为基础，同时结合潭门镇土地利用总体规划中建设用地管制分区，子课题提出潭门镇村庄土地集约利用生态化分区如图 8-3 所示。

在图 8-3 中，潭门、草塘、日新、林桐四村在较高集约度-有条件建设区，应当集合减少用地和提高产出来提升集约度，未来发展中建设用地占比应在中等水平，建设用地的面积应保持平衡，仅在小范围内波动，同时保持较高的土地经济效益，并整合零散分布的建设用地，避免土地利用破碎化；旧县、凤头两村在较高集约度-适宜建设区，应当以提高产出为导向，适量增加建设用地面积并使之保持较高占比；福田、西村、金鸡、北埇、墨香、多亩、社昌、苏区八村在较低集约度-限制建设区，应以减少用地为导向，降低建设用地所占比重。

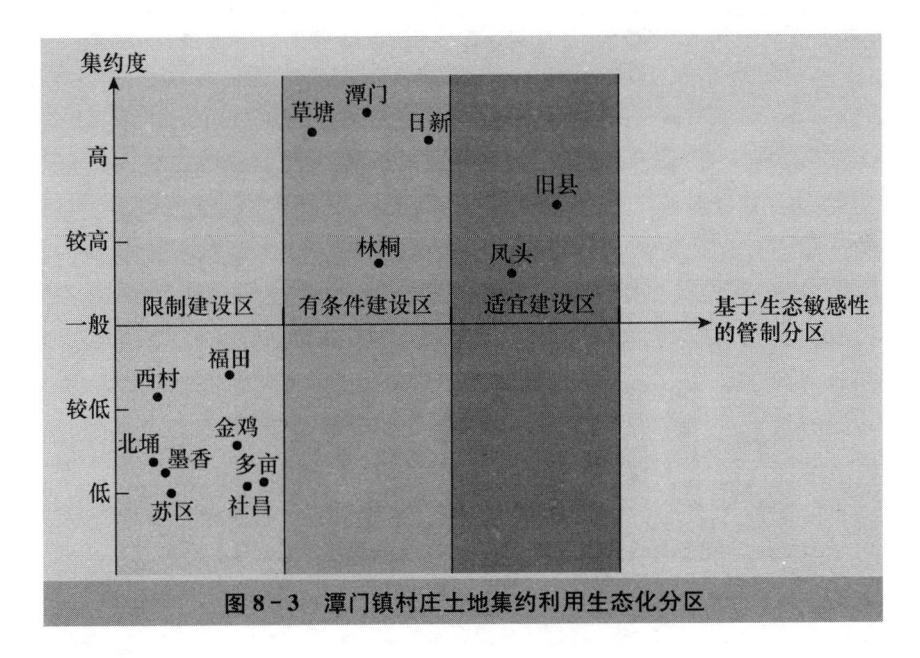

图8-3　潭门镇村庄土地集约利用生态化分区

综合上述所有分析评价，区域土地生态敏感性、土地利用集约度和发展潜力三个子系统组合，共同构成了生态环境友好型海岸带村庄建设用地的评价指标体系。

由生态环境友好型海岸带村庄建设用地的评价结果，可将所有村庄分为四类（见图8-4）。本研究最终以提高集约度为目标建设生态环境友好型海岸带村庄，针对每一大类，提出土地利用优化策略，具体指导各行政村的生产、生活、生态建设，进行多目标优化。

旧县、凤头、北埔、墨香四村为旅游服务型村庄，其毗邻沿海村庄，生态敏感性较低，同时有较好的发展潜力，因此可以重点开发。

金鸡、多亩、社昌、西村、苏区、福田六村为产品加工型村庄，其距离海岸线最远，生态敏感性较低，植被覆盖度良好，可以开展农业加工，为旅游购物提供服务。

林桐村为生态农业型村庄，属于生态敏感性较高，同时发展潜力较弱的村庄，在未来的规划中应注重保护生态环境，因此建议发展特色生态农业。

草塘、日新、潭门三村为休闲游憩型村庄，皆是沿海村庄，生态敏感性较高，但又具有较强的发展潜力，应在保护生态环境的前提下，减少建设用地扩张，打造高品质的海洋休闲旅游目的地。

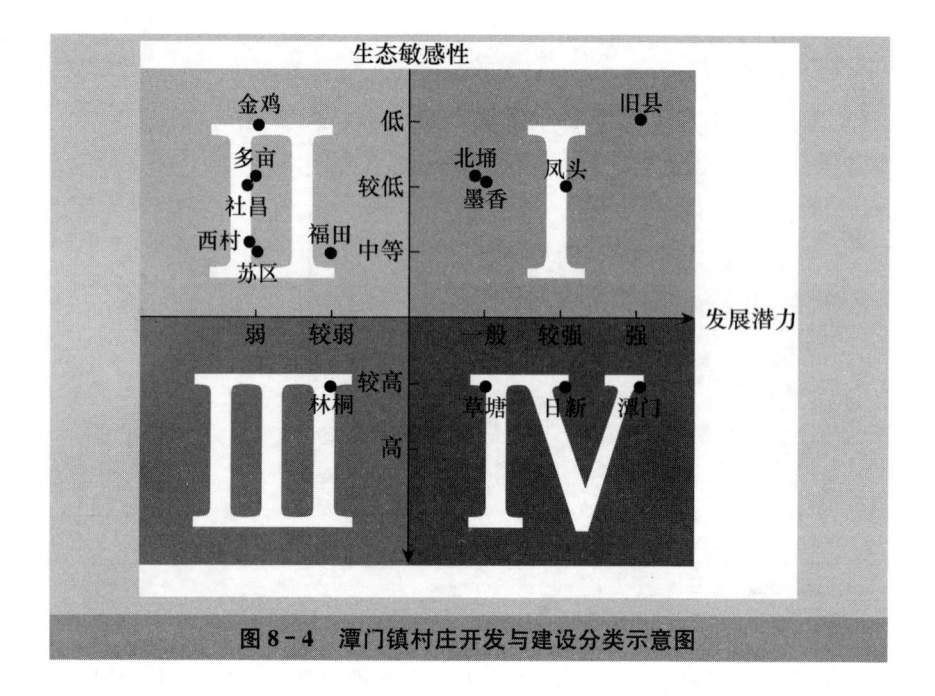

图8-4　潭门镇村庄开发与建设分类示意图

6. 潭门镇村庄建设优化指导

在进行了整理分区后，对应提出各区的村庄建设优化意见。

重点开发区：现状人口规模与经济规模在较高水平，开展村庄建设的自然条件较好，未来发展潜力较大。应加快推进城镇化进程，以城镇发展规划为基础强化中心村建设，推行城镇化引领型的空心村整治模式，开展组织整合形成新型的社区化管理模式①，统筹城乡发展，集约土地资源；在村庄建设过程中，积极推进"低能耗、低污染、低排放"的"三低"低碳技术，重塑农村生产、生活观念，发展低碳乡村。

一般保护区：生态敏感性较低，适宜建设，但未来发展潜力较小。未来发展可以建设成为大型现代农业园区，集中发展高效、特色的生态农业；将土地整理和基本农田建设相结合，将集中连片的高产能耕地建设成永久基本农田，确保粮食产量稳定；依托丰富的农副产品，运用市场营销网络，打造特色农产品品牌，建成产业化龙头企业，提高农业生产效益，增加当地居民收入。

重点保护区：生态敏感性高，集约水平低，同时未来发展潜力不大。

---

① 刘玉，刘彦随，郭丽英. 环渤海地区农村居民点用地整理分区及其整治策略［J］. 农业工程学报，2011，27（6）：306-312.

此类区域建设方案以迁村并点为主，辅以空置、废弃居民点复垦，将通过土地整理的土地转化为耕地；做好长期规划，基于中心地理论，有选择地扶持集聚点，进行中心村的建设，优化空间结构；严禁村庄建设占用周边耕地，逐步推进对区域内旧宅基地、废弃工矿用地的整理和复垦工作。

适度开发区：存在未来发展潜力较大同时生态敏感性也较高的矛盾，应当考虑经济效益与生态效益统筹安排，实现产业结构优化，改善区域生态环境；善于根据微观层面的实际情况进行差异化功能定位，在村庄建设中关注生态服务功能的提升；制定详细的村镇建设用地规划，完善农村基础设施和公共服务设施建设。

（三）海岸带和海岛国土综合整治实现路径

1. 推进陆海统筹，协调陆海空间开发保护

海岸带和海岛国土综合整治应当在立足陆地、海洋资源特点的基础上，运用规划、计划和政策等手段，对海洋和陆地的资源开发、生态环境及综合管理等领域进行顶层调控，发挥陆地和海洋的经济、生态和社会功能，在此基础上实现综合效益最大化。构建海陆统筹规划保障体系；注重海陆产业分工与协作，形成产业特色体系；优化海陆产业结构，打造具有竞争优势的海陆产业集群，进一步增强海陆产业体系间的联系[1]；建立海岸综合开发区，增强海陆产业的关联，构建生态协调、产业结构优化的体系。

2. 统筹海域海岸带整治，推进海洋生态修复

修复和保护海岸带湿地，维护其生态功能，发挥其截留、净化污染物的功能，建立健全保护和合理利用湿地机制，探索湿地生态经济发展新模式；开展海陆过渡区生态建设，营造缓冲区，加强滨海区域生态防护建设，营建堤岸防护林，开展退塘还林；构建近海海岸复合植被防护体系，缓减台风、风暴潮对堤岸及近岸海域的破坏；提高保护海洋生态的意识，建立更多的自然保护区/地，建立种质基因库，保护遗传的多样性等。

3. 生态保护为主，进行合理开发

重视海岸带和海岛地区的生态环境，维护海岸带和海岛的沙滩、雨林、火山、溶洞、温泉等特色生态资源，并根据其生态脆弱程度以及生态旅游的要求，确定不同类型生态资源的开发潜力；在此基础上，统筹

---

[1] 叶向东. 海陆统筹发展战略研究 [J]. 海洋开发与管理，2008，25 (8)：33-36.

安排各类用地计划指标，优先保障重点生态用地，确定不同类型用地结构；在发挥资源优势、避免生态劣势的基础上，进行海岸带和海岛资源的合理开发利用，推动海岸带与海岛生态与经济的转型发展。

4. 加强海洋整治，强化资源利用

制定系统完善的法律法规，指导海岸带资源的开发利用；进行海岸带和海岛的基本状况调查，掌握海岸带资源的分布、数量和质量，确保科学地使用海洋资源，避免盲目开发；大力发展海洋第一、二、三产业，建立海洋资源的产权制度，培育海洋资源市场，加速形成具有特色的区域海洋经济，通过合理的资源平衡措施，保障最佳的社会经济效益。

第九章
中国国土综合整治的制度基础

国土综合整治需要一系列的制度构建作为基础，例如：以自然资源产权制度为前提，明晰承担国土综合整治的责任和义务；以资源环境承载力评价制度为基础，明确不同区域国土综合整治的目标、任务和整治路径；以空间规划制度为统领，明确不同地域空间的功能定位、开发利用方向；以国土空间管制制度为手段，明确空间分区开发标准和控制引导措施；以市场与政府协同推进制度为保障，明确国土综合整治的资金投入和经济来源；以城乡建设用地增减挂钩、耕地占补平衡等具体政策措施为路径，明确不同区域、不同领域实现国土综合整治目标的可操作性措施。

一、空间规划制度

（一）国土空间规划的基本内涵

1. 国土空间规划的概念内涵与发展历程

国土空间规划是一个国家或区域高层次的综合性规划，包括合理配置国土资源、优化国土开发空间、保护生态环境、保障区域可持续发展，是政府优化配置国土资源、进行国土空间管控和治理的重要手段[1]。

在德国、日本等开展国土规划较早的国家，国土空间规划的理论体系和规划体系比较完善，国家和区域层面上的规划一般由专门的机构代

---

[1] 郝庆，孟旭光，周璞. 我国国土规划的发展历程与编制思路创新[J]. 科学，2012，64（3）：4，46-49.

表政府编制。中国在借鉴欧美国家、日本、苏联等的经验的基础上，先后开展了不同类型和不同层次的国土空间规划。在组织形式上，综合性的国土空间规划长期以来由国家计划管理部门开展，主要是在计划经济体制内探索区域空间管控和治理的有效形式，为工业布局、城乡建设等经济建设服务。在20世纪八九十年代，中国计划经济体制下的国土空间规划工作全面铺开。但是到20世纪90年代后期，由于经济体制转型、政府机构改革、规划编制理念未能适应市场经济发展等原因，多数编制的规划未能批复实施，国土空间规划编制陷入低谷。20世纪90年代中后期，中国工业化、城镇化进入加速发展阶段，并开始启动社会主义市场经济体制的全面改革进程，中国社会进入结构转型时期。政府机构职能转变后，新成立的国土资源部继承原国家计划委员会的国土规划编制职能。国土部并未编制国家层面的空间规划，但进行了理论探索和省级国土规划试点。另外，原属于国土规划范畴的土地利用、矿产开发、基础设施建设等，分别由发改委、国土部、住建部、水利部等部门的主体功能区规划、土地利用总体规划、流域综合规划等取代[①]。

2. 国土空间规划与国土综合整治的关系

20世纪80年代第一次进行国土规划工作时，明确国土规划是空间规划，并将国土规划定位为：根据国家经济社会发展总的战略方向及规划区的自然、经济、社会等条件，按程序制定的一定地区范围内的国土开发整治方案[②]。从最初的定位看，国土工作"管土地利用、土地开发、综合开发、地区开发、整治环境、大河流开发，要搞立法，搞规划"。国土空间规划是国土工作的中心，是国土开发、利用、整治和保护的总体安排，国土综合整治是国土空间规划的一项重要内容。

国土空间规划科学合理、实施有效，可以避免出现资源浪费、空间无序开发、环境恶化等问题，降低国土综合整治的难度；反之，则可能带来一系列问题，给国土综合整治工作增加难度。同时，国土空间规划也需要针对出现问题的区域，合理安排国土综合整治措施，部署国土综合整治重大工程，修复受损国土，提升国土的可持续发展能力。

---

①② 郝庆，孟旭光，周璞. 我国国土规划的发展历程与编制思路创新[J]. 科学，2012，64（3）：4，46-49.

（二）国土空间规划编制基本情况

当前，中国呈现出主体功能区规划、土地利用总体规划、国土规划等多个规划并存的局面，各个规划在积极发挥作用的同时，也出现了重复交叉、冲突矛盾等问题。2014年8月，多部委联合印发《关于开展市县"多规合一"试点工作的通知》（发改规划〔2014〕197号），要求在全国范围内开展市县"多规合一"试点工作，统筹考虑经济社会发展、城乡、土地利用、生态环境保护四规合一，探索整合相关规划的管制分区，划定永久基本农田红线、城市开发边界和生态保护红线，形成合理的空间布局；完善经济社会、资源环境政策和空间管控措施，形成一个市县"一本规划、一张蓝图"的管理目标。

1. 主体功能区规划

2006年，国务院下发《关于开展全国主体功能区划规划编制工作的通知》，成立了由15个部门组成的全国主体功能区划规划编制工作领导小组及其办公室。2007年5月规划编制工作正式启动。2009年3月，形成《全国主体功能区规划（2009—2020年）》（征求意见稿）。这项工作由国务院领导，国家发改委组织实施。全国主体功能区规划是依据党的十七大报告和"十一五"规划纲要，以形成主体功能区、科学开发国土空间为目标的战略性、基础性和约束性的空间规划。

主体功能区规划通过设置指标体系，运用现代地学空间分析方法，根据主体功能划分国土空间。按照四种类型区将全国划分为若干个区域，针对每个区域的国土空间提出区域开发和空间管制的建议，包括区域的主体地域功能、城镇建设体系、人口规模、资源配置和生态环境保护等，并提出配套政策措施。在国土空间开发无序、全国性国土空间规划缺位的状态下，主体功能区规划具有积极的意义。国家发改委在编制主体功能区规划的同时，积极推动省级主体功能区规划的编制，并进行市县层级主体功能区规划的相关研究，推进市县层级主体功能区划分工作。主体功能区规划在广度和深度上的积极推动，在一定程度上压缩了国土规划的存在空间。

但主体功能区规划并不能替代国土规划。首先，主体功能区规划在更大程度上是经济政策的规划，它的四类分区主要是围绕能否进行大规模、高强度的工业开发来进行的，而且四类分区在理念上虽然比较清晰，但落实到图上就会出现重叠。其次，简单地将国土空间划分为四类，忽略了发展权的公平性问题，如果区域补偿机制或者财政转移支付不到位，就会扩大限制开发区与优化重点开发区的差距①。最后，主体功能区规划侧重发展目标的时间控制和空间分解，虽强调资源环境承载力，但对资源合理开发利用与经济社会可持续发展之间的关系研究不够，对经济社会发展的资源基础重视不足。

2. 区域规划

20 世纪 80 年代，国家计委国土局认为区域规划就是区域性的国土规划。1998 年，原属国家计划委员会制定国土规划的职责划归国土资源部（现为自然资源部）；国家计划委员会变为国家发改委，延续区域规划职能。"十一五"时期，国家发改委先后编制了《京津冀都市圈区域规划》《珠江三角洲地区发展改革规划》《广西北部湾经济区发展规划》等区域性规划。2009 年国家发改委启动《淮海经济区区域规划》的编制工作，并开展成渝经济区、江苏沿海地区、辽宁沿海经济带、丹江口库区及上游地区等地的发展规划。区域规划逐渐由经济发达地区向其他地区扩展，覆盖面不断扩大，对区域层级国土规划的开展带来了挑战。

从已形成规划文本的几个区域规划来看，其规划的定位、内容和任务与由国家计委主导编制的上一轮国土规划的内容类似。如《广西北部湾经济区发展规划》的主要任务是：科学划分国土空间，促进合理有序发展；建设"三基地一中心"，完善产业布局；加强交通基础设施建设，提升国际能力；深化合作，充分发挥示范作用；全面加强社会建设和生态环境保护，营造和谐发展环境；着力推进改革，创新开放合作的体制机制。内容涉及区域背景分析、国土空间布局、基础设施建设、产业发展和布局、人口和城镇化、科教文卫发展、环境整治与生态保护以及配套政策等。

但是这些区域规划面临的时代特征不同于上一轮国土规划。主要是在社会经济已经高度发达或者处于即将起飞阶段的地区开展的，这些地区的社会经济发展面临着或者即将面临着重大转型。因此，规划的理念和重点与上一轮国土规划有所区别，已经由"以国土综合整治为中心的区域开发规划"发展为"在科学发展观指导下、以政策措施为指引的区域综合发展规划"。与上一轮国土规划重视区域国土综合整治、交通基础设施建设等硬件环境的建设不同，这些区域规划更加注重区域政策等软环境对区域经济发展和国土空间开发格局形成的指引作用。新时期区域

---

① 孟旭光，强真，郝庆，等. 新时期国土规划的功能定位与编制思路 [J]. 中国国土资源经济，2011，24（4），29-31.

性国土规划在强化资源管控、重视国土整治、增强对空间开发格局引导作用的基础上，应与发改委的区域规划相互配合、相互制衡。

3. 土地利用总体规划

土地利用总体规划是为了保护日益紧缺的耕地资源而出现的。其最初的定位是国土规划的组成部分，是土地利用宏观的、指导性的长期规划。主要内容是根据土地的自然、经济特点和国民经济、社会用地需求的长期预测，确定土地利用的目标、方向和布局等，对用地规模做出指标控制，实施规划政策。1987年国家土地管理局编制全国土地利用总体规划，现已成为一项较为完善的专项规划。

土地利用总体规划是依据国民经济发展规划编制的，核心内容是通过控制建设用地指标来达到保护耕地的目标，是一种资源保障性的部门专项规划。但在实施过程中，往往服务于地方经济，影响其土地用途管制作用的发挥。

国务院肯定了宏观调控中包含土地的思路。有学者认为，应该在编制土地利用总体规划时，实行有差别的土地政策；还有学者认为，土地利用总体规划可以代替国土规划。但是，从法律地位及公众认知来看，土地利用总体规划是部门的专项规划，宏观性和战略性较低，实现宏观调控职能存在一定的难度。土地利用总体规划不能本末倒置，应以更高层次的国土规划为依据。

4. 城镇体系规划

在中国现行的规划体系中，城市规划是出现较早、理论基础和技术规程最为成熟的空间规划，在实际工作中已经发挥了重要的指导作用。城市规划原本是一项技术性的建设规划，通过对城市内各种组成要素的合理布局，达到城市空间有序的目的。城市规划为城市快速发展做出了贡献，但不能有效解决区域协调问题，如过多占用耕地、污染下游地区、重复建设和恶性竞争等问题，往往以损坏"整体最优"而达到"局部最优"。因此，有效的城市规划必须从更大的区域范围着手，不能就城市而论城市，需要有个上位的国土规划做指导。

城镇体系规划发展于中国国土规划长期缺失的时期。住房和城乡建设部根据需要，从区域尺度上分析城市在不同城镇体系中的地位，指导城市规划的实施。此规划出台之后，规划的区域尺度向上下延伸，法律地位逐渐提高。2008年1月1日《中华人民共和国城乡规划法》施行，赋予城镇体系规划独立地位，与城市、镇、乡和村庄规划共同构成城乡规划体系。

城镇体系规划明确了全国或一定区域内的城镇等级规模和布局，明确不同等级的城镇在体系中的职能，在统筹区内的产业分工、城乡一体化以及生态环境保护等方面起作用，尤其是在指导城市规划编制的过程中，发挥了指导作用。2016—2030年的全国城镇体系规划编制工作已经完成；部分区域级（如《海峡西岸城镇群协调发展规划》）和省级城镇体系规划已经编制完成，并通过相关部门的审批，开始实施。

尽管城镇体系规划取得了法律地位，有明确的编制主体、实施主体和保障实施的监督机制，但是城镇体系规划也具有一定的局限性。首先，城市规划是一种发展规划，是按照区域经济社会发展的要求，根据城市建设现状，对未来城市空间发展方向和发展规模进行一定的预测和规划，然后提出建设用地指标。从安排用地的角度考虑城市规划是"按需供地"。城镇体系规划基本上也是按照这种技术方法进行的，因此如果想要实现城镇体系规划所设想的区域社会经济（包括城市建设）目标，必然需要占用一定数量的耕地作为建设用地，并且还需要有其他自然资源和生态环境作为保障。现实的资源和环境能否满足城镇体系规划的需求存在疑问，尤其是在耕地资源日趋紧张的东部沿海地区，新增建设用地不足已经成为瓶颈。其次，住房和城乡建设部不是宏观调控部门，参与国家宏观调控的力度较低。城镇体系规划主要是指导城市规划，不是高位规划。因此，城镇体系规划未来向空间扩张的力度有限，只能部分地行使国土规划的职能，指导区域城乡建设，不能够代替国土规划。此外，按照《中华人民共和国城乡规划法》的规定，城乡规划只在其规划区内具有法律效力。城乡规划的"规划区"由城市规划区和乡村规划区构成。对于"规划区"的概念比较含糊，一般是在城市规划中人为划定，并不能在区域上全覆盖。从这个角度上说，城镇体系规划的管辖范围也比较有限，不是覆盖全区域的国土规划。

5. 国土规划

国土规划是根据自然条件、国家经济和社会发展战略，对国土开发、利用、整治和保护进行的统筹规划和综合布局。20世纪90年代，国家计委曾编制完成《全国国土总体规划纲要（草案）》，虽然由于多种原因，这个草案没有正式颁布实施，但其提出的诸多国土开发理念和战略设想，对中国国土开发和区域发展实践、对国土空间开发格局的形成，都产生了深远的影响。

1998年以来，国土资源部在总结国内外编制实施国土规划经验的基础上，在辽宁省、广东省、天津市和深圳市开展试点工作，研究探索新形势下国土规划的目标任务、重点内容和实施手段，取得了一定的理论成果和实践经验。

2009年，国土资源部联合国家发展改革委、财政部、住建部向国务院上报《关于推进国土规划工作的请示》。经国务院同意，国土资源部和国家发展改革委联合筹备启动《全国国土规划纲要（2016—2030年）》编制工作。

《全国国土规划纲要（2016—2030年）》开展了九大方面48项重大专题的研究，内容包括基础与形势、战略部署、国土开发引导、国土分类保护、国土综合整治、支撑与保障、分区发展指引和规划实施等[①]。

6. "三规合一"为主的"多规融合"

"三规合一"是指将土地利用总体规划、城市总体规划和国民经济和社会发展规划的编制和实施相融合的措施。

土地利用总体规划是根据可持续发展的要求和自然、经济条件，在空间、时间上对一定区域内的土地的开发、利用、整治、保护做出总体的安排，是土地用途管制的基础。

城市总体规划是政府依据当地社会和自然条件，合理利用土地，协调空间布局，做出一定期限内的综合部署和具体安排，目的是实现当地经济和社会发展。

国民经济和社会发展规划是全国/地区经济、社会发展的总纲要，提出政府在规划期内社会经济发展的战略、政策、任务。

"多规融合"是生态环境保护规划加入"三规合一"，本质上是"四规合一"，其主要关系是国民经济和社会发展、土地空间之间的关系。目标是"一本规划、一张蓝图"，将"强化空间管控能力，实现国土空间集约、可持续利用"和"改革政府规划体制，建立统一的、功能互补的、相互协调的空间规划体系"。

（三）国土空间规划编制存在的问题

现行各种类型的国土空间规划虽然发挥了积极的作用，但在一定程度上存在着功能交叉、内容重复的现象，尤其是在缺乏综合性空间规划

---

① 国土资源部召开《全国国土规划纲要》专家咨询会［EB/OL］. http://www.gov.cn/gzdt/2013-01/29/content_2321813.htm.

的情况下，出现了一些问题和矛盾。

1. 国土空间开发格局不明确，区域发展协调困难

长期以来，中国没有综合性的空间规划，导致没有明确的国土空间开发战略。在现行财税体制下，各地区都追求经济的发展，但存在着自然条件和区域承载力的差异，经济发展与资源环境之间的矛盾突出，资源短缺日趋严重。许多地方规划由于缺乏国家宏观规划控制，缺少跨行政区国土规划，加之地方保护主义助长了重复建设、恶性竞争和资源环境破坏的弊病，一些重要流域、大都市连绵区以及重要资源富集地区，在开发建设部署上不统一，加剧了资源浪费和环境恶化，更有甚者不惜损害相邻地区利益。

2. 现有规划难以有效衔接协调

各地编制了大量规划，但受地方和部门行业利益影响，这些规划在内容和职能上矛盾冲突。例如，据广东省国土规划课题组 2005 年统计，广东省形成了 80 多个省级专项规划①。高层次国土规划的缺失，造成空间实体在各种规划上重叠，导致用地紧张。另外，空间实体重叠导致空间功能出现矛盾的开发利用指向，亟须通过统一的国土规划，协调各种规划的空间冲突，加以空间落实。

3. 现行规划未能适应市场经济要求

现行的各种空间开发利用规划，不少在理念、内容上未能及时调整，仍然保留着计划经济色彩，影响规划作用的发挥。例如，过分注重经济，对均衡发展关注不够；很多规划在经济上有明确的指标和措施，但涉及资源节约、环境保护、公益事业，则缺乏具体措施。一些国土空间规划部署安排的国土综合整治工程，由于缺乏必要的资金保障和政策机制保障，可操作性差，难以实施，整治效果不突出。

（四）协调国土空间规划与国土综合整治的建议

1. 构建国土空间规划体系

在国家、省层面推进国土规划编制实施。强化对国土空间开发、利用、整治、保护的综合部署；在市县层面推进多规合一；在县（市）和乡（镇）层面，探索以土地利用总体规划为基础，以"三规合一"为主

---

① 郝庆，孟旭光，强真. 新时期国土规划编制环境分析及开展建议 [J]. 经济地理，2010，30（7）：1181-1184.

体，促进"多规融合"。以第二次全国土地调查成果为基数，形成一个县（市）"一本规划、一张蓝图"。

2. 科学进行空间规划分区

空间分区既是空间规划的开始（界定空间控制区域），也是空间规划的深入（落实规划措施和相关政策）。国土规划应当将国土空间分区作为规划的基础，通过分区落实规划的各项任务和目标，让其真正成为指导工程部署、政策措施与制度创新的主线。在市场经济体制下，国土规划具有空间约束和政策引导双重属性。在国土空间分区上，需要综合设计利用管制和政策引导分区，体现规划的引导性和约束性。在宏观上，需要安排区域发展的重大战略部署和有区别的区域政策。在微观上，要强化空间管制，规范市场主体的开发秩序，促进宏观目标的实现，形成有序的国土空间开发格局。另外，应当制定不同的国土空间开发管制规则，建立统一、高效的管控体系。

3. 因地制宜部署国土综合整治工程

要落实科学发展观，实现人与资源、经济社会发展与生态保护的统筹、协调、可持续发展，就要重视区域这个单元。国土空间规划要保障重要区域的战略实施，必须因地制宜，扬长避短，把区域优势转化为经济优势；也要摸清区域内土地开发利用中的问题，实施综合整治。如重庆市集大城市、大农村、大库区、大山区和民族地区于一体，国土空间规划必须把城乡统筹、三峡库区灾害防治和移民安居致富作为规划关注的热点。结合区域资源环境本底和经济社会发展需要，有针对性地部署国土综合整治工程，提升自然本底对经济社会发展的支撑作用。

二、资源环境承载力评价制度

（一）资源环境承载力的基本内涵

1. 资源环境承载力的概念、内涵

"承载力"一词最早出自生态学，是指在某一环境下，某种生物个体可以存活的最大数量。在奠基阶段的研究主要是研究人类以外的生物种群增长规律和粮食制约下的人口问题，偏重理论研究；20世纪六七十年代，全球性资源环境危机使得承载力研究逐步被应用于人类的经济社会实践，考虑的因素也由自然资源环境因素拓展至文化社会因素。在承载力应用领域，各学者根据所研究的承载力对象的不同，对承载力给出了不同的概念和内涵。结合目前中国资源环境领域承载力研究情况，资源环境综合承载力可定义为：一定区域一定时期内，在保障生态系统自我维持与调节能力良性发展的前提下，自然资源环境系统对区域主体功能（包括经济社会系统规模和结构等）可持续发展的支撑能力[①]。以资源供给、环境纳污、生态调节的自然资源环境系统为承载主体，以资源消耗、环境排污、生态服务的经济社会系统为承载客体。

2. 资源环境承载力评价与国土综合整治的关系

资源环境承载力是衡量人类经济社会活动与自然环境之间相互关系的科学概念，是人类可持续发展度量和管理的重要依据[②]。而国土综合整治则是促使人类社会经济活动和自然环境协调发展的重要手段，是可持续发展、管理的实施途径和重要手段。资源环境承载力评价与国土综合整治二者之间的关系可描述为：可持续发展是总目标，人是纽带，国土综合整治是可持续发展的实施手段，资源环境承载力是可持续发展的"基石"。纽带作用发挥得当，实施手段科学合理，则可构成良性循环，其结果是"基石"更稳，发展更快。资源环境承载力评价为国土综合整治部署提供基础依据，国土综合整治的实施则可进一步提升资源环境承载力，二者共同促进可持续发展，统一于可持续发展体系中（见图9-1）。

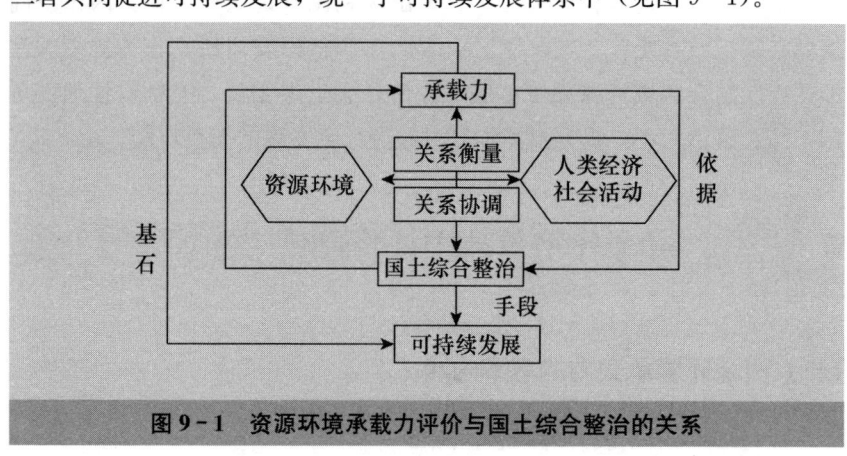

图9-1 资源环境承载力评价与国土综合整治的关系

[①] 周璞，王昊，刘天科，等. 自然资源环境承载力评价技术方法优化研究：基于中小尺度的思考与建议 [J]. 国土资源情报，2017（2）：19-24，18.

[②] 张林波，李文华，等. 承载力理论的起源、发展与展望 [J]. 生态学报，2009，29（2）：878-888.

(二)资源环境承载力研究现状

1. 资源环境承载力研究发展历程

纵观中国资源环境承载力评价研究，经历了由单要素到综合评价、由资源承载力到环境和生态承载力评价的历程。从20世纪80年代开始，以中国科学院自然资源综合考察委员会为代表的一批学者开始开展土地资源承载力研究，这一问题成为几十年来资源、人口、生态诸多领域的热点问题，20世纪90年代后承载力研究逐步扩展到水资源、森林资源、海洋资源、矿产资源以及环境承载力、生态承载力等领域。

随着研究的深入，越来越多的学者认识到单一要素承载力研究的局限性，开始着眼于环境承载力的综合研究。2006年《国民经济和社会发展第十一个五年规划纲要》提出了"提高城市综合承载力"，资源环境综合承载力研究成为承载力理论研究的热点问题。中国科学技术协会2008年开展的《城市承载力及其危机管理研究》基于P-S-R模型，采用单要素承载指数和综合指标体系两套方法对中国五大城市群承载力进行了评价。

近年来，自然灾害的频发让决策层和普通民众普遍认识到资源环境承载力的重要作用，也促进了资源环境承载力评价对于人口、产业、城市规划等的指导作用，中国资源环境承载力研究开始注重研究的应用性和实践性。2008年汶川地震、2010年玉树地震及舟曲特大山洪泥石流灾害灾后重建都把资源环境承载力评价作为重要依据，之后承载力研究逐步推广到主体功能区规划、国土空间规划和社会经济发展规划中。2013年《中共中央关于全面深化改革若干重大问题的决定》提出"建立资源环境承载力监测预警机制，对水土资源、环境容量和海洋资源超载区域实行限制性措施"，2015年《中共中央 国务院关于加快推进生态文明建设的意见》《生态文明体制改革总体方案》再次强调建立资源环境承载力监测预警机制，并提出了相关具体要求。当前，国家发展改革委牵头各相关部委正紧锣密鼓推进建立资源环境承载力监测预警机制，对全国各县进行资源环境承载力评价、预警，并制定相应措施。至此，中国资源环境承载力研究进入新的发展阶段。

2. 资源环境承载力评价在国土规划与管理决策中的应用

中国从20世纪80年代开始开展综合性国土规划，1990年由国家计委牵头，编制完成《全国国土总体规划纲要（草案）》，1998年国土资源部成立，针对改革开放中的工业化、城镇化加快所引发的资源、环境和生态问题，相继在深圳、天津、广东、河南、福建、广西等地开展了不同层级的国土规划工作，2009年国土资源部与国家发改委牵头，28个部委参与，开展《全国国土规划纲要（2016—2030年）》编制工作，新一轮国土规划强调"在深入开展资源环境综合承载力评价的基础上，突出加强国土生态安全建设"。

全国资源环境承载力评价从限制国土开发的"短板"要素入手，系统考虑了地形/气候、地质、水土资源、生态环境和海洋环境等各类资源环境要素，识别国土开发的资源环境限制性要素及限制程度，揭示中国主要城镇化地区以及农业主产区国土开发受到的资源环境综合限制作用。通过综合研判区域国土开发的主导限制性因素，将国土划分为青藏高原生态安全限制区、西北水资源短缺限制区、东北优质耕地保护与生态安全限制区、华北水体污染与水资源短缺限制区、华东水体污染限制区、华中优质耕地保护限制区、西南地质灾害与土壤重金属污染限制区、东南大气污染与土壤重金属污染限制区八个区域。全国资源环境承载力评价为合理确定土地开发强度和规模、优化城乡建设和产业空间布局提供了科学依据，为构建覆盖全部陆域国土的分类分级保护格局、"四区一带"的国土综合整治格局提供了坚实基础。

3. 区域规划中的资源环境承载力评价与国土综合整治

综合各区域国土规划、土地利用规划中的资源环境承载力评价，通过对土地、水、矿产资源、生态环境等单因素及多因素评价，识别限制区域资源环境承载力的因子，结合土地开发利用中的问题，参考适宜性分析，提出国土资源开发利用与环境保护建设的对策建议，为地方省市国土规划和土地利用总体规划中的战略布局、目标指标、经济社会发展模式、资源环境整治路径提供了科学依据。

一是服务国土资源开发保护与经济社会发展目标指标制定。天津市在国土资源综合承载力评价的基础上，提出了本市国土资源开发理想模式系统，从经济、社会、资源和环境指标4个方面构建了较为理想模式系统的考评指标体系，并确定了指标的理想目标值。北京市通过土地资源承载力评价提出了建设用地的生态适宜量为2705平方公里，存量改造潜力为15879万~27679万平方米，并探讨了不同用水定额标准下的可承载人口规模。

二是为国土空间分区管理服务，并制定差别化的政策导向。辽宁省在资源环境承载力现状、未来预测评价的基础上，将全省划分为强承载力区、较强承载力区、中等承载力区和较弱承载力区，在总结各区资源环境特征的基础上，提出了各分区的发展方向建议，包括重点发展区域选择、产业结构生态化调整、工业规模调控、产业和城市空间布局等。北京市在土地资源经济承载力评价的基础上，提出北京市要改变单中心匀质发展状况，促进"两轴-两带-多中心"的城市空间结构形成。

三是提出资源环境开发与保护战略和具体管理对策。天津市针对海洋、土地、水、矿产资源等不同自然资源的自身属性及开发利用情况，结合经济社会发展模式因地制宜地制定了国土资源开发利用战略方向，以及总量控制、有偿使用、强化治理以及将资源环境纳入国民经济核算体系等具体管控措施。中原城市群在矿产资源承载力评价研究的基础上，提出了能源基地建设重大项目布局建议，并结合矿产资源开发利用对区域发展布局的影响，明确了各矿业重点发展区域的资源开发与环境整治方向与任务等。

资源环境限制性分析与国土综合整治方向见表9-1。

四是提出经济社会发展对策、可持续发展模式建议。辽宁省针对全省资源环境承载力特征与问题，建议谋求经济的持续、适度和协调增长，进一步调整和优化经济结构，重点强化工业部门优化升级，促进中高端技术产业和产品发展，大力扶持民营经济、个体经济等非国有经济发展，严格控制人口总量、提高人口素质等。北京市基于土地承载力评价结果，在农村剩余劳动力转移、改革户籍制度、养老保险制度及就业制度改革完善等方面提出了针对性建议等。

（三）资源环境承载力研究存在的问题

尽管有关资源环境承载力的研究在国内外起步早，但受地域系统开放性、资源环境要素流动性、承载对象不确定性等研究难点的制约，理论方法方面存在许多尚未解决的难点问题。另外，成果的政策内涵不够，应用能力不强，资源环境承载力研究难以取得突破性进展。在实践应用中，资源环境承载力评价结果应用多停留在战略引导层面，对优化配置资源、节约集约开发国土资源、优化国土空间开发格局等决策上支撑力度不足。

1. 对国土资源合理配置的指导力度有待加强

传统承载力研究重点关注"最大""最优"人口规模，从全球和国家

表 9-1　资源环境限制性分析与国土综合整治方向

要素	限制对象	限制机理	原因分析	国土综合整治方向
地形地貌	城镇化开发、粮食生产	增加城市建设成本、给生态环境带来负面影响、引发地质灾害	自然地理	增加经济投入
气候	城镇化开发、粮食生产	高寒缺氧、干旱地区增加人类生产和生活成本	自然地理	增加经济投入、技术投入
区域地壳稳定性	城镇化开发	地震等灾害造成人员财产损失	自然地理	增加经济投入、技术投入；合理规划、防灾避险
突发地质灾害	城镇化开发、工业化开发	造成人员、财产损失	地形地貌、降雨等自然因素，不合理的人类开发活动等	合理规划、防灾避险
地面沉降与地裂缝	城镇化开发	造成人员、财产损失	地下水过度抽取等	控制城市与人口规模、地下水回灌等工程措施
水资源	城镇化开发、粮食生产	影响人类生活、生产、生存活动	城镇化与工业化过度开发、水体污染	跨区域调水、控制城市与人口规模、调整产业结构
水环境	城镇化开发、粮食生产	影响人类生活质量、食品安全	工业化、城镇化发展、工业污水和生活污水排放	控制城市与人口规模、调整产业结构、增加经济投入、技术投入
耕地资源	城镇化开发、工业化开发	影响人类生产、生活	城镇化与工业化过度开发	高效集约、控制城镇化与工业化强度

续前表

要素	限制对象	限制机理	原因分析	国土综合整治方向
土壤环境	粮食生产、城镇化开发	造成食品污染，影响人类生活质量	工业污染排放、污灌	调整产业结构，调整基本农田布局
生态环境	城镇化、工业化开发	破坏生态系统，造成生态灾难	不合理的人类开发活动等	合理规划，加强生态建设，避免高强度开发活动对生态系统的扰动
大气环境	城镇化开发、粮食生产	大气污染影响人类生活质量	能源结构、机动车尾气排放、工地扬尘、生态破坏	控制城市与人口规模，调整能源结构与布局，增加经济投入、技术投入
海岸带生态环境	城镇化开发、粮食生产	破坏海洋生态环境，造成生态损失	人海口污染排放、滩涂湿地过度开发	合理规划城市与工业布局，合理开发滩涂资源

尺度转换为区域尺度后，由于区域系统的开放性、流动性等造成可承载人口上限在实践中屡屡被突破，指导管理决策效果不佳；之后承载力研究开始转变思路，由绝对上限转为研究相对平衡，由人口、经济等承载对象的管控转向承载主体要素配置引导。但从实践来看，国土开发强度管控、建设用地总量指标的确定和分解，往往以开发建设现状和经济社会发展需求为主要依据，对可承载建设空间及其适宜性的考虑不足。资源环境承载力的区域空间差异，尚未成为国土资源配置中增量、存量、流量合理安排与部署的主要依据。资源环境承载状态评价在节地、节水、节能、节矿等标准与准入门槛制定中的指导作用尚未得到有效应用。

2. 对国土空间布局优化的引导效用未能充分发挥

从全国与试点国土规划编制实践来看，资源环境承载力研究一定程度上为土地开发、综合整治、分类保护等空间部署提供了战略引导，但总体上国土空间格局部署对资源环境承载力格局的体现依然较弱，集聚开发区与资源环境要素限制区的空间重叠度较高，由此又衍生一系列的国土综合整治需求。集聚开发空间是综合经济社会发展基础、战略导向和资源环境承载力的规划结果，资源环境承载力评价的适宜性作用在其中体现不足。国土综合整治工作部署未对国土开发与资源、环境和生态协调关系进行全面、系统的考虑，局部地区国土综合整治工作未能有效瞄准核心的资源环境问题，或对多种资源环境问题缺乏统筹、协调安排，资源环境承载力评价的限制性作用在其中体现不足。究其缘由：一方面，资源环境承载力评价与国土开发利用现状、经济社会发展战略的对比和综合考虑、归因分析不够深入，导致对区域空间可持续发展的战略布局指导力度不足；另一方面，对资源环境承载力的重视程度不够也是不可忽视的原因。

3. 对环境准入、红线管控等精细化管理支撑不足

耕地、水、环境、生态等要素承载力评价可为国土空间分类保护确定数量底线、排污上限和空间红线，但以往资源环境承载力研究主要集中于宏观尺度，对于小尺度区域开展精细化的评价研究较少，因此在环境准入、红线划定等方面的精准应用不强。国土资源与空间精细化管理的发展趋势要求相关承载力评价的研究细化评价单元，加强微观指导能力。而资源消耗上限、环境质量底线、生态保护红线等政府管控红线的划定，加上"三生"空间布局优化、资源利用效率和空间准入标准制定等战略目标，均要求承载力评价能够对区域资源环境要素的组合优劣程度、与地区发展主体功能的匹配程度等进行更加精确的度量、给出更加明确的指向。

4. 部门协作、信息共享的监测预警机制尚未建立

资源环境承载力侧重于评价研究，动态评价及预测预警研究较少，从监测、评价到预警的技术规范和标准体系尚处于理论探索阶段，资源环境承载力监测预警体制机制尚未理顺。中国资源环境监测涉及自然资源部、农业农村部、水利部、住房和城乡建设部、生态环境部、国家林业和草原局等部门，各部门各自为政，造成监测工作严重交叉重复，同时出现了空白区域和真空地带。各部门均根据各自管理需要，建立了相应的资源环境监测网，缺乏统一规划，造成基础监测能力重复建设，导致人力、物力和资源的浪费。各部门在监测内容、技术、规范、评价标准等方面存在差异，从而影响了环境监测数据的整合化和可比性。监测信息处于多头发布状态，造成源环境监测信息混乱，对政府的科学决策和宏观调控产生干扰，亟须建立全国范围的统一的数据共享平台。各部门开展监测活动所依据的法律法规和行政条款各有不同，有的甚至相互冲突，这使得资源环境监测活动缺乏有效的法律保障，难以实施统一的监督和管理。因此，亟须加强部门之间的衔接与协作，构建统一的资源环境承载力监测预警机制，共同服务于一张国土空间规划蓝图的绘制。

（四）优化承载力评价与国土综合整治建议

1. 强化资源环境承载力评价的目标需求导向

（1）国土综合整治对资源环境承载力评价的需求分析。

近年来，随着国土空间开发利用矛盾日益突出，资源环境瓶颈约束压力加大，社会公众和决策层都认识到，资源环境承载力对社会经济发展、城市化、产业布局、人口转移等都具有重要的意义，汶川、玉树、舟曲等地震灾后恢复重建规划均将其作为规划的基础依据。从服务国土开发、利用、整治、保护规划与管理的角度，资源环境承载力评价可从以下五个方面提供基础支撑（见图9-2）：一是为国土开发空间布局提供指引，引导城镇、产业、重大工程和基础设施布局在符合水土资源、环境容量、地质构造等自然承载能力的区域；二是为国土资源开发、利用、保护指标制定提供依据，指导确定不损害自然资源环境系统的国土开发规模、强度等；三是为区域差别化空间管治政策制定提供依据，指导建立差别化的资源开发利用"空间准入"制度以及"空间开发管治"策略；

四是为国土综合整治提供目标靶区；五是找出综合承载力较强的区域，即可进行高强度国土开发与大规模人口集聚的"可能"区域。

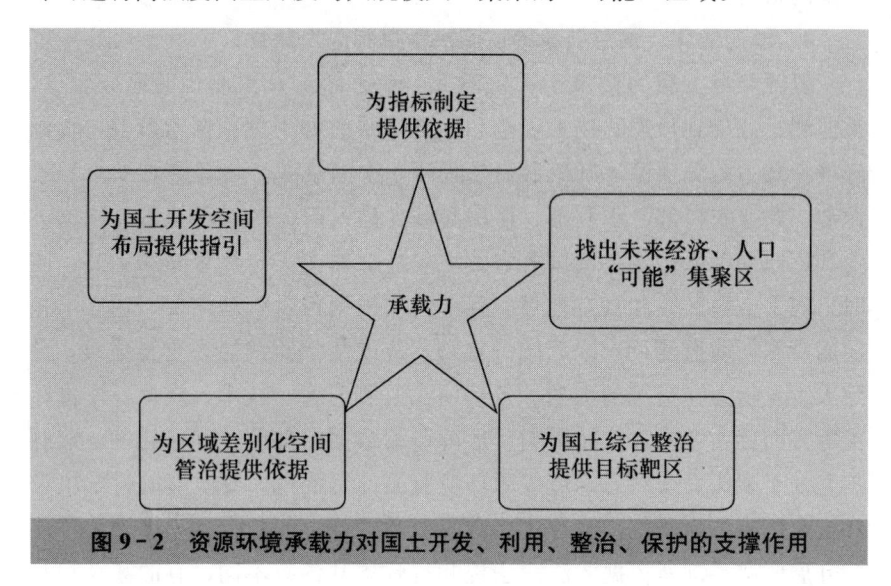

图 9-2 资源环境承载力对国土开发、利用、整治、保护的支撑作用

结合本研究中国土综合整治的内涵和目标，资源环境承载力评价可从以下几个方面为国土综合整治提供基础依据和重要支撑：一是通过调查为国土综合整治提供基础本底数据，二是通过承载状态评价确定国土综合整治目标靶区，三是通过超载成因分析明确国土综合整治的重点方向及任务。综上，国土综合整治需要科学理解、充分应用资源环境承载力评价的结果，承载力评价研究需进一步服务于国土资源与空间规划、管理等应用。

（2）以应用目标导向引领资源环境承载力评价。

针对以往资源环境承载力评价目标对象不明确的实际，以增强对国土资源空间开发格局、国土资源管理的指导性和实践性为导向，确定资源环境承载力评价的目标：一是厘清区域资源环境的基本状况，科学评价不同主体功能的土地开发的适宜性和限制性，指引产业发展、基础设施建设等布局，为制定资源环境区域差别化管理政策、优化国土空间开发格局提供基本依据；二是测度区域资源环境与经济社会发展的协调可持续状况，掌握区域资源供需保障程度与资源开发利用节约集约水平，为调整区域发展功能、优化国土资源配置、全面促进资源节约提供科学指导；三是全面把握资源环境开发利用状况及承载力空间布局，合理划定水、土、地质、生态等资源环境要素开发利用的数量底线或空间红线，为部署国土综合整治工程和项目、加强自然生态系统和环境保护提供有效引导。

根据资源环境承载力的内涵和目标导向，承载力评价分层次递阶：以自然资源环境系统基本条件分析为入口，评价区域内生态系统自我维持与调节的能力、资源与环境子系统的供容能力，即资源环境系统的支持力；核心任务是让人类活动处于自然环境系统承受的范围内，资源环境供容能力与人类社会需求相匹配，即支持力与压力的综合结果；落脚于区域发展功能定位，确定区域发展限制性因素和可持续发展方向。

2. 基于承载力单要素评价确定国土综合整治方向与任务

资源环境承载力单要素评价是国土开发空间准入、节约集约利用标准制定的直接依据。以资源环境承载力单要素评价结果为逻辑起点，将承载力现状评价结论与区域资源环境开发利用现状、经济社会发展需求进行比对分析，可从保红线、严标准、优布局、调结构、控规模、挖潜力、重防治、强监管等不同角度①，为国土综合整治提供具有针对性的对策建议（见图9-3）。

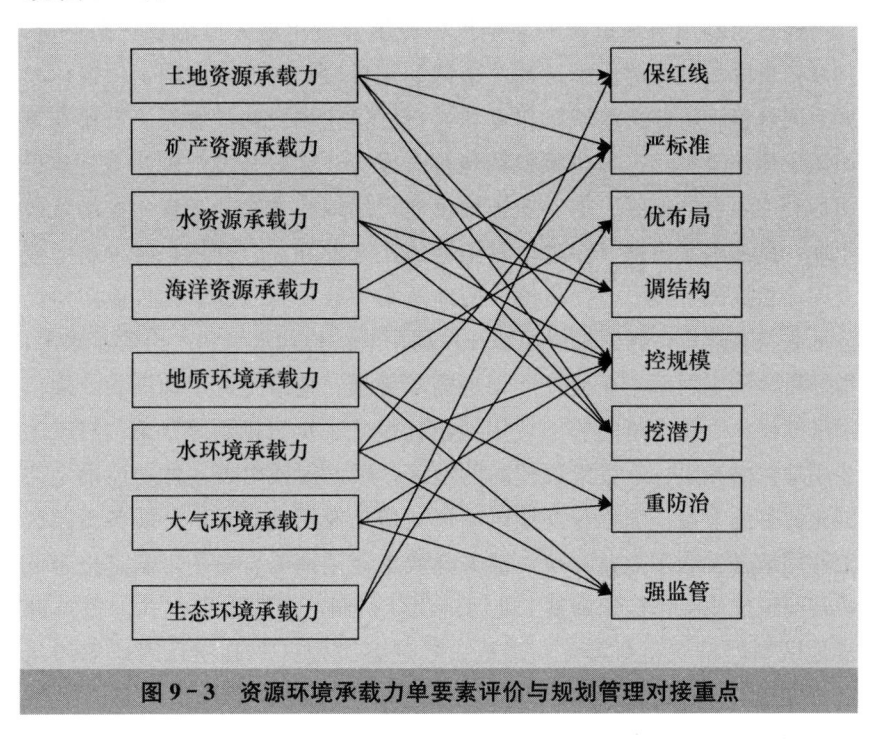

图 9-3　资源环境承载力单要素评价与规划管理对接重点

----

① 国土资源部资源环境承载力评价重点实验室. 资源环境承载力评价监测与预警思路设计 [J]. 中国国土资源经济，2014（4）：20-24.

资源环境承载状态评价结果反映了地区发展功能与资源环境禀赋的协调匹配、协调程度，能够有效测度国土资源利用方式是否集约、是否合理，从而确定国土整治的目标靶区，进一步改进资源环境的管理制度和政策，最终调整区域发展功能定位和战略。应用资源环境单要素承载状态评价的结果，提出相应的建议如下：

(1) 土地资源。

针对土地资源的核心功能和用途类型，分别开展耕地、城镇建设用地、城镇工业用地、农村居民点用地承载状态评价，根据超载与否确定是否需要开展整治，并进一步确定整治方向和重点任务：通过耕地资源人口承载状态评价，以确保口粮安全为准则指导耕地保护红线目标划定；将未超载、保障程度高的地区，确定为区域的粮食主产区、农产品优势区，作为部署高标准农田建设、农业生产生活设施配套、农村公共服务均等化等工程的重点地区；对耕地资源超载地区，实施更严格的耕地保护措施，严控建设占用耕地指标，部署中低产田改造等整治工程。

通过可利用土地资源开发强度、城镇建设用地人口承载状态评价，判断评价区域城镇建设用地节约集约利用程度，指导合理确定城镇化发展空间规模、协调土地城镇化率和人口城镇化率之间的关系、安排部署城镇土地综合整治、促进低效用地再开发等。针对开发强度超载、建设用地利用粗放的地区，重点安排城镇建设用地综合整治工程，挖潜低效用地，盘活闲置用地，促进现有土地二次开发和综合利用，减少新增建设用地指标配置规模，提高整体用地效率和效益。通过城镇工业用地经济承载状态评价，判断工业用地开发利用节约集约水平和产出效益水平，指导科学确定新型工业化发展用地需求规模、挖潜工业用地潜力、规范园区建设，以及改革完善工业用地出让模式、供给机制等政策。对于工业用地保障充足、承载指数较高的地区，根据区域发展主体功能确定差别化的整治方向。优化开发地区不再新增工业用地数量，开展各类园区工业用地开发利用效益评价，部署低效工业用地综合整治，制定出台低效行业退出政策，探索调整工业用地出让机制、短期出租模式。重点开发地区则严格控制新增工业用地，推进各类园区产业项目用地集约化和规模化，严控新设园区和园区拓建，组织开展项目用地整合（整治），设置不同门类产业用地开发投入和产出准入门槛。对于工业用地保障不足、承载指数低的地区，可适度增加新增工业用地供给，有序引导园区拓建。

通过农村居民点用地人口承载状态评价，判断农村居民点用地节约集约利用水平和状况，指导挖潜农村居民点用地潜力、部署农村居民点用地综合整治、配套新农村建设、制定农村人口非农化和人地挂钩政策等。对于用地保障充足、承载指数较高的地区，严格控制农村居民点用地规模，有选择地开展人地挂钩试点工程，配套部署农村居民点综合整治，挖潜农村存量建设用地，为新型城镇化、新型工业化和新农村建设提供建设空间，减轻耕地保护压力。对于用地保障不足、承载指数低的地区，按照居民点用地利用现状推进农村土地综合整治，开展新农村建设。

（2）矿产资源。

矿产资源承载状态评价聚焦于资源对矿业生产活动的保障程度评价，筛选确定优势矿种门类以及矿种在全国或区域范围内的优势度，以及矿产资源供应能否保障发展需求等。对于矿产资源静态保障年限短、资源开发和矿业生产持续性受限的区域，合理安排资源开采总量规模，引导矿产资源、矿山企业有效整合，大力开展矿山地质环境治理恢复和矿区土地复垦，推动资源产业发展转型。

（3）水资源。

水资源承载状态从人口承载、经济承载两方面分别进行考量。通过水资源人口承载状态评价，测度区域水资源的丰缺程度以及对人口集聚的保障程度，指导制定或调整开发利用效率红线。对于水资源保障不足的地区，严格执行用水定额管理、考评水资源利用效率红线，适度部署建设水利工程设施或跨区域调水工程等。通过水资源工业经济承载状态评价，判别区域工业用水节约集约程度和开发利用粗放状况，指导区域工业发展结构调整，引导新型工业化发展。对于用水保障充足、水资源利用粗放的地区，严格实施国家和区域确定的水资源工业开发利用标准。对于水资源保障程度不足的地区，分阶段提高地区工业用水效益准入门槛和准入标准，与工业用地开发准入标准相结合，引导开展工业结构调整和转型升级，建立水资源循环利用体系。

（4）水环境。

通过水环境承载状态评价，判断区域水资源污染水平、水质和水生态状况。

3. 加快推进资源环境承载力监测预警机制建立与实施

积极构建监测预警体系合作共建机制和成果信息共享机制，充分发挥相关部门专业优势，构建各部门全程参与、合作共建资源环境承载力监测预警体制机制。按照自然资源环境集中统一管理和信息共享的思路，以国土资源综合监测预警网络体系与信息服务平台为基础，协调整合农业农村部、水利部、生态环境部、国家林业和草原局等部门各类资源环境专项监测系统，统筹构建资源环境承载力监测预警平台，实现国土空间与资源环境的综合监管和决策支持。所有参与部门共享资源环境承载力监测信息与预警成果，将监测预警成果应用于指导各自的管理工作，推动国土综合整治的协作推进，提升资源环境监管质量和效率。建立资源环境承载力监测预警长效运行机制，定期向社会公众公布资源环境承载力监测预警信息，引导监督和全面推进生态文明建设。

三、自然资源产权制度

（一）自然资源产权制度的现状

1. 自然资源产权的概念

自然资源产权是对某一种类型自然资源的所有权以及由此而派生出来的使用、经营、收益、处分权等权利形态的统称，是对权利主体，对某一种具体自然资源权利属性的清晰界定。根据自然资源特性，对一定时间和技术条件下能产生经济价值的矿藏、森林、草原等纯自然资源，可以规定一定的占有、使用和处置权[①]。

产权权利是产权的核心，由一系列的权利构成，包括上述的所有、使用、收益、处置、生存发展、健康权等，这些权利往往被称为"权利束"，其中最核心的是收（受）益权。

自然资源产权往往具有如下特性：以固定资产产权为主，尤其表现为不动产产权；以物权为主，同时也表现为债权及股权；是有形产权与无形产权的混合；具有突出的空间毗邻性、时间关联性和类别关联性特征；权利束的可分离性，即往往发生自然资源所有权与使用权、收益权的分离，以及所有权与处分权的分离等。自然资源产权，按资源种类可分为土地产权（地权）、水资源产权（水权）、矿产资源产权（矿业权、

---

① 赵娜. 自然资源产权制度建设有待破题[N]. 中国环境报，2014-11-25.

矿权或矿产权)、森林资源产权(林权)、海洋资源产权、其他资源产权。

2. 自然资源产权制度的概念

自然资源产权制度是指由一系列具体制度组成的,一套权属清晰、监管有效、运行有序的制度体系①。主要包括以下内容:

资源环境承载力制度。包括基于资源环境承载力实施相应的管理制度,建立监测预警制度,建立负债表制度等确保资源权利能够合理配置。

资源与生态环境产权界定制度。针对权利形态及其归属,做出明确的界定及制度安排,包括所属主体和各种权利的分配。

自然资源用途管制制度。对水流、森林、山岭、滩涂等自然生态空间进行统一登记,管束使用方式,规定不论所有者是谁,开发利用都应按照管制规则进行。

资源环境市场制度。包括从时、空、量上予以规范明确,确认权利形态属性,规范交易规则、方式和违规责任,构建产权市场,搭建交易平台。

自然资源定价制度。价格既要体现级差租金,也要加入外部成本,再加上代际成本,才能促进可持续开发。

自然资源监管制度。对各种权属流转,包括出让、入股、抵押等进行监管,保证市场公平公正,防止非法占有。

自然资源权利侵害责任制度。建立对主要领导者的离任审计制度和自然资源损坏责任终身追究制度。对资源权利造成侵害的,要严格追究。

资源有偿使用和生态补偿制度。产权清晰是补偿的前提。补偿时不仅要考虑租金,还要考虑提供生态服务的能力。

3. 中国自然资源产权制度发展历程

从计划经济到市场经济的过程中,中国自然资源产权制度经历了四个阶段。总体上看,这种变化在向着有利于自然资源合理配置的方向演进。

(1) 完全公有产权阶段。

新中国成立后,中国确立了自然资源的公有产权制度。新中国第一部宪法规定:"矿藏、水流,有法律规定为国有的森林、荒地和其他资源,都属于全民所有。"国家所有权占主导地位,虽然实际中集体所有权客观存在,但并未在法律中得到确认。在此阶段除了政府行政调配以外,

---

① 赵娜. 自然资源产权制度建设有待破题 [N]. 中国环境报,2014-11-25.

其余的资源交易都被明令禁止。

(2) 使用权的无偿取得与不可交易阶段。

20 世纪 80 年代，中国政府出台了一系列有关自然资源产权的法律法规，如《土地管理法》《矿产资源法》《水法》等，这标志着自然资源产权管理进入法制阶段，此阶段形成了以自然资源品种法律为结构体系的法律群和各种资源产权制度。在所有权上，《宪法》第一次正面规定了自然资源的集体所有权，从法律上承认了公有产权的二元结构。实现了所有权与使用权的分离，打破了国有企业独揽使用权的局面。然而对资源的无偿取得，造成了掠夺性的开发利用，使得国家和集体所有者权益受到侵犯。此阶段，资源交易仍被禁止。

(3) 使用权的有偿取得与可交易阶段。

20 世纪 90 年代后，开始注重资源所有者的利益。1982 年《宪法》修改后提出土地的使用权可以有偿转让。至此，土地使用权成为中国最早实现有偿使用与可交易的自然资源产权。这一时期，公有产权、私有产权混合，前者占主导。使用权和转让权则以有偿转让的方式在不同主体间进行分配，在一定程度上实现了生态效益与经济效益的激励相容。

(4) 使用权的健全阶段（现阶段）。

《中共中央关于全面深化改革若干重大问题的决定》明确提出，健全自然资源资产产权制度和用途管制制度。对自然生态空间进行统一确权登记，形成归属清晰、权责明确、监管有效的产权制度。

《生态文明体制改革总体方案》提出，建立统一的登记系统，逐步划清全民所有和集体所有的边界，推进确权登记法治化。

建立自然资源产权体系。制定权利清单，明确产权主体权利；创新所有权实现形式。建立所有自然资源资产的出让制度，加强自然资源资产交易平台建设。

健全自然资源资产国家管理体制。组建对各类自然资源统一行使所有权的机构，负责自然资源的出让等。

建立分级行使所有权体制。建立中央和地方分别代理行使的体制，分清二者行使所有权的资源清单和空间范围。

开展水流和湿地确权试点。遵循系统性、整体性原则，建立水权制度，分清水资源所有权、使用权。

4. 自然资源产权制度与国土综合整治的关系

自然资源产权制度包括土地产权制度、矿产产权制度和海洋产权制度，国土综合整治的对象是土地、矿产、海洋等国土资源。自然资源产权制度是否健全和完善，直接影响着国土综合整治的主体对象、各成员的参与程度和积极性、整治效果、成果收益分配及后续管护等方方面面。

(二) 国土综合整治中自然资源产权制度存在的问题

1. 缺少明确法律规定

在土地整治方面，中国尚未构建完善统一的土地整治法律法规，土地权属调整与土地整治前后相关的法律比较欠缺，土地管理与整治过程中主要是凭借负责人的主观意识行事，尽管与之相关的法律文件相对较多，但大部分都是土地整治规程或者是原则，在土地权属确定、分配和协调土地权属纠纷时难以找到适当可行的法律解释，甚至土地整治权属调整的主体界定、调整管理、纠纷调处方式等都缺乏对应的规定，各个地方出现土地权属纠纷时，政府部门很难通过法律形式解决实际问题。

在矿山环境恢复治理方面，中国只有《环境保护法》和《矿产资源法》中有关于矿山废弃地生态恢复与治理的规定，《土地管理法》等专门性法律中对矿山废弃地生态恢复与治理问题也有涉及，但很多是原则性要求，缺乏具体可操作性的措施。《矿山地质环境保护规定》在一定程度上弥补了《环境保护法》和《矿产资源法》规定上的不足，但它只是一部单行法规，法效力法位阶低，未能在法律层面上为矿山环境保护和矿山废弃地的生态恢复与治理提供依据[①]。由于在矿山废弃地生态恢复与治理等矿山环境方面，缺乏国家立法层面上的规定，致使地方的法律法规缺少必要的指导，立法混乱，冲突严重，难以有效约束开采行为，也很难规范矿山废弃地的生态恢复与治理。

2. 产权界定不明确、不清晰问题

各类自然资源之间、各产权主体之间，产权边界可能不清晰，导致产权主体之间利益冲突，及用途和监管责任的重叠或缺失等，影响自然资源利用和收益分配的公平与效率[②]。

尽管《民法通则》《土地管理法》对中国的土地所有权有明确规定，但实际权属关系中依旧无法弄清农业集体经济组织所有权，加之中国利益主体的特点是多元化，导致此类现象在全国各地极为普遍。如果权利

[①] 张金香，王伟，陈雨. 抓紧完善我国的矿山环境保护立法体系 [J]. 经济论坛，2011 (8): 170-173.

[②] 张志宇. 自然资源产权与市场化改革初探 [J]. 知识经济，2019 (3).

主体与产权关系无法明确，则意味着各级政府部门很难解决权属纠纷，土地整治工作无法顺利展开。尤其在中国农村地区，土地权属关系复杂，国有土地与集体土地交错分布，乡（镇）、村、村民小组等集体之间的土地相互交叉，而且部分地区土地权属不清。由于历史原因，新中国成立以来中国土地制度历经了农民土地所有制和土地集体所有制两大阶段，新中国成立伊始的土地改革运动，实现了中国农民梦寐以求的"耕者有其田"，从而确立了农民土地所有制。改革开放后家庭联产承包责任制实施，分离土地所有权和经营权，实现"集体所有、农产经营"①。由于"政农不分"的中国特色，农民的自主经营权受到限制，在土地分配上也缺乏规范的程序，经常对土地进行调整，大量历史遗留问题未得到妥善处理。

（三）健全完善自然资源产权制度建议

1. 建立健全自然资源产权法律法规及相关制度

从法律上确定所有权，建立统一行使职责的体制和机构，对各类自然资源资产实行统一监管，加强保护自然资源的责任。

健全土地整治权属的法律法规。完整的土地整治及其权属调整法律制度体系应该包括民事法律制度、经济法律制度以及行政法律制度。要做到"有法可依，有法必依"，加快制定和完善土地权属调整的有关法律法规、技术标准和行业规范。

健全矿山环境的法律法规，将矿山环境保护的方方面面都纳入法律的调整范围，并以可持续发展理论指导环境立法，制定专门的矿山环境保护法，并不断地修订和完善，最终形成了完善的矿山环境保护立法体系。综合立法与专门立法并存，对矿山废弃地恢复与治理的主体、程序、内容、管理、法律责任等进行详尽规定，推动和保障中国矿山生态环境保护和矿山废弃地的恢复与治理工作。

2. 厘清和明晰产权边界

中国自然资源产权制度仍带有计划色彩，产权市场基本处在"公"权阶段，政府必须明确其在产权界定中的作用，从管理走向服务，通过法律手段明确规定公共资源的产权边界。

在市场经济条件下，要求产权界限必须明晰，完整的土地产权包含所有权、使用权等，只有清楚界定权利，才能防止滥用土地资源。保证

---

① 金玉. 农村土地承包合同法律性质探析［J］. 财贸研究，2008（1），56—60.

国有土地的市场价值不流失，实现国有土地产权在经济上的收益权。

明晰与确定国有土地所有者主体，分开土地所有权与行政管理权，使得政府不能以实现政治目标为由，滥用土地资源。

3. 创新产权实现形式

注重创新产权实现形式。对于国土综合整治所在区的自然资源产权可以进行所有权、使用权、收益权相分离等探索。如在财政资金投入实施国土综合整治工程中，复林复绿形成的林木由于缺乏必要的管护措施，整治效果往往难以持续维护。可以探索给予群众林木一定的收益权，提高群众维护整治效果的积极性。在资源产权明晰的前提下，发挥市场机制的作用，建立完善生态环境性交易制度和平台，促进流域间、区域间、行政区间开展国土综合整治合作。

四、国土空间管制制度

（一）空间用途管制现状

1. 空间管制的概念内涵

"管制"一般是政府的强制性的管理措施。在《新华字典》里简单的解释有三条：强制管理、强制性的管理、对罪犯或坏分子施行强制管束。第一条解释说明管制得有客体，如为了维护社会安全等，需要对灯火、枪支等进行强制管理；第二条解释说明管制类别和范围，如交通管制是出于某种安全方面的原因对于部分或者全部交通路段的车辆和人员同时进行的控制措施，这种管制的范围是交通行为；第三条解释是一种特定的刑罚措施，违反相关管制会受到惩罚。

按照对上述解释的理解，国土空间管制的主体是政府，管制的客体是空间，管制的范围是空间的用途。这种管制是一种强制性的政府调控措施，违反国土空间管制应受到相应的处罚。对此，可以认为，国土空间管制是为了制约建设欲望，在不同的区域制定分区开发标准和控制措施；它是一种资源配置方式，优化资源配置、协调主体利益是它的目标[1]。

---

[1] 林坚.土地发展权、空间管制与规划协同[J].小城镇建设，2013，38（12）：26-34.

2. 国土空间管制发展历程

国土空间管制源于空间规划，20世纪初，德国最早进行全面的空间规划，将国土划分区域，颁布《德国城乡规划法》。随后，英、法、荷等国陆续进行全国性的国土空间规划①，规划管制目标从数量到质量，从生态发展到伦理，大致有以下几个阶段：

1) 20世纪60年代以前，着眼于历史文化古迹、绿地、农地数量。此时，城镇化引起的农地流失开始得到关注。

2) 20世纪60—70年代，重点转移为农地数量和质量，最显著的特征是用城镇国土空间管制工具对农地进行分区。

3) 20世纪80年代，欧盟和北美针对粮食生产过剩，制定相关政策来保护农地生态。农地保护由质量转为生态管护。

4) 20世纪90年代后，地球伦理（earth ethics）引发公众对环境敏感区管制的关注，国土空间管制开始着眼于大尺度、环境敏感区域土地的限制发展。

3. 国土空间管制的现状

国土空间管制作为市场经济条件下政府宏观调控的重要手段，是基于特定的区划理念，将国土空间划分为不同的政策管制区域。中国自20世纪90年代起，城市规划、土地利用总体规划等将空间管制的概念纳入各自的规划体系。如城镇体系规划和城市规划将空间管制内容规定为强制性内容，对不同层次的城乡建设行为进行差别化管制；土地利用总体规划中划定了"三界四区"，从用途、区位和规模指标等方面对国土空间进行空间管制。此外，主体功能区规划划定了优化开发区、重点开发区、限制开发区和禁止开发区，对不同区域实施差别化的区域管制政策。上述三个规划在空间管制上的内容见表9-2。

表9-2　　　　　　　　主要空间规划空间管制制度总结

	主体功能区规划	城市总体规划	土地利用总体规划
空间管制内容	四区	四区	三界四区
管制目标	引导区域城乡有序发展	引导和控制城乡建设有序进行	严格保护耕地

---

① 蔡银莺，张安录. 国土空间规划的规制效率及溢出效应研究进展 [J]. 中国土地科学，2011 (10)：89-94.

续前表

	主体功能区规划	城市总体规划	土地利用总体规划
区划单位	以行政边界为基础	以自然要素为主	以自然要素为主
空间管制区划	优化开发区、重点开发区、限制开发区、禁止开发区	已建区、适建区、限建区、禁建区	允许建设区、限制建设区、禁止建设区
管制措施	制定区域发展战略和政策	对建设行为进行管制	对土地用途、规模和位置进行管制

资料来源：王国恩，吕潇. "四区"划定的局限性及其应对措施［J］. 城市问题，2015（2）：29-34；林坚. 土地发展权、空间管制与规划协同［J］. 小城镇建设，2013（12）：30-31.

除上述三个空间规划的主管部门（国家发改委、住建部、自然资源部）外，生态环境部、水利部、国家林业和草原局等相关部委也在开展生态功能区规划、水利规划等相关规划编制，探索针对重点生态功能区保护、水资源保护和合理利用、湿地保护等的空间管制。空间管制逐步成为优化国土空间开发的重要手段。

（二）自然空间用途管制存在的问题

各部门、各层级的空间规划在管制内容、空间区划方法、实施措施和配套政策等方面缺乏沟通协调，导致空间管制矛盾重重、绩效不足、各种区划和政策不能有效实施等问题，影响国土综合整治效果。

1. 空间管制主体过多

当前，中国空间管制分属多个部门。国家发展和改革委员会编制实施主体功能区规划、区域规划等。由自然资源部主导的土地利用总体规划，通过土地利用总体规划、土地利用计划指标等实施土地用途管制。住房和城乡建设部借助于完善的城市规划体系，在城乡规划区内实施空间管制。此外，水利部对重点流域、主要水域实施空间管制。农业农村部负责草原的空间管制。国家林业和草原局承担林地、湿地等的空间管制。空间管制措施分散在各个部门，没有统一的空间管制主体。不同的管理主体编制不同的空间规划，不仅不利于各类空间的协调，也给空间管制工作带来冲突。

空间管制的多元主体一方面容易造成国土空间管制的混乱，影响国土空间的优化开发，造成空间开发无序、低效等问题；另一方面影响国土整治的综合理念，各空间管制主体基于本部门的诉求，开展国土整治工作，易出现部门项目多、综合项目少等问题。

2. 缺乏统一空间管制分区技术路线

缺乏统一空间管制分区技术路线，空间管制分区标准不一。各类空间规划依据不同的标准和技术路线，进行空间管制分区，从而形成地域分区、功能分区、政策分区等不同类型的空间管制单元。以广西北部湾经济区为例，《广西北部湾经济区发展规划》《广西北部湾城镇规划纲要》《广西生态功能区划》等相关规划对北部湾经济区空间发展、产业发展、生态功能区等进行了空间发展分区。各种空间规划对北部湾经济区的空间分区目的、思路和结果等均有所差别。如在空间管制分区上，《广西北部湾经济区发展规划》将国土空间划分为城市、农村和生态三类分区；《广西壮族自治区主体功能区规划》将国土空间划分为重点开发区、限制开发区和禁止开发区等；《广西北部湾城镇规划纲要》将国土空间划分为优化开发区、重点开发区、限制开发区和禁止开发区；《广西壮族自治区土地利用规划》及各市土地利用总体规划将国土空间划分为城镇和工业发展区、基本农田集中区、农业综合发展区、生态环境安全和自然文化遗产保护控制区等。此外，在《广西北部湾经济区发展规划》中，按经济社会发展现状及特征，国土空间可以划分为以北部湾城镇群为核心的中部重点发展区、以玉林为核心的东部引导发展区和以崇左为核心的西部协调区。

3. 缺乏协调机制

各类空间规划和管制分区在分区层次、区划内容和方法、配套政策等方面缺乏必要的衔接协调机制，易出现冲突。例如，在空间管制分区的内涵上，主体功能区规划的空间管制分区是基于"区域开发强度"的理念，以行政单元为基准，进行区域开发强度的管制，并制定相应的政策体系，倾向于自上而下的区划方法；城市规划以自然资源、文物保护单位等禁、限建要素为基础，划定禁建区、限建区，再结合相关规划，划定适建区和已建区，是自上而下和自下而上相结合；土地利用总体规划是基于土地用途管制的理念对区内土地用途的转变提出不同程度的管控。主要空间管制分区在国土空间上缺乏协调，不能完全对应。

（三）优化国土空间用途管制与国土综合整治建议

健全国土空间用途管制是《生态文明体制改革总体方案》的一项重要目标，要建立以空间规划为基础、以用途管制为手段的国土空间开发保护制度，解决无序、过度、分散开发和因此而导致的优质耕地和生态空间占用过多、生态破坏、环境污染等问题。这是实施国土综合整治的重要手段。

1. 统一空间用途管制职能

针对目前中国水流、森林、草原、湿地、耕地等空间管制分属不同部门的现状，按照《生态文明体制改革总体方案》的要求，完善自然资源监管体制。将分散在各部门的有关职责，统一到一个部门，统一行使所有国土空间的用途管制职责。逐步厘清空间管制的层级和分工，确保中央及地方各级政府有效履行国土空间管制的职能，破解部分区域空间管制交叉重复与部分区域空间管制缺失的局面[①]。

2. 覆盖全部国土空间

当前中国对自然资源环境的管理侧重于资源要素和环境要素的管理。在资源管理方面自然资源部、农业农村部、水利部、国家林业和草原局等部门，按照各自职责承担土地、矿产、草原、水资源、林地、湿地等资源管理功能。在环境管理方面，以环境污染防治立法为例，环境要素污染防治法是指以防治环境要素污染为立法对象的一类法律法规，以各具体环境要素为立法依据，以对某一环境要素污染的防治为内容[②]，在中国主要有《大气污染防治法》《海洋环境保护法》《水污染防治法》《环境噪声污染防治法》等涉及空间的法律，整体而言，空间管理的职能较弱，并且没有做到完全覆盖。

资源要素和环境要素是国土空间的重要组成部分，但国土空间是更上位的概念，内容也更为广泛。比如生态空间包括天然草地、湿地、林地、河流、湖泊、荒草地、沙地、高原、荒漠，乃至冰川等。当前相关部门的空间管制没有做到全覆盖，荒漠、冰川等空间的管制没有相关的主管部门，缺乏必要的法律法规。因此，需要将所有国土空间纳入空间管制的范畴，做到国土空间管制全覆盖。

3. 强化空间开发利用的准入管理

在资源环境承载力综合评价的基础上，结合地域功能定位和经济社会发展需求，明确生产、生活、生态空间开发界限。基于不同的空间功能，实施差别化的资源环境准入政策和管理政策，优化产业布局，提高

---

① 郝庆. 对机构改革背景下空间规划体系构建的思考[J]. 地理研究，2018，37 (10)：64-72.

② 刘超. 生态空间管制的环境法律表达[J]. 法学杂志，2014，35 (5).

区域建设空间准入决策的科学性，对区域产业发展、布局、结构优化、准入、排污总量控制提出明确的、具有可操作性的规定，促进国土空间开发与生态环境承载力相匹配。

4. 完善转移支付与生态补偿制度

国土空间管制是政府强制性地将不同特点的国土空间进行分区，区别对待不同空间分区的开发利用行为，其结果使得不同区域的比较优势得以发挥，造成限制发展地区相关群体利益"暴损"，以及非受限土地的"暴利"现象[①]。例如，由于土地规划和用途管制，限制发展区的土地不能自由转换，而农用地的利益远小于高收益的工商业用地，这部分土地因为失去发展机会而导致权利人利益受到损害。同样，生态保护地区的群体因为服务于生态保护，自身发展受限，但是产生的生态产品又是供全社会共享。需要完善纵向的财政转移支付制度和横向的生态补偿制度，对管制受限区域进行补偿。

5. 健全法律法规保障

当前，针对统一负责、覆盖全国国土空间的空间管制法律法规缺乏。协调空间管制的财政转移支付和生态补偿措施不够完善。需要研究借鉴发达国家和地区空间规划、土地和自然资源管理、生态空间和环境保护等方面的制度体系，总结分析各部门和地方现有国土空间用途管制相关制度成效与问题，研究国土空间用途管制制度边界及其与其他生态制度的关系，研究国土空间用途管制的思路与方法，制定和完善国土空间管制的指标体系、管制原则等，研究国土空间用途管制的制度支撑体系。在上述研究的基础上，逐步完善国土空间管制的法律法规，明确国土空间管制的内涵、对象、范围、政策机制、补偿措施以及监测保障体系等。

---

① 文兰娇，张晶晶. 国土空间管制、土地非均衡发展与外部性研究：回顾与展望[J]. 中国土地科学，2015，29（7）：4-12.

第十章
中国国土综合整治的保障措施

本章以协同推进为导向，整合设计"三线"划定、"增减挂钩"、集体经营性建设用地流转、宅基地管理制度改革、城镇低效用地开发、生态补偿等国土综合整治政策路径，从加强公众参与、多元化资金渠道、建设数据库平台、完善规划调整程序、实施成果动态监控、设计激励保障等方面提出科学有效的国土综合整治实施保障措施。

一、"三线"划定与国土综合整治

（一）"三线"划定政策历史与现状

1. "三线"划定的概念内涵

"三线"即耕地保护红线、生态保护红线和城市开发边界线。这"三线"之间是一种既互相约束又互相包容的关系。

就内容而言，生态保护红线包括重要生态功能区红线和生态敏感区、脆弱区红线。重要生态功能区主要包括自然保护区、文化自然遗产、重要水源地等。

永久基本农田保护红线的划定意味着要按照一定时期人口和社会经济发展对农产品的需求，依法确定不得占用、不得开发、需要永久性保护的耕地空间边界。原则上，坡度在25度以上的基本农田应逐步退出，必要时可调整耕地保有量和基本农田考核目标。

城市开发边界线包括两类：UGB1和UGB2。前者为城市开发的最大

221

底线，后者为特定阶段（如2035年）的开发红线①。

2. "三线"划定的发展历程

《中共中央关于全面深化改革若干重大问题的决定》提出要"建立空间规划体系，划定生产、生活、生态空间开发管制界限，落实用途管制"。对于"三线"的划定，《关于加快推进生态文明建设的意见》等文件都提出了要求②。

3. "三线"划定的现状

全国已有多个城市划定了生态保护红线（含连片基本农田）和城市开发边界线。其中，生态保护区的规模一般占当地国土空间的30%～60%，如贵州省在《贵州省生态文明建设促进条例》中提出"确保红线区域面积占全省国土面积的30%以上"。从典型地区的划线经验看，"三线"和相对应的控制区之间的关系并非完全相同。例如，在广州市等地，城市增长边界与生态控制线之间是密缝衔接的，生态控制线范围内全部是非建设用地。

从技术流程看，各地一般是先划定基本农田保护区、生态保护区等，然后再划定城市开发边界。以广东省、四川省和贵阳市为例：

广东省通过"三规合一"来确定生态保护、建设用地和基本农田保护区，划定"三线"。其基本做法是先进行"三规"数据整理，再进行"三规"差异分析、确定"三规合一"目标，协调差异图斑，最后划定四条控制线。

四川省制定的《城市开发边界划定导则》明确了城市开发边界的划定步骤：收集资料；完成生态评价和建设用地适宜性评估报告；结合土地利用总体规划，确定城市开发边界的范围和面积；根据开发边界和资源环境承载力，综合确定人口和用地规模，对开发边界进行评估修正。

贵阳市划定城市开发边界的基本做法是：首先完成现状用地情况摸底、城市建设用地需求与扩展方向分析、生态本底分析与用地条件分析等前期工作，再建立"两规"衔接的建设用地分类对照体系，完成对"两规"差异初步分析；其次确定2020年建设用地规模控制线初步方案；最后完成中心城区及规划区城市开发边界初步方案，将2020年"两规合

---

① 郑娟尔，周伟，袁国华. 对"三线"协同划定技术和管控措施的思考［J］. 中国土地，2016（6）：28-30.

② 郑娟尔，周伟，袁国华."三线"体系及划定技术研究：以贵州省为例［J］. 中国国土资源经济，2016，29（6）：21-26.

一"建设用地规模指标上浮 20%作为弹性用地指标,依据城市空间拓展方向、控制性详细规划叠加土地利用规划差异分区选择弹性发展用地,划定中心城区城市开发边界。

(二)"三线"划定存在的问题

"三线"划定存在的问题主要体现在以下几个方面:一是有些地区担心划高红线不利于经济发展,不愿意划,导致推进缓慢;二是规划的不同导致指标和空间管理存在差异,制约了"三线"协调划定;三是由于不同部门认定地类不同,导致划定"三线"存在冲突;四是技术力量不足,基层工作者不知道应该怎样推进这项工作。

(三)优化"三线"划定与国土综合整治的路径建议

"三线"的划定有利于确保耕地数量,提高耕地质量,确定生态保护区域,框定城市开发的边界,使国土综合整治有了更加明确的整治方向和具体的整治区域,是国土综合整治的基础。优化"三线"划定与国土综合整治关键在于以下三个方面:

1. 健全法律法规体系,制定"三线"管理办法

各地要根据区域已有的立法基础,出台各自的"三线"管理法规。一是在相关法规框架下纳入"三线";二是对生态保护和耕地保护两条红线单独制定法规;三是制定"三线"管理办法[①]。

2. 完善体制机制,推进红线落实

第一,加强国土空间用途管制。将分散在各部门的用途管制职责统一到一个部门,完善自然资源监管体制,统一管制职责。对耕地保护和生态保护红线实行分类管理。第二,建立农田和林业等补偿制度。分离所有权和使用权,采取多元化补偿。第三,构建共同责任机制。强化"三线"的监督,开展永久基本农田、城市发展边界界桩布点,将"三线"纳入政府考核范围。

3. 建立"三线"管理数据大平台,优化项目审批

利用国土一张图,整合相关数据,构建完善的自然资源统一平台。相关部门通过对接信息平台,实现网上运作。

---

① 郑娟尔,周伟,袁国华."三线"体系及划定技术研究:以贵州省为例[J]. 中国国土资源经济,2016,29(6):21-26.

二、"增减挂钩"与国土综合整治

(一)"增减挂钩"政策历史与现状

1. "增减挂钩"的概念内涵

2008年国土资源部(现为自然资源部)印发的文件提出"增减挂钩"的意涵:依据土地利用总体规划,将拟整理复垦为耕地的农村建设用地和拟用于城镇建设的地块等面积共同组成建新拆旧项目区,通过相关措施,在土地面积平衡的基础上,增加耕地有效面积,使得城乡用地布局更合理①。

2. "增减挂钩"的发展历程

"增减挂钩"政策经历了提出、试点、反思与整治三个阶段②。

(1) 提出。

2004年10月,《国务院关于深化改革严格土地管理的决定》"鼓励农村建设用地整理,城镇建设用地增加要与农村建设用地减少相挂钩",正式提出该政策。

(2) 试点。

2005年10月,国土资源部《关于规范城镇建设用地增加与农村建设用地减少相挂钩试点工作的意见》决定开展试点;2006年4月,国土资源部批复在津、苏、鲁、鄂、川五省(市)开展第一批试点;2008年6月,国土资源部《城乡建设用地增减挂钩试点管理办法》进一步明确其内涵。

(3) 反思与整治。

2010年11月,国务院常务会议指出试点工作总体形势向好,但少数地方擅自扩大试点范围,强调把维护农民合法权益放在首位,严格控制试点规模和范围。

3. "增减挂钩"的现状

2006年1月,《关于在全国部分发展改革试点小城镇开展规范城镇建

---

①② 王振波,方创琳,王婧. 城乡建设用地增减挂钩政策观察与思考[J]. 中国人口·资源与环境, 2012, 22 (1): 96-102.

设用地增加与农村建设用地减少相挂钩试点工作的通知》明确于全国发展改革试点小城镇开展试点。截至 2010 年底，全国已有 27 个省、自治区、直辖市大规模开展了挂钩试点，总共下达周转指标 45 万亩[①]。整体来看，可分为政府主导、市场主导、农村集体自主三类，就实施现状来看，津、苏、浙、闽、鲁、鄂、渝、川的"挂钩"模式取得了良好的效果（见表 10-1）。

表 10-1　　　典型省份"增减挂钩"运作模式对比

地区	项目特色	主要模式
天津	宅基地换房工程，第一批"三镇两村试点"周围指标总规模为 827.3 公顷	宅基地按标准无偿换房，农村建设用地统一整理复垦
江苏	万顷良田建设工程，规定分片面积最小 4 500 亩，工程区范围内不得安排安置房用地	整体搬迁、集中改造，公寓化、社区化，缩村腾地，空心村填空
浙江	千村示范万村整治工程，实施"365"集约节约用地行动计划和"百万"造地保障工程	撤村建居融合，中心城镇积聚，中心社区建设，村庄整治撤并，整村异地搬迁
福建	涉农部门整合资金联合建设高标准农田，对土地整治项目实行工程化管理和动态监管	部门联合，工程化管理，动态监管
山东	土地出让金平均纯收益的 20% 统筹用于村庄"腾空地"开发整理和复垦	撤村建居型，新农社区建设，村庄整治改造型，逐步撤并型
湖北	百万亩高产农田示范工程，百万亩地丘岗地改造工程，仙洪试验区土地整理工程，血防"兴地灭螺"土地整理工程，粮食主产区高产农田建设工程	工程推进、整村推进，试点先行、扶持整治
重庆	2006—2008 年共实施"整村、整镇推进"土地整理项目 47 个	耕地流转和迁村并点，重点整治增加耕地，生态保护和移民安置型
四川	金土地工程，将全省划分为 5 个工程类型区，不同地区根据类型区特点相应加强特色产业发展	先折旧安置，后城镇建新；自留引水工程；紫色土治理工程；沟谷治理

---

① 王振波，方创琳，王婧. 城乡建设用地增减挂钩政策观察与思考 [J]. 中国人口·资源与环境，2012，22 (1)：96-102.

（二）"增减挂钩"划定存在的问题

1. 占补平衡与"增减挂钩"不协调

"增减挂钩"制度与占补平衡制度都以耕地总量不减少、质量不降低为目标，但区别是："增减挂钩"制度是自我平衡、占补一体化，强调压缩过程，注重效果；占补平衡制度以土地整治为工程实体，强调过程管理，阶段任务明晰。它们分属两套体系，容易在制度上不衔接。

2. 项目管理与"增减挂钩"项目区管理不统一

项目管理以耕地增加为目标，以农用地开发整理为实体；"增减挂钩"项目区管理以土地利用结构平衡为目标，以项目区为实施载体。在实践中，二者分头立项，导致其与综合治理理念脱节，造成资金重复使用。

3. 资金管理与"增减挂钩"难统一

传统的土地开发整治资金实行专款专用，"增减挂钩"资金则以县级政府为主体自求平衡。在2014年初的《财政部关于城乡建设用地增减挂钩试点有关财税政策问题的通知》提出的新资金管理模式下，结余指标收益是否全部用于该项目区还须明确。

（三）推进"增减挂钩"与国土综合整治的路径建议

1. 建立指标调剂，打通"增减挂钩"与土地整治壁垒

整体考核、封闭运行是"增减挂钩"项目区区别于一般土地整治项目增量管控的关键。通过建设结余指标机制，将挂钩后结余的耕地与占补平衡对接，在土地综合整治中融入"增减挂钩"。

2. 实行土地整治项目差别化管理

在全国"四区一带"开展不同目标类型和规模的国土综合整治是优化国土开发的格局战略，而实施差别化土地整治是落实区域发展战略的必然要求。将土地整治项目分为综合和单一两类：前者范围内"田水路林村"同步立项；后者与农用地整理、工矿废弃地复垦整治分别立项。

3. 完善结余指标交易，引导"增减挂钩"指标有偿调剂

此项措施是为了促进"增减挂钩"收益的返还。实践中需要明确：一是核定标准，界定相关指标含义；二是交易价格参考"增减挂钩"整理复垦等成本，制定最低和最高标准；三是交易主体应限定在政府之间，通过省级结余指标管理台账,反映指标变化①。

三、集体经营性建设用地流转与国土综合整治

(一) 集体经营性建设用地政策历史与现状

1. 集体经营性建设用地流转概念

集体经营性建设用地是指农村集体所有的用于建造建筑物、构筑物的土地,包括现有的建设用地和经批准办理农用地转用手续的农用地②。集体经营性建设用地流转则是指农民集体作为集体土地的所有者将土地使用权转移给其他主体及土地使用权人再转移土地权利的行为③。

2. 集体经营性建设用地流转发展历程

(1) 自发阶段。

1984年开始出现,主要为农户之间的互换、出租等。1984年至1998年,法律和政策对于非农建设的农村集体土地转让是严格禁止的。

(2) 有限度阶段。

1999年至2004年,开始从全面的用途管制进入有限度的放开阶段,相关制度见表10-2。

表10-2　　1999年至2004年农村集体土地流转相关制度

时间	相关制度	优点	缺点
1999年	江浙地区部分地级市作为农村集体建设用地使用权流转的试点城市	从农地全面管制进入非耕地有限度放开	地方政府追求政绩,农民的承包经营权等受到侵害
2001年	允许农村土地承包经营权在村内农民之间流转,公司企业等可以短期租赁农民的承包土地	农地在村集体内部流转合法化	农村土地不能用于非农建设
2002年	法律明确农村土地可以在村内流转	转包方式合法化	流转方式单一且仅限于在集体内部

---

① 覃莉. 对增减挂钩融入土地整治的建议 [J]. 中国土地, 2015 (2): 46-47.
②③ 贺妮娜. 我国农村集体建设用地流转研究 [D]. 武汉: 华中科技大学, 2006.

续前表

时间	相关制度	优点	缺点
2003 年	以政策引导的方式鼓励部分地区进行农村集体建设用地流转	缓解城市用地紧张问题	具体规定模糊，农民权益无保障
2004 年	以法律形式确定农村集体建设用地可以流转	进一步缓解城市用地紧张问题	缺乏具体实施规定

资料来源：胡宁燕. 农村集体经营性建设用地市场化问题研究［D］. 北京：首都经济贸易大学，2015.

这一时期，一方面为用地市场萌芽奠定基础；另一方面缺乏具体的流转细则和保障措施，农民权益缺乏保障。

（3）市场化开始。

2013 年 11 月，《中共中央关于全面深化改革若干重大问题的决定》提出农村集体经营性建设用地逐步实现市场化。这在一定程度上缓解了城市建设用地价格过高的情况。

2014 年中央一号文件给出了原则性的指导：农村的基本经济制度不变，耕地数量不变，农民利益不受损。

2015 年 2 月，人大常委会授权国务院 33 个试点县（市、区）行政区域，暂时调整实施土地管理法等关于集体经营性建设用地入市等的有关规定。

3. 集体经营性建设用地流转现状

（1）主体。

主体，即主要成员，包括农民、农村集体经济组织、中介机构、政府和用地企业。

在这些主体中，农民和农村集体经济组织通过转让、出租使用权，获得利益，用地企业以最小的成本得到使用权，这二者在市场中形成卖方和买方，达成均衡价格，进而促成交易。

（2）市场客体。

中国农村集体经营性建设用地主要分布在离城市区域较近且受城市辐射较多的农村地区。这些土地的单块面积较小，分布没有固定的规律，零星地散在村内各处。总之，作为市场的客体、各种活动的对象，它的分布特色是总量值得开发且开发难度较大。

2015 年 1 月，《关于引导农村产权流转交易市场健康发展的意见》明确指出，农村的集体土地所有权和家庭承包经营的承包权不能进入市场进行交易,即农村的土地所有权不允许再进入土地市场,而它的使用权是可以的。

(3) 市场供求。

从供给看,供给量约为1.65万平方公里,在农村土地中所占的比重还比较小。中国东中西部都有其流转的试点,东部主要是江浙一带的部分城市,中部为安徽等,西部主要是成都、重庆。由于中国农村集体经营性建设用地的使用权流转处于初期发展阶段,因此市场化的规模不大。

从需求看,随着中国城市化的发展,经济继续向前迈进则迫切需要城乡统一的建设用地市场。党的十八届三中全会通过的《中共中央关于全面深化改革若干重大问题的决定》允许农村集体经营性建设用地出让、租赁、入股,实行与国有土地同等入市、同权同价,这对用地企业来讲是迫切的。同时,由于农村集体经营性建设用地进入市场,由市场决定其价格,农民的收益就会增加,因此,农民也是农村集体经营性建设用地进入市场的需求者。

(4) 市场价格。

土地价格是农村土地市场上重要的调节机制,也是政府进行行政干预的重要手段。但是,中国还没有农村集体经营性建设用地的地价体系,甚至没有可以参考的规章制度。中国与地价相关的法律和地价系统都严重缺失。在农村集体经营性建设用地流转过程中,实际的交易价格远低于城市建设用地,明显违背党的十八届三中全会提出的"同权同价"。目前已有的一部分试点城市,已经推出了其流转的相关办法,并对农村的基准地价进行考察,提出参考地价,但是还没有城市国有土地地价体系那般成熟和完整。

(5) 市场监管。

中国农村集体经营性建设用地市场监管程度低,监管机制缺乏,政府以正在完善的姿态出台一些相关规定。2015年1月出台的《关于引导农村产权流转交易市场健康发展的意见》对农村经营性建设用地市场监管提出了最新要求。对于农村集体经营性建设用地市场化,其产权流转交易必须由政府或者非营利组织引导,产权流转必须由政府审批。在监管方面,成立专门的农村产权流转交易监督管理委员会,起中介和调解作用。该意见提出由政府相关部门组成监管机构,在一定程度上对农村集体经营性建设用地市场加强了监督管理。

(二) 集体经营性建设用地流转存在的问题

1. 流转所得收益的分配普遍存在不公开、不公平和不统一现象

流转所得收益的分配普遍存在不公开、不公平和不统一现象，农民参与这一过程的积极性不高，原因是收益极少，甚至没有收入，体现出农村集体建设用地收入分配机制的不完善。集体经营性建设用地因流转而获得的收益，其分配情况非常混乱。这种混乱情况表现如下：一是收益分配主体不一致。在流转过程中，农村集体经营性建设用地涉及许多相关方，主要包括农民自身、农村集体和政府，它们的权利和义务没有明确划分，也没有明确的法律来界定，这种混乱严重影响了最终利益分配的合理性。农民拥有土地的使用权，土地也同样是他们的生活基础，但农民在这几个关联方中却处于最弱势的地位。为了增加土地的价值，政府长期在土地上进行"五通""七通"等基本建设，耗费大量财力、人力与物力。然而，现行相关法律法规没有明确规定农村集体建设用地流转所得收入如何在各相关主体之间分配，缺乏统一标准的权威性指导。因此，各地区因地制宜，制定法规，导致分配标准不一致，分配方式不同。即使在同一个省，不同的地区、县和村庄也有不同的做法。二是各个权利主体应得的利益没有得到保障。一些地方政府表面上是为了兴建公共基础设施，实际上却过度分割或侵占农村土地的流转收益，减少了农民收入，这样对农民而言是极不公平的。农民收入比例低于其他主体比例，会为其就业和社会保障带来严重的安全隐患。同时，为了减少新增建设用地的使用费用，一些地方分批上报城市批准土地，这一行为让政府权益没有得到保障[①]。

2. 开发利用难以形成整合效益和规模效益

中国的农村集体经营性建设用地开发利用难，土地规模不大，属于村庄里很多分开、独立的小农户，导致在市场化过程中，集体经营性建设用地难以形成比较整合和较大规模的经济效益，表现在两个方面：首先，农村集体建设用地分散化利用增加了对土地的利用成本，降低了其市场化集约效益的经济效益。其次，由于地块零碎，用地企业无法规模化发展，削弱了其规模竞争力。因此，在实际生活中，出现了一些将农用地非法转让给企业作为生产用地的现象。这种行为很容易促使人们基

---

① 任美锷. 国土整治与中国地理学 [J]. 地理研究，1983 (4)：41-47.

于肤浅的利益而产生冲突和争执①。

3. 农村集体经济组织作为市场主体难以适应市场要求

农村集体经济组织作为农村集体的表现形式，是集体土地的实际产权持有者。作为市场参与者，农村集体经济组织中没有特定的法人，也没有高度专业化的管理团队。这挫伤了农民参与农村集体经济组织市场的积极性。

在农村集体经营性建设用地市场化实践中，会出现行政力量干预频繁的状况。受到行政力量干预作用的影响，供求双方通常不能在土地市场上进行正常博弈，因此市场机制无法充分发挥作用，利益相关者无法正常追求自身利益，市场效率将会降低。此外，中国农村集体建设用地进入市场必须由规划局和建委审核、国土资源局控制等多个政府部门并行司职，这也是影响其市场化效率的原因之一②。

4. 农村集体经营性建设用地市场缺乏特定监管

农村集体经营性建设用地市场的形成离不开市场监管。然而，自农村集体经营性建设用地放开流转以来，市场监管这一块一直是短板。因为中国在这方面的相关法律存在缺失，所以即使每年都有农村土地纠纷发生，法院也几乎不予受理。农村集体经营性建设用地进入市场通常没有相应的监管措施，既缺乏政府监管，也缺乏社会监督，农民自身力量薄弱，因此亟须相应的监管机构进行干涉和调解，维护农民权益③。

（三）完善集体经营性建设用地流转与国土综合整治的路径建议

完善集体经营性建设用地流转是落实2014年中共中央一号文件指示"地方政府在保证农村基本经济制度保持不变、农用地数量维持不变，农民权利不受侵害的前提下进行农村土地制度改革"的具体举措，在实施过程中需要有效使用国土综合整治工具，实现流转的合法高效。

1. 构建法制保障

农村建设用地流转的前提是要修订、完善和制定集体建设用地流转

---

① 胡宁燕. 农村集体经营性建设用地市场化问题研究［D］. 北京：首都经济贸易大学，2015.
② 王锦华. 用全局观点、生态观点指导国土的综合整治［J］. 河北学刊，1982（4）：64-68.
③ 任美锷. 国土整治与中国地理学［J］. 地理研究，1983（4）：41-47.

法律法规[1]。要修改与《宪法》不协调的有关法律表述，从法律层面允许农村集体建设用地流转，同时也要加快相应实施条例出台，以便于实际操作管理。例如，相关法律应该明确规定，在农村地区出于建设的要求而需要审批使用集体土地的，那么使用土地的个人或者单位不能够取得集体土地的所有权，而只能取得集体土地的使用权。县级以上人民政府应当向使用集体建设用地的个人或者单位核发使用集体建设用地的合法有效凭证，如"集体建设用地使用权证"[2]。

2. 完善征地制度

鉴于公共利益具有内容可变性、不可发展性等特点，区分公益性项目和非公益性项目的时候可以参照自然资源部制定的《划拨用地目录》，采用列举加概括式界定"公共利益"内涵，公益项目允许征用，非公益项目原则上不允许被征用。资源通过土地市场进行分配，并通过转让、出让、租赁或股份的方式进行转移。认真做好征地前的预公告工作，允许土地所有者、土地权利持有人和公众发表不同意见。此外，应建立土地纠纷裁决机制，保障被征收人的合法权益，依法规范土地征收权。不仅要考虑土地的原始使用价值，还要考虑征地后因用途变化而带来的土地增值，使被征地人能够分享土地增值带来的利益。对失去土地的农民而言，要建立社会化的农村养老保险制度、健全的农村医疗保障制度和农村最低生活保障制度[3]。

3. 加强监督约束

允许集体建设用地使用权流转，并不等于放任集体建设用地使用权随意入市，而是意味着集体建设用地应当和国有土地一样接受国家统一的监督。要继续完善国家和乡村集体对农村土地的两级管理，将被动管理改进为主动管理。国家要运用法律、行政、经济等管理和控制手段，加强对土地使用的宏观调控，弥补土地市场的失灵，优化农村土地资源配置，特别是在法律制度上进行不断完善。政府还应该通过编制和实施土地利用规划，设定约束与预期标准，合理化土地的开发利用[4]。

---

[1] 陈荣清，纪昌品，陈竹安. 农村集体建设用地流转的思考 [J]. 城乡建设，2004 (12)：26-27.

[2] 史炯. 我国农村集体建设用地使用权流转研究 [D]. 上海：上海交通大学，2010.

[3] 方磊. 协调好经济发展与人口、资源、环境的关系是国土开发整治工作的一项根本任务 [J]. 中国人口·资源与环境，1991 (1)：13-16.

[4] 同[2].

4. 建立配套机制

在收益分配问题上，处理好国家、集体和村民三方的关系，统筹兼顾各方的利益，完善收益分配机制。推进土地市场改革、统筹城乡建设用地市场、稳定经济社会发展是当务之急。集体建设用地使用权市场的培育亟须建立对应的流转中介服务机构，将通过土地整治而产生的耕地占补平衡指标和建设用地指标在一定范围内流转，促进土地使用权的合理流转[①]。

四、宅基地管理制度改革与国土综合整治

（一）宅基地管理制度改革的内涵概念

宅基地管理制度改革的目的如下：一是要让留在农村的农民可以有更多资源利用，进一步完善农民住房保障；二是有效提高宅基地资源的利用效率。通过创新宅基地管理制度，提高宅基地配置效率、保障农民利益是宅基地制度改革的主要目的。在当今社会主义市场经济体制下，市场机制应该在资源配置中起决定性作用，市场也是配置土地资源的重要手段。但就宅基地管理制度改革而言，单纯依靠市场难以解决农村宅基地低效利用、分配不公等问题。目前农村宅基地流转的主体、组织者和监管者责任不清、管理机制混乱，市场交易边界或交易对象模糊，尤其是零星的、不符合规划的闲置农村宅基地甚至没有流转对象。因此宅基地管理体制改革应该采取有偿退出和复垦的方式，与其他国土综合整治手段结合起来，在兼顾宅基地分配公平性的问题上，提高宅基地利用效率。

（二）宅基地管理制度改革面临的问题和发展现状

1. 宅基地管理制度改革面临的问题

总的来说，目前中国宅基地管理中主要存在两个方面的问题：第一，宅基地浪费严重的问题明显，利用效率低，宅基地闲置、空置，宅基地面积超标，"一户多宅"等问题严重；第二，宅基地使用权存在大量隐性的流转和交易[②]。

[①] 吴传钧. 国土整治和区域开发 [J]. 地理学与国土研究，1994（3）：1-12.
[②] 翟全军，卞辉. 城镇化深入发展背景下农村宅基地流转问题研究 [J]. 农村经济，2016（10）：10-17.

宅基地制度产生之初，就具有浓厚的计划分配体制下的社会保障性，随着宅基地制度和市场体制的不断发展，宅基地又逐渐具备了经济价值，发展至今宅基地具备了社会保障功能和资产功能。城市建设用地需求随着中国市场化、城镇化的推进呈现扩大的态势，土地作为"资产"的属性不断凸显，在外部利益的刺激下，村集体、农民、地方政府等对宅基地的经济利益产生了极大的需求，出现了宅基地隐性流转现象。同时，宅基地的社会保障功能仍然需要进一步加强，保障农民的住房权益。大量农民进城务工，农村宅基地大量闲置或低效利用，根据第二次全国土地调查结果，农村空置住宅达到10%~15%，造成严重的土地资源浪费。

2. 宅基地管理制度改革发展现状

随着中国社会主义市场经济体制的确立和不断完善，对于资源进行市场化配置逐渐成为一种重要方式。然而，中国现行的宅基地管理制度仍然采用计划分配的方式，集体成员有权使用通过计划分配获得的宅基地，并免费占有[①]。此外，限制流转也是现行宅基地管理制度的另一特征。近年来，全国多地进行了相应的试点，探索了一系列宅基地制度改革的模式，如"宅基地换房"模式、"地票交易"模式、"两分两换"模式、"三置换三集中"模式、"双放弃三保障"模式等，通过城乡统筹发展，使得对农民的保障方式从土地保障转为社会保障。

2015年1月，中共中央办公厅和国务院办公厅联合印发了《关于农村土地征收、集体经营性建设用地入市、宅基地制度改革试点工作的意见》，明确提出要改革完善农村宅基地制度。该意见提出：第一，针对农户宅基地取得困难、利用粗放、退出不畅等问题，要完善宅基地权益保障和取得方式，探索农民住房保障在不同区域户有所居的多种实现形式；第二，对因历史原因形成超标准占用宅基地和一户多宅等情况，探索实行有偿使用；第三，探索进城落户农民在本集体经济组织内部自愿有偿退出或转让宅基地；第四，改革宅基地审批制度，发挥村民自治组织的民主管理作用。

（三）宅基地管理制度改革与国土综合整治的联系

宅基地管理制度改革是国土综合整治的重要实现手段。宅基地管理

---

① 瞿理铜，朱道林. 基于功能变迁视角的宅基地管理制度研究[J]. 国家行政学院学报，2015（5）：99-103.

制度改革可以更加全面地保障农民住房权益，促进农村住房保障更加合理分配，赋予村集体更多民主管理的权力，为农村国土综合整治提供制度基础。宅基地管理制度改革是国土综合整治的手段之一，通过有效提高农村土地利用率，提高整体土地资源的效率。

国土综合整治的有效推进是宅基地管理制度改革的重要保障。通过国土综合整治进行村庄整理和农村居民点整合，提高土地利用效率，改善用地状况，有助于平衡城乡用地结构，释放宅基地的财产属性及其对应的经济、社会价值。通过土地整理、村庄改造建设、生态景观规划、基础设施建设等多种措施，在国土整治的同时，全面改善农村的生产生活条件和周边环境，保障宅基地管理制度改革有效推进。

(四) 宅基地管理制度改革与国土综合整治的协同推进路径

1. 统筹村庄规划，加强规划管理

对农村居民点进行统筹规划，加强宅基地规划管理。对农村居民区进行统一规划和设计，对于农村居民随意、零星建造房屋的行为进行限制，促进农民住宅建设向小城镇和中心村整合集聚。另外，要合理预测农村居民点数量和用地规模，完善乡镇土地利用总体规划和村庄建设规划，对村庄居民点进行合理布局①。加强对村庄建设的规划设计引导，建设美丽乡村。同时，要加强基础设施和公共配套设施建设，注重生态环境保护，提升农村整体风貌，改善农民生活环境，提高农村生活质量。

加强规划管理，落实相关规划建设任务，对农村宅基地规划管理要从实际出发，结合农村具体情况，充分考虑农民诉求，防止不必要的拆建，整体推进村庄治理。

2. 加强宅基地用途管制

根据《土地管理法》，宅基地被严格限定于农民住宅建设，一般集体建设用地的利用为了最大化土地的经济属性，注重高效、集约，而宅基地的设计是为了保障农民居住，使农民"居者有其屋"。因此，要加强宅基地用途管制，才能够在国土综合整治的过程中充分保障农民居住权益，这也是农村宅基地管理制度改革的基本原则。

3. 推进宅基地的节约集约化利用水平

针对"空心村"、一户多宅、宅基地闲置、住房闲置等情况，要摸清

---

① 刁其怀.城镇化背景下的农村宅基地管理制度改革［J］.中国房地产，2013 (15)：27-30.

情况，进行重新规划安排，探索有偿退出模式，改善农村宅基地粗放管理的情况，推进农村居民点整理。要加强宣传，严格控制宅基地增量，盘活现有宅基地存量。加强宅基地审批，开展各村人口增长统计，发布与人口增长统计相适应的宅基地计划①。

4. 切实保护农民对宅基地的合法权益

在改革和整治的过程中，必须切实保护农民在宅基地上的合法权益。根据现行法律，为了"公共目的"，农村集体可以收回农民的宅基地并给予"适当"补偿，但什么是"适当"并没有界定，对农村宅基地的补偿是充满任意性的②。因此，在国土综合整治安排中：一是要明确补偿标准和手段；二是要建立基层民主机制，充分保障农民在涉及宅基地的综合整治中的知情权、参与权和决策权，充分尊重农民意愿，防止强制安排的情况；三是要对宅基地及地上建筑物进行登记，为国土整治中的农房补偿提供基础，保护农民财产权利。

五、城镇低效用地开发与国土综合整治

（一）城镇用地开发利用现状

中国人均土地面积仅为世界平均水平的 30%，土地利用经受着庞大的经济产出压力。相当数量的土地处于粗放利用的低产出状态，生态、经济、社会都呈现出低效状态。根据第二次全国土地调查结果，中国城镇土地中低效利用地达到 40%。处于低效利用状态的城镇工矿建设用地约 5 000 平方公里，占全国城市建成区的 11%。其中，工业园区、物流园区，土地利用效率极低，土地粗放利用，征而不用、闲置浪费情况严重，大规模低价圈地也不利于城乡统筹发展，影响整体国民经济和产业结构的有序发展，也在一定程度上带来了社会的不稳定状况。据不完全统计，截至 2013 年 2 月底，全国在建的各类新区达 105 个；已经统计的新区规划总面积超过 7 万平方公里，相当于 2011 年全国城市建成区面积的约

---

① 刁其怀. 城镇化背景下的农村宅基地管理制度改革 [J]. 中国房地产，2013 (15)：27-30.

② 封志明，潘明麒，张晶. 中国国土综合整治区域规划 [J]. 2006 (1)：45-54.

2倍①。此外,部分新区其实是重复建设或者处于圈地未建的闲置状态,产出效率极低,违反城乡规划和总体规划进行圈地建设的情况更是屡见不鲜。

(二)城镇用地低效开发利用的原因

1. 土地开发利用违法违规现象屡禁不止,大量城镇土地利用粗放,甚至闲置

《土地管理法》中规定国家为公共利益的需要,可以依法对集体所有的土地实行征收,但"公共利益"的界定却没有明确的说明,界限范围模糊不清,使得政府部门在土地征收过程中获得了较大的自由度,也就导致了实际操作过程中的土地利用的不可控和不合理。而在土地征收和土地使用权出让之后,出现大量的土地闲置情况或者违反规划使用土地的情况,土地使用监管体系的不健全使得多数土地违法利用情况未得到惩治和遏制,一方面造成了耕地、农用地和生态用地的大量减少和流失,另一方面也导致了城镇土地的浪费和低效利用。

2. 城乡隔离的土地制度与土地财政导致"虚高的城镇化"

中国土地制度分为全民所有制和集体所有制,充满复杂性的制度导致过去几十年,中国城镇化呈现出"摊大饼"式发展,而在这种城镇化进程中,国有土地和集体土地交叉分布,形成了很多面积大小不一的城中村②。但由于旧城改造的成本要远远高于土地征收的成本,因此城市在发展中往往放弃城中村改造,而选择更为便宜的新区,使得城镇内部土地潜力无法完全释放。

在城乡隔离的土地制度下,城市规模扩大只能通过土地征收来实现,地方政府实际上掌握着集体土地在内的所有土地的剩余价值。为了获得更多的城市用地指标,地方政府更愿意选择粗放的土地利用方式来扩大城市规模,利用在城市土地市场的垄断地位以低成本获得土地,然后通过高价土地销售和融资为城市建设和发展提供资金③。

中国近年来城镇化进程不断加快,但由于土地制度和土地财政所带来的问题,这种城镇化实际上处于一种"虚高"的状态。城市的发展以用地规模的扩大为方式,忽略了"人的城镇化",不仅造成了城

---

①② 刘涛,杨瑛. 土地低效利用的成因及对策研究[J]. 科技和产业,2014,14(11):122-126,166.

③ 郑度. 人地关系地域系统与国土开发整治[J]. 地理学报,2008(4):346-348.

市盲目建设新区、低效开发利用土地的局面，还带来了一系列的社会问题。

3. 产业结构升级发展，用地结构与产业发展现状不匹配

改革开放以来，中国逐步从计划经济体制走向市场经济体制，在这种转变中，过去大量的厂区、矿区合并撤销，原有生产模式发生转变。而长期以来产业生产较为粗放，过去盲目追求经济效益，忽视了生态环境和社会效益，导致工矿用地土地状况差，再利用困难，加之产权不明晰，使得大量工矿用地闲置。而随着城市的不断扩张和发展，这些厂区、矿区很多都位于城市较为中心的区域，在工业升级、改造和"退二进三"过程中没有得到很好的开发，随着土地价值的不断升高，再开发成本攀升，进一步阻碍了这些土地的开发利用。

中国目前正处于产业发展转型期，产业结构处于调整和升级的状态，原有用地结构在时间和空间上难以迅速与产业发展匹配起来，也造成了相关城镇用地在一定时期内出现低效利用的局面。

（三）城镇土地低效利用与国土综合整治的协同策略

1. 完善国土规划，推进多规合一

完善国土规划，在统筹协调主体功能区规划、土地利用规划、土地整治规划等相关规划的基础上，加快推进国土规划编制实施工作，以国土综合整治为契机，进一步加快推进多规合一进程。

以合理提高城镇土地利用集约度为目标，逐步对现有规划进行评估和修正，综合考虑国土综合整治所要达到的各类目标。同时，在规划和实施过程中加强公众参与度，使规划更具有可操作性。对现有城镇土地利用状况进行广泛的评估，严格土地执法，加强监管，对违法违规利用土地的行为进行惩处，通过国土综合整治，对闲置土地和低效利用的土地进行重新开发。

2. 加强国土开发法制化建设

加快开展土地立法工作，推进国土综合整治法制化进程，健全土地法律体系。将《城乡规划法》《土地管理法》等法律统一起来，尽快编制出台"土地法"。加强节约集约用地的法律法规建设，严格城镇土地节约集约利用法制管理。加大土地执法监督监察力度，对违法违规开发利用土地、低效利用土地的行为予以严惩，严格控制新城开发，严禁圈而不用、超前征地等行为。充分利用公众监督和舆论监督的力量，将土地开发利用效率纳入官员政绩考核指标体系。

3. 对城镇存量建设用地进行内涵挖潜，鼓励多元化的城市发展融资模式

对城市中的"城中村"、废弃或低效利用的工矿用地进行全面的盘查摸底，建立建设用地效益评价体系，通过国土规划和城市再生规划对城镇存量低效的建设用地进行重新规划和调整，在土地承载力范围内深入挖掘存量建设用地潜力。采取多种工程手段，进行土地整理和土地复垦，完善城中村的基础设施和公共服务配套。对城市风貌进行必要的设计，加强城市景观和生态建设，更新老城区面貌，重塑老城区活力。同时，推进多元化的土地金融和城市发展融资模式，鼓励社会资本参与到国土整治中，为老城区国土综合整治提供有力的资金支持。

4. 加快建设城乡统一的建设用地市场，完善地方财税体制

让生产要素得到合理充分的流动，能够使城市规模经济的效应充分显现，也提高了农村等落后地区的人均资源占有量，有利于缩小贫富差距，达到共同富裕。为了避免政府因持有对土地的垄断权而坐收征地和卖地之间存在的剪刀差①，应大力发展同地、同权、同价的土地市场，推动现行土地储备制度的变革和完善。通过建立城乡统一的集体建设用地市场，集体建设用地可以更灵活地应对土地市场的需求，不再需要通过土地征收和土地储备就能进入市场，土地供应和土地开发可以更好地与经济发展状况相匹配，改善土地供应的滞后性特征。同时完善地方财税体制，降低地方政府对土地财政的依赖度。

5. 加强农地保护，合理引导城市扩张，多途径推进城镇土地集约节约利用

建立健全农地保护机制，通过对农用地的保护，限制城镇用地的无序扩张，防止地方政府在城镇化过程中不顾地区经济发展水平和资源环境承受能力，盲目提高城镇建设标准和不合理扩大城镇建设用地规模。在保障必需用地前提下，通过严控增量来加强总量控制，严格执行并贯彻土地用途管制制度。

严格城镇建设用地预审和审批程序。强化城镇土地节约集约利用经济杠杆，提高新增城镇建设用地成本，建立产业和用地政策联动机制。

---

① 刘涛，杨瑛. 土地低效利用的成因及对策研究[J]. 科技和产业，2014，14(11)：122-126，166.

加强对集约节约用地的监测与评价，制定城镇集约节约用地相关标准，推广集约节约用地技术。

六、生态补偿与国土综合整治

（一）生态补偿的内涵概念

关于生态补偿，目前仍然没有一个公认的明确的定义，一般来讲，生态补偿就是一个对生态资源环境的经济补偿方式。生态补偿实际上是以保护和坚持可持续利用生态系统为目的，政府和社会以经济手段为主调节相关主体之间各方面利益关系的一种机制[1]。原国家环保总局发布的《关于开展生态补偿试点工作的指导意见》，间接地对生态补偿的内涵做出了解释，即"以保护生态环境、促进人与自然和谐为目的，根据生态系统服务价值、生态保护成本、发展机会成本，综合运用行政和市场手段，调整生态环境保护和建设相关各方之间利益关系的环境经济政策"。2013年国务院和国家发改委做出的《关于生态补偿机制建设工作情况的报告》通过对"生态补偿机制"的阐述间接地对"生态补偿"的含义做出了解释，"在综合考虑生态保护成本、发展机会成本和生态服务价值的基础上，采取财政转移支付或市场交易等方式，对生态保护者给予合理补偿，是使生态保护经济外部性内部化的公共制度安排"[2]。

从性质上讲，生态补偿机制其实就是一种自然资源有偿使用的机制，即经济发展不能以免费消耗自然环境为前提，破坏行动都必须付出经济代价。生态补偿一般分为两个方面：一是对破坏生态环境的活动和行为进行收费，迫使主体减少生态破坏，抑制负外部性；二是对保护提升生态环境的活动和行为给予奖励，激励主体增加生态保护，增加正外部性。

生态补偿中的"受偿者"一般是较为贫困的地区，如果贫困问题得不到解决，补偿结束后这些地区有可能重新面临生态破坏。因此，若要实现生态系统的持续健康发展，生态补偿的目标应该包括提高当地社会

---

[1] 李文华，刘某承．关于中国生态补偿机制建设的几点思考［J］．资源科学，2010，32（5）：791-796．

[2] 汪劲．论生态补偿的概念：以《生态补偿条例》草案的立法解释为背景［J］．中国地质大学学报（社会科学版），2014，14（1）：1-8，139．

福利和公共服务水平、帮助转变当地粗放的生产方式、调整产业结构等。因此，有效的生态补偿运行体系需要综合评估和考虑区域当前和未来的经济发展状况，生态补偿应与产业结构调整同步。生态补偿的机会成本不仅仅包括土地使用者的直接损失，还包括其因为生态补偿而进行的产业结构调整面临的各类投入。

（二）中国生态补偿的历史与发展现状

中国自然资源和生态环境地域差别巨大，人口总量大且分布不均，人均自然资源更是远远低于世界平均水平，环境和资源承载负荷重。随着经济的高速发展，生态问题已经成为制约中国经济社会持续健康发展的桎梏。党和政府十分重视生态问题，相继出台一系列政策和规定，提出了"创新、协调、绿色、开放、共享"的发展理念，要求经济发展要坚持可持续的科学发展观，强调以人为本，人与自然和谐共生。

早在1997年，原国家环保总局就颁布了《关于加强生态保护工作的意见》，这一文件规定开发企业要对湿地的破坏予以补偿，并要求环保部门探索"生态补偿机制"，同时对矿产资源开发中的生态破坏也做出了补偿要求，这是中国首次较为明确地提出要建立"生态补偿"。后来，生态补偿制度在国际"生态系统服务价值观念"流行和中国日益严峻的生态问题压力下被各项政策文件频繁提及。2005年"十一五"规划中首次提出"按照谁开发谁保护、谁受益谁补偿的原则，加快建立生态补偿机制"。2010年，国家开始起草《生态补偿条例》，但至今并未形成统一的意见。2013年，国务院明确将生态补偿的范围从原来的湿地、矿产资源开发扩大到流域和水资源、饮用水水源保护、农业、草原、森林、自然保护区、重点生态功能区、区域、海洋领域，同时，环保部认为应当将土壤和大气也纳入生态补偿领域的范围[①]。在这个过程中，一些类似于生态补偿的政策和规定对环境保护和生态保护也做出了积极的贡献，如中国早期的"育林基金制度"、"生态林保护"和著名的"退耕还林""退耕还湖"等政策实际上都是生态补偿的各种尝试。

虽然中国政府很早就重视了生态补偿的问题，学术界对于生态补偿的研究也是紧跟国际步伐，但在实际操作中，由于中国生态环境问题的

---

① 汪劲. 论生态补偿的概念：以《生态补偿条例》草案的立法解释为背景 [J]. 中国地质大学学报（社会科学版），2014，14（1）：1-8，139.

多样性和复杂性、各地区经济发展差异较大等原因，较为统一的生态保护政策和法律法规仍旧处于结构性缺位的状态，而关于"生态补偿"方面的内容更是缺乏权威的系统性界定和规范，也并未形成统一和明确的生态补偿标准。

（三）生态补偿与国土综合整治的协同推进路径

国土综合整治是要求采取综合措施对国土资源进行开发、利用和保护的全过程，而"综合措施"是包括法律、行政、生物、工程和经济在内的多种方式。生态补偿实际上就是利用经济手段对生态环境和国土资源进行保护，在经济发展和生态保护之间谋求平衡。因此，开展生态补偿，完善生态补偿机制，实际上就是国土综合整治的一部分。鼓励生态保护并予以奖励，遏制生态破坏并予以惩罚，这是国土开发和国土保护过程中非常重要的环节。如果仅仅是先开发利用，事后再进行整理和修复，国土综合整治的成效就会大打折扣。而国土综合整治本身也需要与生态文明建设结合起来。

生态补偿机制的形成并不是简单地规定"谁破坏谁修复"或"谁破坏谁罚款"就可以实现的，而建立生态补偿的良性循环和长效机制需要与国土综合整治相结合。国土综合整治需要从国土规划、计划部署、工程措施、经济保障、政策规范等多方面入手形成一个整体系统。而生态补偿的机制建立必须与国土综合整治的其他环节紧密结合在一起，因为生态补偿实际上更大程度是对未来的国土开发活动提出要求，而已经发生的生态环境破坏需要国土综合整治中其他环节和手段去调节，因此只有国土综合整治稳步推进，"生态补偿"才具有操作层面的必要性和可行性。仅仅是单纯地进行包括生态补偿在内的生态保护尝试，并不能有效解决目前中国的生态环境问题，必须从国土综合整治出发，将两者结合起来，将包括生态补偿在内的生态保护措施融入国土综合整治，才能够从规划、开发、修复和维护多个环节全面改善生态环境问题。

1. 建立生态补偿的长效机制，统筹部署国土综合整治

统一生态补偿内涵，对于已经开展的具有生态补偿意义的项目应逐步整合并纳入生态补偿的框架范围内。鼓励各级政府、有关各部门依据自身情况和当地条件，开展布局生态补偿的试点工作。完善生态补偿的财政政策体系，建立生态补偿长效机制。

2. 结合不同区域资源状况和生态现状，制定生态补偿标准

生态补偿的推进需要因地制宜地制定相关补偿标准，也需要综合考虑整个国土范围的发展状况。不考虑区域差异或在较大范围确定补偿标准，不符合中国生态环境类型多样、情况复杂的实际情况，难以反映真实的环境和生态损失，容易导致补偿不足，难以实现预定的环境目标，也无法对相应的资金做出安排。针对不同区域的自然条件和社会状况划分出相应的补偿区，并充分考虑各个区域的国土开发要求和产业结构。要对构成国土生态系统的江河湖海、湿地、海岸带等不同的重要因素进行系统分析，分门别类地提出重点保护措施和相应的生态补偿要求[①]。

3. 结合主体功能区规划，分区指导、分类实施生态补偿政策

在主体功能区划分的基础上，建立区域生态补偿分区指导体系[②]。对于重点开发区和有限开发区，开发主体应在环保和财政部门的监管下，设立与其开发活动带来的生态破坏相对应的保证金，用于相关的环境治理和生态修复，专款专用，多退少补。在限制开发区和禁止开发区内，增加政府财政支出中用于生态环境修复和公共服务的比重，逐步提升该区域在教育、医疗、公共管理、社会保障、生态保护与建设等方面的基本公共服务质量，达到生态补偿"减贫"的目的。

4. 营造生态补偿的法制环境，完善管理机制

将生态补偿的范围、主体、途径、标准、实施、监督机制等以法律形式确立下来[③]。政府应该加强跨部门和跨区域的生态补偿协同工作，整合各部门、各地区有关生态补偿的内容。尽快建立生态补偿领导协调机制，由生态补偿领导小组负责国家生态补偿的协调管理。建立生态补偿专家组，综合国土规划、生物环保、工程建设、金融财政等各方面的专家，负责相关政策和技术咨询。

---

① 贾文涛. 以生态文明理念为引领 大力推进国土综合整治[J]. 南方国土资源, 2013 (4): 17-19.

②③ 李文华, 刘某承. 关于中国生态补偿机制建设的几点思考[J]. 资源科学, 2010, 32 (5): 791-796.

第十一章
中国国土综合整治区域统筹的实施机制

一、宏中微观区域统筹机制设计

（一）宏观尺度区域统筹的实施机制：点＋线＋面

基于中国地域辽阔、区域差异显著等基本特征，宏观尺度上国土综合整治区域统筹实施亟须从空间上明确国土综合整治重点区域和重大工程，将宏观实施机制分解为"点""线""面"三个层次，其中"点"强调重点项目突破，"线"强调海岸带、重点流域和重点工程，"面"强调"五区一带"。

国土综合整治的"点"层次机制设计是指在国土综合整治统筹中起到中心辐射、抓手带动作用的区域层面上进行统筹，如快速城镇化区域中某一核心城市、海岛区中某一核心岛屿、重要线性工程中某一重要节点区域、国土整治重点项目等，即国土综合整治"点"层次统筹是带动国土整治全域统筹更广泛层面（"线"和"面"）的重要突破核心：通过实施国土综合整治重点项目，实现"点位突破"，发挥其对整个区域宏观层面上国土整治统筹的核心带动功能。具体实施方案如开展本区域国土综合整治试点，根据所属国土综合整治宏观区域需求，结合本区域国土资源禀赋、发展战略与实际发展水平，深入开展国土资源环境综合承载力评价，分析国土资源变化的空间格局和发展态势，编制本区域国土综合整治规划，制定本区域国土综合整治目标，细化国土综合整治方案与模式，在此基础上，系统开展国土综合整治工程，逐步完善突破国土综合整治的重点方向和实施措施。

国土综合整治的"线"层次机制设计是针对国土综合整治中的线状工程、线状区域开展综合统筹，如海岸带、重要水体流域、重要线性工程等。"线"层次是在重点项目、重点区域之上更加广泛的区域统筹，与"点"层次上的区域统筹不同，是在更大的尺度上进行国土综合整治区域统筹，在结构上体现出跨多个行政区综合统筹、整治区域空间呈线状分布的特征，需要实现区域整治高位统筹和多个行政主体的协调沟通、通力配合，合理安排"线"状区域内各项具体整治工程和资源配置，将多个区域通过线性整治工程连接起来，实现区域统筹。中国目前"线"层次的国土区域统筹有以下三点：第一，以保护海岸带生态空间、促进陆海统筹为导向，加强海岸带环境治理，实现海岸自然系统平衡，建构陆海统筹的资源、交通、产业等联动机制，推进陆海协同发展；第二，以维护水体生态系统、促进区域联动发展为导向，构建立体的水土保持综合防治体系，有效控制水土流失，加强流域所涉区域之间的协同合作，实现区域对水体资源的合理利用与合作开发；第三，以服务跨区域工程进展、实现工程牵涉地区"三生"协调为导向，发挥工程带来的资金、项目效益，建立合理的产业体系，加强区域生态环境监测，因地制宜设计资源修复与提升工程，实现区域生态环境的稳步提升。

国土综合整治的"面"层次机制设计是指依据主体功能区理念，参照全国主体功能区规划划定的城市化地区、农产品主产区、重点生态功能区、能源矿产资源布局以及海洋空间的实际情况，针对国土开发利用中存在的问题，包括资源利用效率低、生态系统退化等，将国土综合整治区域划分为包括城镇化地区、重点生态功能区、农村地区等的"五区一带"，针对不同区域的特征实施对应的整治措施。通过宏观尺度的国土综合整治实施机制，达到"重点突破、线性串联、面状整治、区域统筹"的实施效果。

（二）中观尺度区域统筹的实施机制：定位＋潜力＋分区

国土综合整治中观尺度区域统筹是在明确区域发展定位的基础上，开展土地生态综合评价、城镇建设用地集约利用评价和潜力测算等各类现状评价和潜力测算工作，深入分析研究区域自然禀赋、土地利用和适宜整治潜力等情况，由此对研究区域进行不同功能区域划分，以求发挥不同区域工业发展和建设用地集约用地、农业生产和生态旅游等独特的

国土综合整治功能定位,具体来说分为以下三步:

第一,区域发展定位。深入响应国家战略、融合区域宏观经济发展格局,对照国土规划空间格局,结合土地利用总体规划、城市规划和国民经济发展规划中的定位,明确区域发展的宏观定位。第二,现状与潜力评价。对研究区域的土地特征、地势分布特点以及土地利用等现状开展评价,测算开展不同类型国土综合整治的潜力。第三,功能分区。通过现状和潜力评价,对研究区域进行未来功能导向定位,采取差别化管理方式,制定差别化发展目标,划分功能区块,针对不同区块特点和相应功能开展具有针对性的整治措施。

(三)微观尺度区域统筹的实施机制:"微观单元+"引领

微观尺度下国土综合整治的区域统筹实施机制,重点强调以国土综合整治"微观单元+配套工程"进行引领,是在"三生"空间统筹的基础上对市县及以下行政区域进行具体国土综合整治工程落地的指导。具体而言,在微观尺度上应当通过现状评价、功能定位、单元划分、细部设计四个步骤,基于现状评价开展功能定位分析,划定国土整治功能微观单元,并以此为引领配套各类国土综合整治项目,最终实现微观尺度上的区域统筹。

第一,现状评价。首先开展研究区域的现状评价,结合区域发展现状、产业集聚情况、生态资源禀赋、农业生产条件等因素,得出针对每个研究区域具体的评价结果。第二,功能定位。通过分析区域功能目标导向、区域内功能划分,明确区域功能定位,并在多规融合视角下开展功能亚区布局分析。第三,单元划分。服务于发展梯度中各区域的功能定位,进行整治区块微观单元划分,从自然资源分布、地理结构、区位空间结构特点等因素出发,基于国土综合整治功能区的定位,逐步分解落实区域的发展战略,有序实施国土综合整治项目,以单元良性循环促进区域机能的整体提升。第四,细部设计。在此基础上完善细部设计,注重可持续协调发展,以划分的微观单元为引领,配套设计全面系统的"万亩良田"国土整治、乡村人居环境提升国土整治、"山水林田湖"国土整治、城镇更新国土整治和产业园区节地国土整治等各类国土综合整治项目。

二、"四区一带"国土综合整治区域统筹机制矩阵设计

(一)"一带一路"视角下国土综合整治区域统筹

2015年,《推动共建丝绸之路经济带和21世纪海上丝绸之路的愿景与行动》发布,"一带一路"成为一项重要的国家开放战略。2015年12月召开的中央城市工作会议明确提出,"结合实施'一带一路'建设、京津冀协同发展、长江经济带建设等战略,明确中国城市发展空间布局、功能定位"。自此,"一带一路"倡议对中国全国城镇体系和各层次土地空间格局产生了深远影响,需要对国土综合整治给予关注和应对[①]。

"一带一路"轴带沿线涉及地区可分为四大区域:西北、东北地区(新疆、陕西、甘肃、内蒙古、黑龙江、吉林、辽宁等),西南地区(广西、云南、西藏),沿海和港澳台地区(上海、深圳、广东、福建、海南等)及内陆地区(重庆、湖北、陕西等)(见图11-1)。

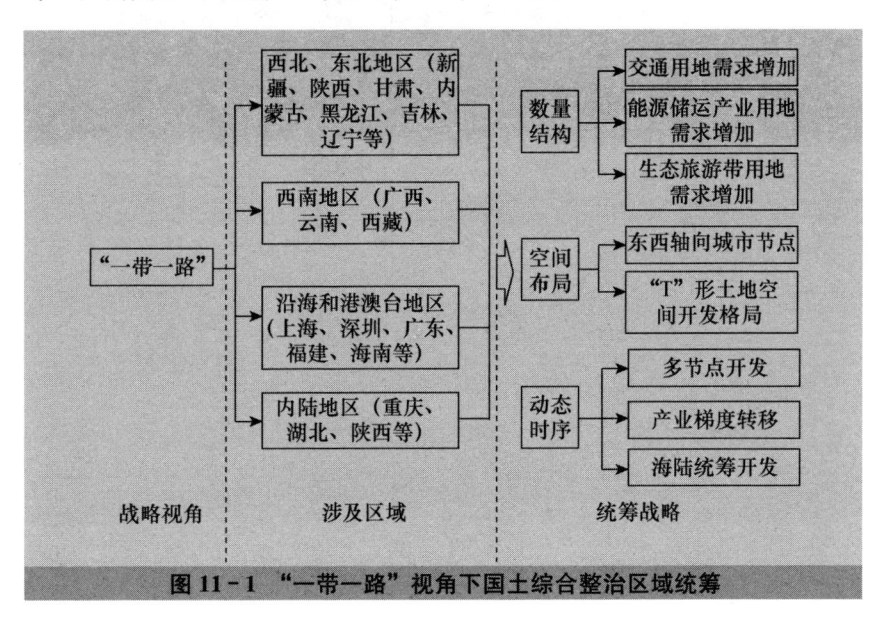

图11-1 "一带一路"视角下国土综合整治区域统筹

---

① 樊德良,吕晓蓓."一带一路"战略影响下的国土空间演变与规划应对[J]. 规划师,2016,32(2):17-22.

（二）城市化地区和其他空间统筹

1. 城市群联动国土综合整治区域统筹

城市群的联动发展要尊重城市发展规律，改变以往城市粗放的发展方式，注重卫星城、特色小镇的发展以及城市群等城市间发展的协调问题，强调城乡融合协调发展[①]。通过城市群板块之间的作用与联系，逐步实现以城市群为单位的交通道路网覆盖，同时利用经济发展轴带引领与城市多节点调控实现城市群联动国土综合整治区域统筹（见图 11-2）。与传统的区域发展战略相比，轴带战略最大的特点是沿轴线双向开放，促进融合，实现协调，是补齐区域发展短板的现实路径，通过强化区域之间的内在联系，把欠发达地区纳入经济社会发展的大循环，增强其自我发展和内部循环能力。因此国土综合整治以城市群板块作用为主导，把经济轴带交错形成的城市群作为区域协调发展的主要引擎，带动城市群联动发展。

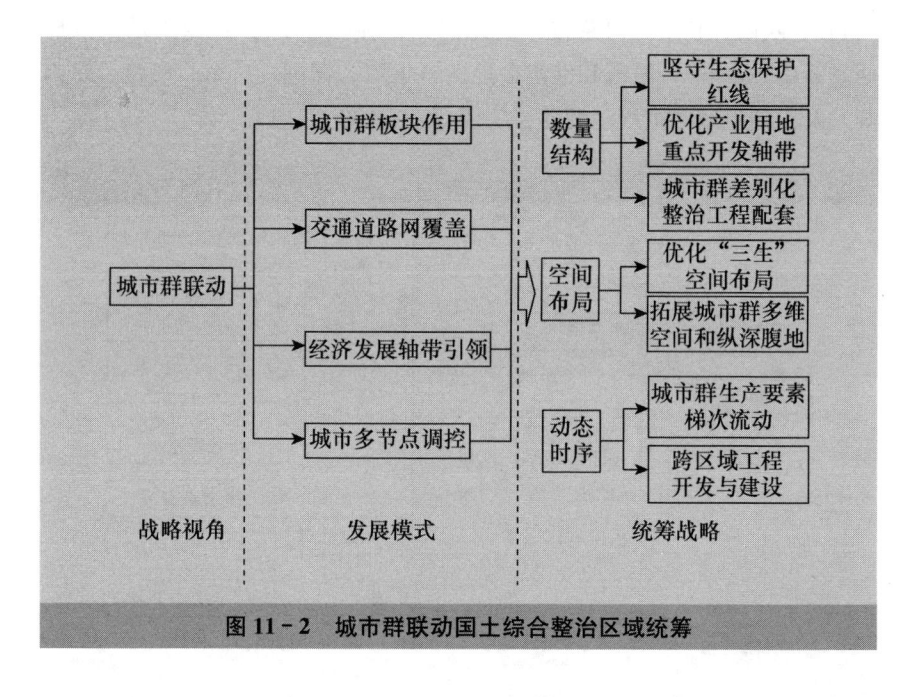

图 11-2 城市群联动国土综合整治区域统筹

---

① 刘西忠．行政板块、发展轴带与城市群联动研究：兼论江苏区域协调发展格局重塑［J］．南京社会科学，2016（9）：152-156．

2. 城市化地区与农村地区的统筹

（1）有机结合模式。

在城市和周边乡村的发展差距不大的情况下，城市与乡村生产要素流动频繁，各种人流、物流、信息流等能够快捷而没有阻碍地在城市与周边区域自由流通，城乡之间相互提供有利因素，相互促进各自经济发展，进一步缩小城乡差距。

（2）枢纽链接模式。

城市作为交通枢纽能够快速发展经济，这就能够对城市周围村庄的发展起到带动作用。由于枢纽城市交通设施相对发达，城市与周边地区的互动范围更加宽广。发展枢纽城市，不仅有利于区域内各经济体的交流，更重要的是利用其枢纽功能开发激活广大乡村腹地的发展潜力，为区域发展带来必要的物质、资金、信息、人才等要素。

（3）集聚吞并模式。

这种模式是在城市群效应主导下的周边农村向城市转型过程。城市具有高度的优先性，并具有要素、产业和功能空间聚集的优势。随着中心城市聚集扩散效应的增强，中心城市的密度通过人口、产业和职能的空间扩散而不断降低。周围的腹地和村庄从中心城市接收辐射，并不断发展。随着城乡互动不断加强，城乡一体化格局已经形成。这时，典型的郊区化现象出现在中心城市。

（4）融合扩展模式。

在乡村地区快速发展的基础上，通过完善的交通设施，主动成为城市系统的有机组成部分，主要表现为两种形式：第一，由于城市的不断发展，其发展空间受到极大限制，造成了污染加剧、交通拥堵、土地价格上涨等一系列问题。因此，许多城市在远郊建立了开发区、新城区和工业园区，从而实现了从农村向城市的转变。第二，经济发展较好的乡镇（村），在不断提高和优化生活水平、公共服务和基础设施的基础上，加强了与城市的联系，积极融入城市。苏南乡镇企业发达，县域经济实力雄厚，城乡差距小，是乡镇积极融入城市的典型模式。城市化地区与农村地区国土综合整治区域统筹模式详见图 11-3。

3. 城市化地区与重点生态功能区的统筹

（1）以国土生态整治建立生态城市开放系统。

生态城市是一个开放的系统，中心城区与周围的村镇紧密相连，与国内外都市互相竞争和补充。它不仅要以适度的人口聚集和可持续的宜

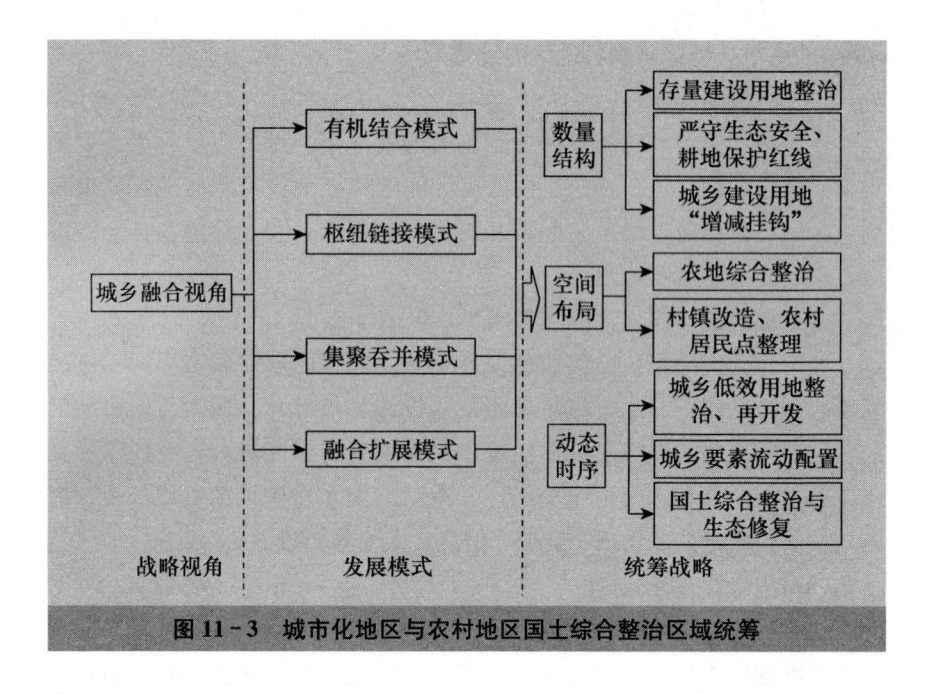

图 11-3 城市化地区与农村地区国土综合整治区域统筹

居性为基础,还要以社会经济、科学、教育、文化和卫生的高度发展及其强大的辐射力带动周边村镇的协调发展为目标。因此,生态恢复土地不仅关系到城市所处的人工环境系统、经济系统和社会文化系统的状况,还涉及辖区内外自然生态系统中空气、水、土地、森林、动植物、能源等矿产资源的供需保障。当城市和生态相融合,国土生态整治成为一个复合机制系统,个人发展的要求作为主导力量,以管理系统和社会系统为经脉,依靠外部的自然环境系统,并以其自然流动为命脉。因此,为了经济能够不断发展,人民生活水平日益提高,国土生态整治需要构建先进合理的产业结构、土地利用结构、生产力和人口格局及其配套的资源配置结构和技术支撑,需要开发便捷的交通和通信网络以及高效和谐的服务、社会保障和控制体系,使城市经济、社会系统、区域生态和环境系统能够协调有序地良性循环发展。

(2) 加强城市化地区周边生态功能区的保护与修复。

应加强生态环境的保护和恢复,使城市及其周边地区具有合理多样的生物群落结构、丰富的生物能量积累和可持续扩散潜力,以及强大的环境调节能力和优美的生态景观。要控制人口数量的膨胀扩张和保证人口素质的普遍提高,使人口的消费结构和就业结构合理化,在确保基本物质消费适度满足后,使人口的生活消费转向有序追求服务、文化、教育和环境享受，以及适时地转移劳动力于这些部门就业；必须加强对"三废"的治理和资源的保护及有效利用，使社会生产和生活的消费需求和消费剩余不超过人工参与下的生态环境的产能和吸收能力，即环境质量不会因过度需求和污染而降低，生态循环功能也不会因此退化。所以建立资源节约型社会，增强生态环境的可持续支撑能力，有序控制人口势在必行①。

4. 城市化地区与矿产资源开发集中区的统筹

（1）融合城镇和矿产整治优势，推进集约节约型城市建设。

拥有丰富自然资源的地区在城市化的进程中发挥重要作用，与资源贫乏地区相比，一方面，大量的矿产储藏能够为资源丰富地区实现经济发展的顺利启动提供极大的便利，例如，能源矿产资源开发和能源经济发展有利于增加就业，同时为改善城市基础设施奠定经济基础；另一方面，高强度的资源开发及与区外的资源型产品贸易是工矿区域城镇化的主要动力，因此资源丰富的地区能够拥有快速的城镇发展速度，也有不断扩展城市规模的坚实基础，而资源贫乏的地区则没有办法进行同样速度的城市化进程。由此可见，主要城镇的空间布局与矿产资源的地理分布密切相关。而近年来，城镇自然布局不合理的现象非常突出，因此更要充分发挥城镇建设用地整治优势，加强城市建设用地特别是工矿用地的节约集约整治，推进产业布局更为节约和集约，避免资源浪费和城市"摊大饼"式发展。

（2）以多元综合整治培植接替产业，塑造可持续城市。

对于资源型城镇、地区而言，最需要做的事情是实现现有产业快速转型，尽快通过有效方法包括发展接替产业等，从对耗竭性资源的依赖中脱离，实现以资源产业为主向以非资源产业为主的转变②。因此，对仍处于扩大开发阶段的能源矿产资源区，可同时通过工业用地整治、生态用地整治和农用地整治，支撑发展特色农业、农业延伸产品的加工、装备制造、现代服务业等非资源型接续和替代产业，充分延伸能源矿产产业链，增加附加值，提升产业水平，延长能源矿产资用周期，找到新的经济发展动力源，不再过度依赖自然资源，实现城镇经济的可持续发展③。

---

① 高谋洲，董田春，王玲. 试论陕西能源矿产资源富集区的城镇化策略 [J]. 煤炭经济研究，2008（1）：30-32.

②③ 蔡安宁，张伟，庄立. 以目标用途为导向的土地整治模式研究 [J]. 广东土地科学，2014，13（5）：9-15.

(三) 农村地区和其他空间统筹

1. 农村地区之间的统筹

(1) 以农用地整治推进区域间农村产业循环。

农村农业发展不仅要注重区域内农牧结合和用养结合,还要注重区域间农牧结合和用养结合。各地区不仅要充分考虑自身的区域优势,发展特色循环农业,还要注意种类和数量上的产出与投入的平衡。现阶段国家正在实施的南水北调和北粮南运,在一定程度上实现了地区间产品和资源的供需平衡[①]。比如,草原地区向内陆输出了数量巨大的畜禽产品,从区域间平衡的方面考虑,国土综合整治因大力加强农用地整治,推进宜农则农、宜草则草、宜林则林,实现了区域间农村地区农产品的供需平衡和地力的用养平衡。

(2) 以耕地异地占补平衡协调不同区域农村耕地保护。

随着耕地占补平衡制度的实施,全国不同类型农村地区资源禀赋差异日益凸显,一些后备耕地资源贫乏的地区日益表现出难以实现补充耕地的要求。国土综合整治应在充分强调耕地保护和基本农田整治的基础上,充分考虑农村的区域差异和项目差异,深化实现耕地异地占补平衡,以满足耕地资源的跨县域,甚至跨省域调配的需要,实事求是地解决占补平衡的困难,进一步完善"县域平衡为主,省域调剂为辅,国家统筹为补充"的占补平衡新格局[②],有效协调不同区域农村耕地保护。

2. 农村地区与重点生态功能区的统筹

(1) 建立农村地区与重点生态功能区相结合的生态产业用地整治工程。

生态产业工程包括发展生态农业、生态工业、生态旅游业等产业。国土综合整治应首先明确本区域的自然资源优势和区位优势,打造生态农用地整治工程,确定支撑农业发展的主导产业并相应发展与之相关的农产品加工业、销售业;合理利用各种资源,节约人力、财力,针对乡镇工业规模小、设备工艺落后、布局分散、污染严重等缺点,建设生态工业用地改造项目,支持农村循环经济模式,提高农村生态效率;在条件允许的情况下,可以建设节约型生态旅游用地改造项目,主要开发自

---

① 宁堂原,李增嘉,韩惠芳. 现代循环农业是我国粮食主产区可持续发展的战略选择 [J]. 农业现代化研究, 2010, 31 (5): 519-524.

② 本刊编辑部. 观点·声音 [J]. 农机科技推广, 2017 (2): 16.

然、农业和文化旅游资源，将自然资源保护、生态农业、传统民俗和生态旅游结合起来。

（2）大力推进农村生态环境整治工程。

为了实现农村经济与社会可持续发展，一项有效的战略措施便是对农村现有的落后生态环境进行全方位改善性的生态环境工程建设，包括自然生态建设和农业生态建设。自然生态建设包括退化生态恢复、自然资源管理和生物多样性保护。继续大力开展防沙防治、植树造林、水土保持等工作，加强对生态环境的保护和恢复工作；完善自然资源有偿使用制度与定价体系，探索完善资源更新的经济补偿机制；热带森林、湿地、生物多样性丰富地区和生态脆弱地区等生态系统应被放置于相应的位置，并采取有效措施加以保护。农业生态建设是指继续进行农业基础设施（农田林网、道路、节水灌溉和水利设施）的改善工作；提高生产资料和资源的利用效率，采用新技术和新品种，减少化肥和农药的使用，推进节水农业，提高农业环境质量。

3. 农村地区与矿产资源开发集中区的统筹

（1）加强对矿-粮复合区综合整治。

通过矿-粮复合区综合整治强化对矿-粮复合区生态环境质量的保护、粮食安全和绿色开采的综合协调，同时完善矿-粮复合区的科学管理与环境调控，探索区域人口、环境和资源的可持续发展模式，协调农民利益保护和国家矿产资源供给，塑造形成城乡统筹、矿村互动、共同发展的新格局。

（2）以土地复垦推进矿区与农区互动转换。

大力推进矿区矿业用地复垦，将废弃矿区用地根据适当的标准尽可能地进行恢复治理以做他用，有条件的区域可重点复垦为耕地、林地、草地等农用地，配套相应的农村住宅用地，实现矿区与农区的互动转换。

（四）重点生态功能区和其他空间统筹

1. 重点生态功能区之间的统筹

（1）建立区域间的生态功能区协同整治机制。

首先，设立生态环境保护和资源开发、利用与保护的跨省、跨部门的协调机构，在宏观层面整治生态环境。在明确职能和管理权限的基础上，设立生态协同管理委员会，统一协调各地生态治理相关工作。在此基础上，在全国各个地区设立单独的领导小组，形成矩阵式组织架构，改变以往碎片化管理的模式，消除无序性管理。其次，研究相关的规划，依据规划和现状制定具体措施和方案，将生态治理和资源问题纳入地区人口、资源和社会经济一体化系统，从国家大局出发，制定面向未来、平衡各方利益诉求的生态资源开发、利用与保护规划，以跨区域生态综合整治推动区域间资源利用、污染治理、生态保护及基础建设协同，发挥生态关联地区的重要作用①。

（2）建立区域间的生态综合整治衍生协同机制。

应促进各个生态功能区的产业合作，加速满足生态受益区与生态贡献区利益需求的产业合作与扶持政策的落地工作。此外，为了有助于调整生态治理的投入结构，节约生态环境重复治理的巨大成本，进一步巩固生态治理的成效，应结合区域生态、产业与人口协调发展的融合发展模式进行生态的综合整治，形成生态建设良性循环的长效机制。

2. 重点生态功能区与矿产资源开发集中区的统筹

（1）加大矿山生态环境保护与整治力度。

矿产资源埋藏在地下，开采必然会影响生态环境。中国矿产资源相对集中在生态环境相对脆弱的地区，这个问题更加突出。按照"采前预防、采中管理、采后恢复"的原则，建立与完善保证金制度，建立针对矿山地质环境保护与恢复治理的长效机制，严格保护矿山地质环境，恢复治理和加强矿区土地复垦工作，使矿山周围的岩石、地质、生态环境稳定恢复、让当地居民再度享受优美的生态环境②。

（2）创新矿产资源整治管理制度。

在建立矿产资源开发利用目标体系、制定资源开发相关考核方法和明确矿产资源开发利用的奖惩机制时，应明确反映生态文明的要求。建立矿产资源开发环境成本核算与补偿机制，在矿产资源开发项目的可行性论证与经济社会发展评价体系中加入对于资源消耗、环境破坏和生态效益的考虑。深化矿产资源产品价格和税费改革，探索建立体现生态价值和代际补偿、体现市场供求和资源稀缺程度的矿产资源有偿使用制度和生态补偿制度。

---

① 王双. 京津冀生态功能协同机制的设计思路及内容探析 [J]. 城市，2015（6）：10-13.

② 汪民. 以矿产资源可持续利用促进生态文明建设 [J]. 中国科学院院刊，2013，28（2）：226-231.

(五)矿产资源开发集中区之间的统筹

(1) 以国土综合整治统筹矿区空间布局。

随着矿产资源逐渐枯竭和采煤塌陷地大量增加,矿区生态环境不断恶化,大面积农田沦为洼地、坑塘,废弃工矿区、废弃地矿区增多。通过国土综合整治实施矿区土地复垦、工矿废弃地治理、农地再开发等工程,以土地修复技术、废弃工矿区再利用技术、废弃地矿区生态治理技术等为抓手,多措并举,调整优化矿区用地结构和空间布局,有效改善矿区的生态环境,统筹解决矿区居民搬迁、绿色矿山建设、矿产资源生态修复等问题。

(2) 统筹矿产资源整治工程投放时序。

中国矿产资源开发集中区整治工作面临着难度大、情况复杂的困难,且整治工程之间需要形成协同效应才能实现整治目标,这对整治工程的投放时序提出了要求,因此合理调配整治工程投放时序是保障整治有效推进的必然条件。对于某一项待整治项目发挥重要作用的,可以采用优先解决最严重问题的重点突破型整治工程投放组合;对于无法一蹴而就的矿区整治工作,可以采取先易后难、逐级推进的整治工程投放组合;根据整治区域实际情况,整治工程可以采取从整治区域中心开始向四周辐射的中心辐射型投放组合或者从四周向中心推进的边缘辐射型投放组合。通过国土综合整治,将矿区当作一个整体来考虑,合理配置整治工程的投放时序,保证投放的整治工程及时发挥效果。

(六)海岸带和海岛区域与内陆统筹

(1) 统筹陆海资源。

积极实施陆海统筹发展战略,统筹陆地和海洋国土空间资源一体化利用,加强对内陆、沿海岸线和滩涂资源开发、利用与保护的整体筹谋,协调用岛、用地和用海,促进近岸、近海、深远海和海岛有序开发,提高国土资源利用的经济、社会、生态效益,加强沿海地区产业建设的集约化、海域利用的立体化和港口利用的高效化,因地制宜地将沿海地区建设成为临港工业基地、沿海休闲度假旅游目的地、综合交通物流枢纽、海洋生态文明和现代海洋牧场示范区。

(2) 优化调整陆海统筹发展格局。

以海岸带和沿海地区为重点,统筹与优化沿海地区及其腹地的产业布局，促进海洋经济与地区经济社会的良性互动和协同发展，形成具有全球竞争力的沿海经济区域，加强海洋与陆地主体功能区衔接，构建符合区域特色的海洋开发与保护的总体战略布局。

基于"四区一带"国土综合整治区域统筹机制矩阵见表11-1。

表11-1　基于"四区一带"国土综合整治区域统筹机制矩阵

	城市化地区	农村地区	重点生态功能区	矿产资源开发集中区
城市化地区	注重优化产业用地重点开发轴带，城市群差别化整治工程配套，优化"三生"空间布局，跨区域工程开发与建设等	注重存量建设用地整治，严守耕地保护与生态红线，农地综合整治，城乡低效用地再开发，城乡要素流动配置，生态修复等	以国土生态整治建立生态城市开放系统，加强快速城市化地区周边生态功能区的保护与修复	融合城镇和矿产整治优势，推进集约节约型城市建设；以多元综合整治培植接替产业，塑造可持续城市
农村地区	……	以农用地整治推进区域间农村产业循环，以耕地异地占补平衡协调不同区域农村耕地保护	建立农村地区与重点生态功能区相结合的生态产业用地整治工程，大力推进农村生态环境整治工程	加强对矿-粮复合区综合整治，以土地复垦推进矿区与农区互动转换
重点生态功能区	……	……	建立区域间的生态功能区协同整治机制，建立区域间的生态综合整治衍生协同机制	加大矿山生态环境保护与整治力度，创新矿产资源整治管理制度
矿产资源开发集中区	……	……	……	以国土综合整治统筹矿区空间布局，统筹矿产资源整治工程投放时序
海岸带和海岛	统筹陆海资源，优化调整陆海统筹发展格局			

第十二章 结论与政策建议

一、结论

(一) 国土综合整治内涵与模式

中国国土综合整治历史悠久，自古代移民屯田、兴修水利以来，中国国土综合整治理念与实践已历千年。改革开放至今，中国国土综合整治经历了起始阶段、发展阶段、综合演变阶段和内涵延拓阶段。为了更好满足生态文明建设的动力要求、新型城镇化建设的创新要求和新农村建设的发展要求，我们应从本质、内涵、目标、任务、类型、保障等各方面完善新时期国土综合整治的功能定位。

根据德国、日本、美国、荷兰和其他国家与地区的经验，国外国土整治主要呈现六大特点：目标从经济开发向全面可持续发展转变，内容从单一的国土开发向综合治理转变，区域从先进地区转向落后地区，周期从短期向长期发展，服务对象从经济发展向地区发展规划转变，主体从一国行动转向多国合作。未来在中国国土综合整治过程中，应当注重资源环境调查评价，明确产权和确定相关利益主体，以空间规划为引导，健全法律法制保障体系，健全工作组织机制，不断丰富国土整治的内容，维护生态景观，扶持欠发达地区的国土开发，重视理论建设和培养专业科技队伍。

在吴传钧院士对国土整治五方面内涵界定的基础上①，本研究进一步界定国土综合整治的本质是"对人与国土关系的再调适"，其内涵是以提高国土利用效率和效益、保障国土资源永续利用、改善生态景观环境为主要目的，利用国土整理、国土开发、国土复垦、国土修复等一系列手段，通过"田水路林村城"国土综合整治提升人类生活和生产条件，通过"山水林田湖"国土空间整治保护人类生态空间，最终促进人与自然可持续协调发展的活动。与土地综合整治相比，国土综合整治跳出土地谈整治；与国土整治相比，国土综合整治围绕综合谈整治。未来国土综合整治应坚持综合整治理念，坚持制度配套和制度创新相结合，坚持统一规划、分步实施，坚持因地制宜，试点先行，坚持构建政府主导、部门配合。

未来国土综合整治的总体目标是全面优化国土资源，塑造区域"三生"格局，推动城乡统筹发展，助力经济转型发展。国土综合整治的主要任务包括严格保护耕地，建设大规模高标准基本农田；开展农村建设用地整治，改善农村生产生活条件；推进城镇和工矿建设用地整治，提高建设用地保障能力；整治林、草、水、生物等多重资源，构筑国土生态安全屏障；合理开发利用海洋资源，加强蓝色国土整治与安全建设；合理开展跨区域资源调配工程，促进区域资源有效互动与统筹发展；完善国土资源整治制度体系，促进国土资源治理转型优化②。

基于国土综合整治的定义、目标、任务，未来国土综合整治类型模式应涵盖所有涉及空间、资源等国土要素，拓展国土综合整治的适用范围。因此，未来国土综合整治不仅包含农用地整治、农村建设用地整治、宜农未利用地开发整治和土地复垦等基本类型③，还包括南水北调、西气东输等自然资源整合工程，"三北"防护林、各流域水污染治理等环境治理工程，海岸带和海岛利用保护工程和精准扶贫工程等延拓模式。

国土综合整治需要一系列的制度构建作为基础：以自然资源产权制

---

① 吴传钧院士认为：国土整治大致可包括下列五个方面：一是有关国土资源以土地、水、矿产、生物资源为主的合理开发和有效利用；二是大规模改造大自然工程（如长江三峡筑坝、南水北调、"三北"防护林的营建等）；三是有关规划地区生产建设，包括人口、城镇在内的总体布局；四是规划地区内大中城市和工业区为中心的区域性基础设施布局；五是环境的综合治理，经济发展和自然环境关系的协调。

② 国土资源部. 土地整治蓝皮书：中国土地整治发展研究报告 No.4 [R]. 2017.

③ 马永欢. 加快构建生态修复与补偿长效制度 [N]. 中国自然资源报，2019-03-07 (5).

度为前提，明晰承担国土综合整治的责任和义务；以资源环境承载力评价制度为基础，明确不同区域国土综合整治的目标、任务和整治路径；以空间规划制度为统领，明确不同地域空间的功能定位、开发利用方向；以国土空间管制制度为手段，明确空间分区开发标准和控制引导措施；以市场与政府协同推进制度为保障，明确国土综合整治的资金投入和经济来源；以城乡建设用地"增减挂钩"、耕地占补平衡等具体政策措施为路径，明确不同区域、不同领域实现国土综合整治目标的可操作性措施。

国土综合整治还需以协同推进为导向，整合设计"三线"划定、"增减挂钩"、集体经营性建设用地流转、宅基地管理制度改革、城镇低效用地开发、生态补偿制度等国土综合整治政策路径，从加强公众参与、多元化资金渠道、建设数据库平台、完善规划调整程序、实施成果动态监控、设计激励保障机制等方面提出科学有效的国土综合整治实施保障措施。

（二）国土综合整治区域统筹

在国土综合整治区域统筹方面，中国缺乏空间区域规划的总体统筹，国土分区众多但标准不一，缺乏跨区域跨流域大工程且未针对不同区域有的放矢投放国土综合整治工程。针对以上问题，中国已有若干国土综合整治区域协调划分方案，如根据生态环境和生产活动状况划分区域、根据"中国国土综合整治区划"方案划分区域、根据自然保护综合地理区划划分区域等。

本研究基于宏观、中观、微观不同尺度对国土综合整治区域统筹进行分析设计。在宏观尺度下，国土综合整治区域统筹实施机制要考虑到国土综合整治面临的地域辽阔、区域差异显著的基本特征，需要从空间上明确国土综合整治重点区域和重大工程，将宏观实施机制分解为"点""线""面"三个层次，其中"点"强调重点项目突破，"线"强调海岸带、重点流域和重点工程，"面"强调"五区一带"；在中观尺度下，应在明确区域发展定位的基础上，开展土地生态综合评价、城镇建设用地集约利用评价和潜力测算等各类现状评价和潜力测算工作，深入分析研究区域自然禀赋、土地利用和适宜整治潜力等情况，由此对研究区域进行不同功能区域划分，实现中观尺度国土综合整治区域统筹；在微观尺度下，在"三生"空间统筹的基础上对省域之下的市县级研究区域进行现状评价，开展功能定位分析，对市县级研究区域进行不同层次上（功能区、亚区）的区块划分，并划定国土整治功能微观单元，探讨研究区域国土整治功能的实现机制，从而完成细部设计。

研究基于"四区一带"探索了具体的国土区域统筹实施路径，将国土区域划分为城市化地区、农村地区、重点生态功能区、矿产资源开发集中区及海岸带和海岛区域，并通过具体案例研究各个区域国土综合整治的实现路径。研究发现，对于城市化地区，国土综合整治需融合民生、融合城乡，关注土地供给侧存量整治，强化"国土综合整治+"理念，结合高科技手段创新整治路径；对于农村地区，国土综合整治需与乡村振兴相结合，与农业产业现代化相结合，加强农民的切实参与，促进"田水路林园"一体化，探索多元化灵活路径；对于重点生态功能区，国土综合整治需注重跨区域协同发展，优先实施涵养区生态系统规划，生态保护、生态修复、环境整治多措并举，绿色产业引导和经济支撑；对于矿产资源开发集中区，国土综合整治需摸清基底、靶向整治，加强技术、强调修复，生态并举、创设绿色空间，探索多元化整治路径，多管齐下；对于海岸带和海岛区域，国土综合整治需推进海陆统筹，协调陆海空间开发保护，推进海洋生态修复，有条件进行合理开发，加强海洋整治，强化资源利用。

通过各个区域之间的国土区域统筹分析，研究设计了"四区一带"国土区域统筹机制矩阵。研究发现，城市化地区间统筹应当注重优化产业用地重点开发轴带，城市群差别化整治工程配套，优化"三生"空间布局，跨区域工程开发与建设；城市化地区与农村地区统筹应当注重存量建设用地整治、严守耕地保护与生态红线，农地综合整治，城乡低效用地再开发，城乡要素流动配置，生态修复；城市化地区与重点生态功能区统筹应当以国土生态整治建立生态城市开放系统，加强城市化地区周边生态功能区的保护与修复；城市化地区与矿产资源开发集中区统筹应当融合城镇和矿产整治优势，推进集约节约型城市建设，以多元综合整治培植接替产业、塑造可持续城市；农村地区间统筹应当以农用地整治推进区域间农村产业循环，以耕地异地占补平衡协调不同区域农村耕地保护；农村地区与重点生态功能区统筹应当建立农村地区与重点生态功能区相结合的生态产业用地整治工程，大力推进农村生态环境整治工程；农村地区与矿产资源开发集中区统筹应当加强对矿-粮复合区综合整治，以土地复垦推进矿区与农区互动转换；重点生态功能区间统筹应当建立区域间的生态功能区协同整治机制与重点生态综合整治衍生协同机制；重点生态功能区与矿产资源开发集中区统筹应当加大矿山生态环境保护与整治力度，创新矿产资源整治管理制度；矿产资源开发集中区间统筹应当以国土综合整治统筹矿区空间布局，统筹矿产资源整治工程投放时序；最后，海岸带和海岛与其他区域的统筹应当注重统筹陆海资源，优化调整陆海统筹发展格局，协调陆海空间开发保护。

二、政策建议

第一，高位统筹，推动土地整治向国土综合整治转型跨越。目前，土地整治工作的内容已经不再只包含单纯的农用地整治，而是变成了包括农用地、建设用地和未利用地在内的土地综合整治，零星、散开的整治模式已经不复存在，取而代之的是集中连片、整村，甚至整县推进的整治，这就意味着土地整治工作已经迈入国土综合整治的新阶段。未来国土综合整治应当在土地综合整治的基础上，以落实空间规划"多规合一"、统筹城乡发展、助力精准扶贫、推进新型城镇化、实现生态文明等为导向，把所有国土资源纳入治理范围。通过整合原本分散的国土整治政策、开展大规模综合性的生态整治工程，构建合理科学、统筹有序的国土资源产权体系、市场体系、规划体系和资源管制体系等，服务于生态文明建设大局[1]。

第二，多规衔接，科学编制国土综合整治规划。国土综合整治作为实现政府宏观调控职能的重要手段，必须在总体规划和指导下进行。今后，土地整治的综合规划应具备空间规划的特点，考虑多方面要素，与相关规划形成紧密的联系，以此来合理确定目标和任务，统筹安排重大项目。建立国土空间开发保护体系，以用途管制为主要手段，努力解决由于不科学的开发活动如过度开发、分散开发等带来优质耕地被过度占用、生态空间被破坏、环境被严重污染等问题[2]。不仅要对因经济发展而受到损伤的土地进行保护和恢复，为了达到统筹完善协调不均衡的人地关系的目的，还要协调自然生态系统与经济社会系统原本的不平衡关系。在编制过程中还应注意做好以下事项：针对如何对国土资源进行合

---

[1] 国土资源部. 土地整治蓝皮书：中国土地整治发展研究报告 No.4 [R]. 2017.
[2] 邓玲，郝庆. 国土综合整治及其机制研究 [J]. 科学，2016，68（3）：40-44.

理分配、如何促进经济发展方式根本转变，以及如何合理构建产业结构提出对策建议；分析生态环境变化的空间格局和发展趋势，提出生态文明建设的重点方向和实施措施；积极开展基础地质环境、国土开发安全和资源环境综合承载力的评价工作，提出适合不同类型区域的土地综合整治模式和措施①。

第三，划定"三线"，全面优化国土资源与"三生"格局。划定"耕地保护红线""城市发展边界""生态保护红线"三线，作为生产线、生活线和生态线，兼顾保障粮食供给安全、城市发展安全、生态环境安全。特别是面对城乡生态空间萎缩、污染问题突出与景观破碎化等问题，国土综合整治应从国土资源系统角度，全面整治土地、森林、湖泊、湿地、海洋等各项国土资源，强调农业生产、居民生活和景观休闲游憩功能，提升国土综合整治环境污染治理能力，构建以"山为骨、水为脉、林为表、田为魂、湖为心"的国土生态安全体系②，做好土地整治对自然生态环境影响的动态评估，及时消除国土综合整治对自然生态环境的负面影响。

第四，流程再造，细化"全生命周期"国土综合整治目标③。未来应根据国土综合整治工程特点，开展流程再造，细化并明确国土综合整治在各个环节的主要目标任务，实现国土综合整治"全生命周期"的有效运转。具体而言，在国土综合整治谋划阶段，应细化"高位统筹"的方向定位，开展"综合能力"的潜力评判，落实"权责清晰"的产权体系，建立"发展导向"的预警机制，明确"永续发展"的具体目标，制定"全域统筹"的规划方案。在综合整治实施阶段，应开展"基于生命系统"的综合整治，保护"彰显乡风文明"的国土资源，建构"上下有机结合"的整治路径，激励"多元主体共投"的资金筹集，完善"符合公允标准"的利益分配，统筹"集成国土政策"的保障机制。在整治后期阶段，还应建立"长远成效"的绩效管控、提炼"奠基未来"的整治经验，从而不断完善国土综合整治的流程④。

第五，点线面结合，塑造"全空间延拓"的国土空间整治格局⑤。国

---

① 刘新卫. 构建国土综合整治政策体系的思考 [J]. 中国土地，2015 (11)：43-45.
② 国土资源部. 土地整治蓝皮书：中国土地整治发展研究报告 No. 4 [R]. 2017.
③ 邓玲，郝庆. 国土综合整治及其机制研究 [J]. 科学，2016，68 (3)：40-44.
④ 同②.
⑤ 同③.

土综合整治重点区域可划分为"面""线""点"三大类型。具体而言，国土综合整治应聚焦粮食主产区、承担重点生态功能区、快速城镇化地区、矿产资源开发集中区以及海岸带和海岛区等五大面状区域，力争在粮食主产区提升农业水平，优化农村生产生活条件；在快速城镇化地区优化"三生"空间布局，实现"三生"协调；在重点生态功能区重构、恢复、提升国土生态系统；在矿产资源开发集中区保护生态空间，建设绿色矿业；在海岸带和海岛区维护国家主权，保护海岛生态空间，合理发展海岛产业。国土综合整治应重视海岸带、重要水体流域、重要线性工程等三大线状区域，努力通过综合整治，保护海岸带生态空间，促进陆海统筹；保障水体流域的生态系统，促进区域联动发展；服务线性工程推进，实现工程牵涉地区"三生"协调。最后，国土综合整治应在面状区域或线状区域中选择具有核心带动作用或者示范作用的点，对国土资源进行全方位优化，塑造区域"三生"格局，因地制宜推动城乡统筹与发展转型，为更大区域的国土综合整治提供动力与支撑。

第六，功能分区统筹，构建可持续发展的区域功能区划系统。先是确定区域发展战略，包括主导产业和产业结构等，然后根据区域的主导产业和产业结构在区域划分之后定义各自的功能结构，使整个区域的功能布局更好地推动区域整体发展战略的实现。此外，在确定主导产业时，思路类似于功能区划。它遵循资源定位、公众参与、自然生态优先维护等原则，符合城市可持续发展的要求。为了维护自然生态系统的完整性，生态分区系统是从维护自然生态系统健康的角度来设计的。应该把陆地和海域地区整合进行全面统筹规划。首先，要考虑海域的功能。其次，树立保护和改善海域生态环境的目标，使陆地的功能得到限制，从而保护海洋生态系统。这比城市规划部门和海洋管理部门分别承担海陆功能区划和考虑海陆分离的实际工作更为合理。最后，公众参与作为城市功能区划的一个重要环节，使城市功能区划的公共决策更加民主，实施过程更容易被社会接受[①]。

第七，微观单元引领，促进国土综合整治区域项目有序实施。基于土地综合整治功能区的定位，要化整为零，高效分解和实施区域发展战略，明确国土综合整治在区域空间中的主导功能，优化土地利用结构和

---

① 黄宁，张珞平，刘启明，等. 基于持续发展理念的城市功能区划方法及应用研究[J]. 城市发展研究，2009，16（11）：63-70.

空间布局，支持单位内部政策工具，引导土地综合整治项目有序实施，通过单位良性循环推动城市功能整体提升。在考虑合适的单元功能类型范围时，应从可持续发展的角度出发，根据单元资源的特点设计合适的单元功能类型，充分利用单元的优势资源，满足社会经济长期发展的要求。这比传统功能区划中没有划分生态单元，而是先考虑社会和经济发展的需要，然后再考虑需要保护哪些生态和资源以满足可持续发展的要求的方式更能够避免该地区自然生态的破坏、资源的枯竭和短缺等。

第八，整合各方，建立健全共同责任制度[①]。国土综合整治的重点是全面改善某一地区的生产、生活和生态环境，应该涉及广泛的地区，而不是单一区域。为在新时期推进这项工作，应打破行政界线，跨越区域、部门的限制，进行跨区域、跨部门的宏观协调合作。因此，在土地综合整治规划的指导下，要围绕建设美好土地的共同目标，明确相关部门的职责，建立区域合作机制，特别是面对生态文明建设的任务时，最大限度地凝聚共识，建立健全共同责任制。另外，政府单一资金很难覆盖全部国土整治的花费，要倡导采取捐赠、贷款、社会融资等方式筹集资金，保障足够多的资金能够投入国土综合整治实践工作。

第九，夯实基础，保障国土综合整治持续发展。在理论研究方面，要加强国土综合整治的概念内涵、目标任务、整治内容，以及区域划分和政策体系等方面的研究。在技术方法方面，要加强对国土资源进行专业的调查评价，制定相应标准规范，对资源状况进行模拟分析，并拓宽在决策支持、动态监测和监督等不同领域的研究，制定符合生态环境安全要求的区域土地综合整治技术规范。在法治建设中，要适应依法推进国土综合整治的需要，加快土地综合整治法律法规的研究和起草，增强国土综合整治的法律地位。发展资源产权制度，创新产权实现形式[②]。对于国土综合整治所在区的自然资源产权可以探索所有权、使用权、收益权相分离等探索。在监督管理上，要强化规划的"龙头"作用。推进国土综合整治对生态系统影响的监测预警系统建设，建立健全国土综合整治绩效评估机制。在宣传教育上，要加强土地综合整治的宣传教育，让公众的参与意识得到加强并且建立健全公众参与机制，提高政府实施

---

① 刘新卫. 构建国土综合整治政策体系的思考 [J]. 中国土地，2015（11）：43-45.
② 刘新卫，杨磊，梁梦茵. 土地整治工作促进美丽中国建设 [J]. 中国发展，2013，13（6）：81-85.

土地综合整治的科学决策水平①。

第十，有序试点，积累国土综合整治实践经验。在党中央、国务院统一部署下，鼓励试点先行，在试点情况的分析总结后推进整体协调，先易后难、分步推进，成熟一项推出一项。充分发挥中央和地方两个积极性，鼓励各地区根据国土资源禀赋、发展战略和实际需求，结合农业生产、城乡建设、农田水利建设、林业保护利用和生态建设等有关要求，科学确定国土综合整治的目标，制定国土综合整治的战略部署，编制国土综合整治规划和工作计划，将试点的规模、时序和布局等进行合理部署，为其他地区推进国土综合整治提供有意义的政策参考。

① 国土资源部.土地整治蓝皮书：中国土地整治发展研究报告 No.4［R］.2017.

参考文献

FORMAN, RICHARD T T. Land mosaic: the ecology of landscape and regions [M]. Cambridge: Cambridge University Press, 1995.

JOKS JANSSEN, LUUK KNIPPENBERG. The heritage of the productive landscape: landscape design for rural areas in the netherlands, 1954—1985 [J]. Landscape Research, 2008 (1): 1-8.

KEES DOEVENDANS, HAN LORZING, ANNE SCHRAM. From modernist landscapes to new nature: planning of rural utopias in the Netherlands [J]. Landscape Research, 2007 (6): 333-354.

MANTEN A A. Fifty years of rural landscape planning in the Netherlands [J]. Landscape Planning, 1975 (2): 197-217.

SORENSEN, ANDRE. Conflict, "consensus or consent: implications of Japanese land readjustment practice for developing countries". Habitat International, 2000, 24 (1): 51-73.

TAYLOR J. The China dream is an urban dream: Assessing the CPC's national new-type urbanization plan [J]. Journal of Chinese Political Science, 2015, 20 (2): 107-120.

VROOM, METO J. Outerdoor space: environments designed by dutch landscape architects in the period since 1945 [M]. Bussum: THOTH Publishers, 1992.

YAN J, XIA F, BAO H. Strategic planning framework for land consolidation in China: a top-level design based on SWOT analysis [J]. Habitat International, 2015 (48): 46-54.

安树伟. "一带一路"对我国区域经济发展的影响及格局重塑 [J].

经济问题，2015（4）：1-4.

白宪台，景才瑞. 论江汉平原以治水为主的国土综合整治对策［J］. 长江流域资源与环境，1994（2）：121-126.

包浩生，彭补拙，倪绍祥. 国土整治与自然资源研究［J］. 地理学报，1987（1）：62-68.

鲍捷，吴殿廷，蔡安宁，等. 基于地理学视角的"十二五"期间我国海陆统筹方略［J］. 中国软科学，2011（5）：1-11.

蔡长荣. 盐都：智能监管土地整治项目［J］. 中国土地，2015（7）：50-51.

陈百明，谷晓冲，张正峰，等. 土地生态化整治与景观设计［J］. 中国土地科学，2011，25（6）：10-14.

陈百明. 发展之要—统筹之本—生态之基：展望土地整治工作新趋势［J］. 中国土地，2012（3）：1.

程潞. 关于国土整治的若干问题［J］. 经济地理，1982（4）：247-251.

程燕. 国外国土开发整治与规划的经验及启示［J］. 农业工程学报，2012（3）：44-45，47.

程萍，康陆浩，相洪波. 国内外土地整治投入模式的经验借鉴［J］. 中国国土资源经济，2014（12）：60-63，72.

陈百明，谷晓坤，张正峰，等. 土地生态化整治与景观设计［J］. 中国土地科学，2011，25（6）：10-14.

陈传康. 国土整治的理论和政策研究［J］. 自然资源，1985（1）：1-7.

陈铁雄. 在全省违法用地集中整治"亮剑行动"视频会议上的讲话［J］. 浙江国土资源，2016（6）：5-8.

陈晓军，郑财贵，牛德利，等. 基于城乡统筹的重庆农村土地整治创新研究［J］. 广东农业科学，2012，39（2）：182-184.

程叶青，张平宇. 生态地理区划研究进展［J］. 生态学报，2006（10）：3424-3433.

储卫东. 让村庄整治与生态建设有效结合：以江苏省淮安市为例［J］. 中国土地，2016（9）：45-47.

崔木花. 中原城市群9市城镇化与生态环境耦合协调关系［J］. 经济地理，2015，35（7）：72-78.

代力民，王宪礼，王金锡. 三北防护林生态效益评价要素分析［J］.

世界林业研究, 2000 (2): 47-51.

邓玲, 郝庆. 国土综合整治及其机制研究 [J]. 科学, 2016 (3): 40-44.

段龙龙, 陈有真. 紧凑型生态城市: 城市可持续发展的前沿理念 [J]. 现代城市研究, 2013 (11): 72-78.

丁叔平. 光山县实施土地整治项目助推精准脱贫方法研究 [J]. 中国集体经济, 2016 (27): 7-8.

鄂施璇, 雷国平, 张莹, 等. 粮食主产区煤炭资源开发与农用地生态补偿机制 [J]. 水土保持通报, 2016, 36 (5): 306-311.

方磊. 协调好经济发展与人口、资源、环境的关系是国土开发整治工作的一项根本任务 [J]. 中国人口·资源与环境, 1991 (1): 13-16.

方创琳. 中国城市群形成发育的政策影响过程与实施效果评价 [J]. 地理科学, 2012, 32 (3): 257-264.

方忠权, 丁四保. 主体功能区划与中国区域规划创新 [J]. 地理科学, 2008 (4): 483-487.

方创琳, 周成虎, 顾朝林, 等. 特大城市群地区城镇化与生态环境交互耦合效应解析的理论框架及技术路径 [J]. 地理学报, 2016, 71 (4): 531-550.

傅建春, 王锐, 叶鹏飞. 河南省采矿区土地复垦分区与整治策略 [J]. 测绘科学, 2016, 41 (8): 76-81.

范垚, 杨庆媛, 张瑞颀, 等. 基于城乡统筹发展的农村土地综合整治绩效研究: 以重庆市典型项目区为例 [J]. 中国土地科学, 2016, 30 (11): 68-77.

冯红燕, 谭永忠, 王庆日, 等. 中国土地利用分区研究综述 [J]. 中国土地科学, 2010, 24 (8): 71-76.

冯广京. 我国农地整理模式初步研究 [J]. 中国土地, 1997 (6): 14-20.

冯广京, 林坚, 胡振琪. 2014 年土地科学研究重点进展评述及 2015 年展望 [J]. 中国土地科学, 2015 (1): 4-19, 70.

高谋洲, 董田春, 王玲. 试论陕西能源矿产资源富集区的城镇化策略 [J]. 煤炭经济研究, 2008 (1): 30-32.

高向军. 土地整理理论与实践 [M]. 北京: 地质出版社, 2003.

甘瑨琴, 邓德胜. 建设生态城市的战略构想 [J]. 生态经济, 2006

(11)：129-132.

郭小燕. 中原城市群城乡统筹发展研究［J］. 当代经济，2010 (11)：95-97.

谷晓坤，刘娟. 都市观光农业型土地整治项目的社会效应评价：以上海市合庆镇项目为例［J］. 资源科学，2013，35（8）：1549-1554.

顾守柏，刘伟，夏菁. 打造"土地整治＋"的新格局：上海的创新与实践［J］. 中国土地，2016（9）：42-44.

顾守柏，龙腾，刘静. 全域土地整治创新与实践：以上海市为例［J］. 中国土地，2017（9）：52-55.

谷树忠. 国土经济学通论［M］. 北京：高等教育出版社，2012.

郭子良，崔国发. 中国自然保护综合地理区划［J］. 生态学报，2014，34（5）：1284-1294.

韩德军，朱道林，姜丽. 中国东西部生态功能区城市土地利用模式对比研究［J］. 资源开发与市场，2015，31（5）：543-547，553，641.

何姣云，贺荣兵，龙振华，等. 从国外土地整理特点看我国土地整理的意义与原则［J］. 农村经济与科技，2010（6）：75-76.

何荣帝，尹珂. 综合国土整治前后的耕地质量评价：以重庆市大路镇为例［J］. 江苏农业科学，2015（1）：333-337.

侯华丽. 论中部崛起中山西省的国土综合整治问题［C］//中国地质矿产经济学会资源经济与规划专业委员会 2006 学术交流会资料汇编. 2006.

贺国伟，胡能灿. 农村土地综合整治的实践与思考［J］. 资源与人居环境，2011（1）：35-36.

黄宁，张珞平，刘启明，等. 基于持续发展理念的城市功能区划方法及应用研究［J］. 城市发展研究，2009，16（11）：63-70.

胡业翠，仝金辉，刘桂真. 农村土地整治创新模式思考：基于重庆"先建后补"土地整治项目的启示［J］. 国土资源情报，2016（12）：43-48.

霍冉. 基于"生态型土地整治＋"理念的废弃矿井开发利用［J］. 中国土地，2017（7）：38-40.

姜凤岐，于占源，曾德慧，等. 三北防护林呼唤生态文明［J］. 生态学杂志，2009，28（9）：1673-1678.

贾晓红，吴波，余新晓，等. 京津冀风沙源区沙化土地治理关键技术研究与示范［J］. 生态学报，2016，36（22）：7040-7044.

贾县民，杨维霞. 新型城镇化视角下矿产资源富集区产业转型研究：以陕西榆林为例 [J]. 中国煤炭，2016，42（6）：22-25，104.

李倩，翟坤周. 我国农村土地综合整治运行逻辑与实证研究：成都试验解析 [J]. 经济体制改革，2013（2）：75-79.

梁梦茵. 突出区域特色开展差别化土地整治 [J]. 国土资源，2017（4）：41-42.

李富，李鸣. 生态文明视阈下的生态农村建设 [J]. 中国集体经济，2008（12）：160-161.

李佯恩. 充分发挥农民在土地整治中的作用：四川省成都市金堂县农村土地综合整治纪略 [J]. 中国土地，2010（10）：46.

李佳佳，罗能生. 城市规模对生态效率的影响及区域差异分析 [J]. 中国人口·资源与环境，2016，26（2）：129-136.

李文华，刘某承. 关于中国生态补偿机制的几点思考. 资源科学，2010，32（5）：791-796.

廖蓉，杜官印. 荷兰土地整理对我国土地整理发展的启示 [J]. 中国国土资源经济，2004（9）：26-28，48

林闻毅. "多规融合"下的农村土地综合整治规划探索与尝试：以长汀县南坑村"美丽国土"综合整治规划为例 [J]. 亚热带水土保持，2014（3）：51-53.

刘黎明，杨琳，李振鹏. 中国乡村城市化过程中的景观生态学问题与对策研究 [J]. 生态经济，2006，15（1）：202-206.

刘慧，高晓路，刘盛和. 世界主要国家国土空间开发模式及启示 [J]. 世界地理研究，2008，17（2）：38-46，37.

刘晓玲，王卫方. 多措并举打造绿水青山：济源市国土资源局开展地质环境综合整治纪实 [J]. 资源导刊，2013（4）：26.

刘静，黎而力，张正峰. 上海市土地整治战略研究 [J]. 上海国土资源，2013（2）：6-9，14.

刘彦随. 中国土地资源研究进展与发展趋势 [J]. 中国生态农业学报，2013（1）：127-133.

陆大道. 关于国土（整治）规划的类型及基本职能 [J]. 经济地理，1984（1）：3-9.

罗林. 毕节地区石漠化成因及防治途径 [J]. 中国水土保持，2006（6）：15-17.

毛锋，朱高洪．生态城市的基本理念与规划原理和方法［J］．中国人口·资源与环境，2008（1）：155-159．

马利邦，牛叔文，石培基，等．天水市国土空间功能区划与未来空间发展格局：基于主体功能区划框架［J］．经济地理，2015，35（6）：68-77．

马道明．生态文明城市构建路径与评价体系研究［J］．城市发展研究，2009，16（10）：80-85．

牛伟，肖立新，李佳欣．复合生态系统视域下生态涵养区建设对策研究：以冀西北地区为例［J］．中国农业资源与区划，2016，37（4）：87-92．

彭立，刘邵权．三峡库区农村发展系统评价与空间格局分析［J］．农业工程学报，2013，29（2）：239-249，6．

秦立春，傅晓华．基于生态位理论的长株潭城市群竞合协调发展研究［J］．经济地理，2013，33（11）：58-62．

邱建平．做好新常态下资源开发与环境保护统筹这篇大文章［J］．浙江国土资源，2015（10）：26-28．

曲福田．典型国家和地区土地整理的经验及启示［J］．资源与人居环境，2007（20）：12-17．

仇保兴．"共生"理念与生态城市［J］．城市规划，2013，37（9）：9-16，50．

任会斌．内蒙古加大基本农田等农村土地整治力度［J］．西部资源，2013（6）：13．

任美锷．国土整治与中国地理学［J］．地理研究，1983（4）：41-47．

佘黎，双华军．生态农村：构建农村和谐社会的新思维［J］．甘肃农业，2006（2）：37-38．

申元村．我国"三北"防护林地区土地资源及其开发潜力探讨［J］．地理研究，1994（2）：20-26．

申树云，朱宇．基于经济发达地区发展要求的土地整治模式研究［J］．上海国土资源，2013，34（3）：16-20．

申玉铭，毛汉英．国外国土开发整治与规划的经验及启示［J］．世界地理研究，2004（2）：33-39．

田茂强，代述勇，高润霞，等．丘陵地区国土整治示范村项目的可行性研究：以重庆市忠县拔山镇杨柳村为例［J］．湖北农业科学，2011

(22): 4724-4727.

许坚. 土地利用与生态文明建设: 2015年中国土地学会学术年会重要观点集萃 [J]. 国土资源情报, 2016 (1): 3-7.

谢德体. 国外土地整理实践及启示 [J]. 国土资源, 2007 (9): 30-33.

宛晋沃. 坚持国土整治, 发展生态农业 [J]. 农业经济问题, 1998 (10): 37-41.

王权典. 统筹区域协调发展之生态补偿机制建构创新 [J]. 政法论丛, 2010 (1): 30-36.

王军. 解析农村土地综合整治与新农村建设 [J]. 城市建筑, 2013 (20): 288.

王昶, 徐尖, 姚海琳. 城市矿产理论研究综述 [J]. 资源科学, 2014, 36 (8): 1618-1625.

王亚明, 王江, 余涛, 等. 基于京津风沙源治理工程的林业生态工程建设效果实证分析 [J]. 林业经济, 2017, 39 (7): 46-50, 83.

汪民. 以矿产资源可持续利用促进生态文明建设 [J]. 中国科学院院刊, 2013, 28 (2): 226-231.

魏后凯. 论国土规划的目标与政策 [J]. 经济地理, 1989 (4): 247-250.

温祖良, 范志昂, 孙彦伟. 土地整治在上海城乡一体化发展中的路径选择研究 [J]. 上海国土资源, 2013, 34 (2): 10-14.

文琦. 中国矿产资源开发区生态补偿研究进展 [J]. 生态学报, 2014, 34 (21): 6058-6066.

吴次芳, 费罗成, 叶艳妹. 土地整治发展的理论视野、理性范式和战略路径 [J]. 经济地理, 2011, 31 (10): 1718-1722.

吴传钧. 国土整治和区域开发 [J]. 地理学与国土研究, 1994 (3): 1-12.

吴传钧. 国土开发整治区划和生产布局 [J]. 经济地理, 1984 (4): 243-246.

肖轶, 尹珂. 综合国土整治规划环境友好型土地利用影响评价 [J]. 水土保持研究, 2012 (5): 243-252.

严金明, 夏方舟, 李强. 中国土地综合整治战略顶层设计 [J]. 农业工程学报, 2012 (14): 1-9.

严金明, 刘杰. 关于土地利用规划本质、功能和战略导向的思考

[J]．中国土地科学，2012，26（2）：4-9．

杨鸿泽．绩效评价如何更具科学性：基于公共治理理论的土地整治绩效评价机制［J］．中国土地，2014（4）：38-39．

杨丽雯．资源型城市：临汾市生态功能区划研究［J］．干旱区资源与环境，2011，25（7）：28-34．

叶红玲．从耕保补偿机制到土地"特色整治"：成都的探索、经验与成效［J］．中国土地，2017（5）：4-8．

尹科，王如松，姚亮，等．基于复合生态功能的城市土地共轭生态管理［J］．生态学报，2014，34（1）：210-215．

郁鸿胜．统筹城乡一体化发展的城市群辐射与带动作用：以长江经济带三大城市群的共管自治为例［J］．上海城市管理，2015，24（4）：26-29．

郧文聚，杨晓艳，程锋．大都市特色的农村土地整治：上海模式［J］．上海国土资源，2012，33（3）：21-25．

肖轶，尹珂．综合国土整治前后的耕地质量评价：以重庆市大路镇为例［J］．江苏农业科学，2015（1）：333-337．

信桂新，陈兰，杨庆媛．土地整治促进城乡统筹发展：基于重庆的实践考察［J］．西南师范大学学报（自然科学版），2017，42（6）：65-72．

徐康，金晓斌，吴定国，等．基于农用地分等修正的土地整治项目耕地质量评价［J］．农业工程学报，2015（7）：247-255．

许学工，彭慧芳，徐勤政．海岸带快速城市化的土地资源冲突与协调：以山东半岛为例［J］．北京大学学报（自然科学版），2006（4）：527-533．

张力小，宋豫秦．三北防护林体系工程政策有效性评析［J］．北京大学学报（自然科学版），2003（4）：594-600．

张晋石．荷兰土地整理与乡村景观规划［J］．中国园林，2006（5）：66-71．

张凤玲．民间资本进入土地整治路径［J］．国土资源导刊，2013（6）：21-22．

张景奇，孙萍，徐建．我国城市生态文明建设研究述评［J］．经济地理，2014，34（8）：137-142，185．

赵海春，陈健．西北矿产资源富集地区城镇体系空间结构优化思考：以榆林市为例［J］．城市发展研究，2014，21（12）：97-101，120．

张婧, 李诚固. 吉林省粮食生产地域城乡空间统筹研究 [J]. 经济地理, 2012, 32 (12): 122-126.

张书海, 冯长春, 刘长青. 荷兰空间规划体系及其新动向 [J]. 国际城市规划, 2014 (5): 89-94.

张远, 李芬, 郑丙辉, 等. 海岸带城市环境—经济系统的协调发展评价及应用: 以天津市为例 [J]. 中国人口·资源与环境, 2005 (2): 53-56.

郑财贵, 邱道持, 叶公强, 等. 论一体化管理的国土整治规划思想 [J]. 中国农学通报, 2009 (24): 434-438.

张驰, 张京祥, 陈眉舞. 荷兰乡村地区规划演变历程与启示 [J]. 国际城市规划, 2016 (1): 81-86.

郑娟尔, 袁国华. 我国矿区土地破坏现状和整治新机制研究 [J]. 中国国土资源经济, 2013, 26 (3): 44-48.

郑度. 人地关系地域系统与国土开发整治 [J]. 地理学报, 2008 (4): 346-348.

郑度, 傅小锋. 关于综合地理区划若干问题的探讨 [J]. 地理科学, 1999 (3): 2-6.

郑荣, 刘文, 郑洲. 再续干群鱼水情: 巴中市国土资源局为民服务记略 [J]. 资源与人居环境, 2013 (9): 14-15.

邹力行. 德国国土整治规划及启示 [J]. 开发性金融研究, 2015 (2): 98-101.

周立三. 我国国土整治方针与任务的探讨 [J]. 经济地理, 1982 (4): 243-246.

庄少勤, 史家明, 管韬萍, 等. 以土地综合整治助推新型城镇化发展: 谈上海市土地整治工作的定位与战略思考 [J]. 上海城市规划, 2013 (6): 7-11.

宗建岳. 南通: 让内部审计参与国土管理 [J]. 中国土地, 2016 (10): 56-57.

图书在版编目（CIP）数据

国土综合整治研究/严金明等著. --北京：中国人民大学出版社，2021.1
（土地管理与房地产前沿丛书）
ISBN 978-7-300-28665-5

Ⅰ.①国… Ⅱ.①严… Ⅲ.①国土整治-研究-中国 Ⅳ.①F129.9

中国版本图书馆 CIP 数据核字（2020）第 192259 号

土地管理与房地产前沿丛书
国土综合整治研究
严金明　夏方舟　等　著
Guotu Zonghe Zhengzhi Yanjiu

出版发行	中国人民大学出版社		
社　　址	北京中关村大街 31 号	邮政编码	100080
电　　话	010-62511242（总编室）		010-62511770（质管部）
	010-82501766（邮购部）		010-62514148（门市部）
	010-62515195（发行公司）		010-62515275（盗版举报）
网　　址	http://www.crup.com.cn		
经　　销	新华书店		
印　　刷	唐山玺诚印务有限公司		
规　　格	160 mm×235 mm　16 开本	版　次	2021 年 1 月第 1 版
印　　张	17.75 插页 1	印　次	2023 年 2 月第 2 次印刷
字　　数	285 000	定　价	69.80 元

版权所有　　侵权必究　　印装差错　　负责调换